비평철학·On Criticism

비평철학

On Criticism

노엘 캐럴 지음
이해완 옮김

북코리아

이 한국어 번역본을 옛날 나의 학생이었던
주동률 교수와 최진희 교수에게 헌정합니다.

2015년 노엘 캐럴

한국어판에 붙이는 서문*

제 책『On Criticism』이 한국어로 번역된 데 대해 감사를 드립니다. 예술과 미학에 대해 한국인이 가지고 있는 관심을 잘 알고 있으며, 제가 가진 최고의 존경을 표합니다. 미국에서 저는 한국에서 온 학생들을 가르쳐본 경험이 많이 있습니다. 한국 학생들은 통상 제 수업에서 가장 영리하고 생각이 깊은 학생들이었습니다. 학계로 진출하여 교수로 재직하고 있는 주동률 교수와 최진희 교수도 박사과정에서 제 지도 학생이었습니다. 이 두 사람은 각각 나름대로의 방식으로 최고의 철학적 재능을 보여준 바 있습니다. 그리고 저는 그 두 사람으로부터 배운 것이 많습니다. 이 한국어판을 그 두 사람에게 헌정하고 싶습니다. 이들이 제 글이나 다른 철학자들의 글을 읽고 늘 핵심을 찌르는 반응을 보여주었던 것으로 미루어볼 때, 한국의 독자들도 이 책을 읽고 나서 제게 또 하나의 기회를 주시리라고, 즉 독자 여러분의 반응을 통해 저 역시 오랫동안 지속되어온 이슈들을 새로운 시각에서 다시 생각해볼 기회를 얻게 되리라고 예견합니다.

* 역자는 저자인 캐럴 교수와의 서신 교환 과정에서 자신이 서문에서 답했으면 좋을 질문들을 보내달라고 한 캐럴 교수의 요청에 응한 바 있었는데, 후에 저자는 그중에서 선택된 질문에 대한 답변 형식으로 구성된 이

이제 역자가 제게 보내준 질문들 중 몇 개에 답을 하는 것으로 서문의 역할을 다하고자 합니다.

Q 해석과 평가에 대한 다른 학파들의 생각과 비교할 때, 이 책에서 제시된 비평에 대한 입장은 어떤 특징이 있다고 하시겠습니까?

A 오늘날 비평에 대한 선도적인 견해들은 많은 경우 중요한 철학적 입장들과 맞물려 있습니다. 해체주의적 비평, 마르크스주의적 비평, 정신분석적 비평 등은 자신들의 특별한 이론이 작품을 통해 확증—어떻게 확증되는지 그 방법은 다양하겠지만—된다는 시각을 가지고 예술작품에 접근하는 경향이 있습니다.

해체주의자는 작가에게서 은유적인 것과 축자적인 것 간의 구분에 대한 해체를 발견할 것이고, 마르크스주의자는 부르주아 엘리트주의를 폭로할 것이며, 정신분석 이론가들은 온갖 곳에서 오이디푸스를 찾아낼 것입니다. 간단히 말해 이런 학파들에 의해 수행되는 비평의 핵심은 예술적 의미를 형성해내는 것이 무엇인지를 인간의 의도 밑에 깔려 있는 과정—언어, 생산력, 무의식—에서 찾는다는 것입니다. 반면에 저는 해석이란 곧 의도를 확정하려는 시도라고, 아니면 최소한 작가가 작품에 대해 어떤 인지적 기여를 했는지를 찾아내는 시도라고 주장합니다. 그래야만 작가의 목적을 파악하게 되고, 그리고 그것이 있어야 작품의 성공과 실패에 대해 통찰할 수 있을 것이기 때문입니다.

사실 바로 이렇게 작품의 성공과 실패를 평가하는 것에 관심을 표명한다는 점 때문에 제 입장은 이미 우리 시대의 많은 동료들과 상당한 차이를 보입니다. 그들은 평가가 비평과 본질적으로 관련되어

서문을 보내왔다.

있지 않으며, 혹은 관련되어 있더라도 아주 최소한만이라고 믿는 사람들입니다. 반면 저는 비평은 그 본성이 평가를 포함한다고 보고 있습니다. 예술사나 문화 연구 같이 다른 방식으로 예술에 대해 탐구할 때에도 비평이 하는 것과 유사한 작업인 해석이나 맥락화 같은 작업을 합니다. 하지만 그렇다고 그것들이 자동적으로 비평이 되지는 않습니다. 왜일까요? 반드시 평가를 해야 할 필요가 없기 때문입니다.

'비평'은 '분리하다'를 의미하는 그리스어에서 왔습니다. 곡물에서 겨를 분리해내고, 나쁜 것과 좋은 것을 분리해내듯이 말입니다. 어떤 이를 예술사가가 아니라 비평가라고 하는 이유는 평가를 목적으로 해석과 맥락화 작업을 한다는 점 때문입니다. 예술사가는 역사적 이해를 증진시킬 목적으로 대상들을 맥락화하는데, 그때의 대상들은 좋을 수도 있고 나쁠 수도 있고 추할 수도 있습니다. 하지만 어느 것이 좋고 나쁘고 추한지를 말해주는 것은 예술사가의 임무가 아닙니다.

또한 우리 시대의 많은 주석가들과는 달리, 저는 비평이라는 이름으로 불리기에 적절한 제대로 된 의미의 비평은 단순한 의견 제시 이상으로 객관적일 수 있다고 믿습니다. 저는 비평적 판단을 함에 있어서 많은 양의 사실적인 문제들—작품이 속하는 범주, 작품을 둘러싼 맥락 등—이 객관적으로 확인될 수 있고, 그래서 이들이 비평적 주장의 참인지 거짓인지, 그럴듯한지 아닌지를 지지하는 기능을 할 수 있다고 생각합니다.

Q 책이 나온 2009년 이후에 입장의 변화가 있지는 않으셨습니까?

A 잘 물어봐주셨습니다. 있습니다. 지금 생각으로는 제가 이 책에서 제시한 범주화에 대한 설명의 전체적인 그림이 조금 수정될 필요가 있을 것 같습니다. 초기의 원고에서 저는 범주화(혹은 분류)와 맥락화가 평가를 위한 핵심이라고 주장했습니다. 이 부분을 좀 더 분명

히 하고 싶습니다. 예술작품 평가의 핵심은 작품의 목적을 결정하는 것입니다. 범주화와 맥락화는 평가에서 매우 중요한 과정인데, 작품의 목적(들)을 찾아내는 데 증거를 제공하기 때문입니다. 범주화와 맥락화는 평가의 존재론적 형이상학적 대상이라고 할 수 있는 작품의 목적(들)—목적이 곧 작품의 가치가 나오는 근원이 됨은 물론입니다—을 밝혀내는 인식론적 도구들입니다. 처음에는 평가를 설명하면서 이런 범주화가 정확히 어떤 역할을 하는지에 대해 분명히 말하지 못했다는 걱정이 듭니다. 비록 범주화보다는 덜한 정도이지만 맥락화에 대해서도 그렇습니다. 형이상학적으로 평가는 작품이 목적(들)을 실현했는지 못했는지와 연관된 문제입니다. 범주화와 맥락화는 작품의 목적(들)을 고정시키는 데 따르는 중요한 인식론적 고려입니다.

Q 이 책의 독자들 중에는 예술철학에 관심이 있는 사람들도 있겠지만 보다 일반적으로 예술에 대한 관심을 가진 사람들도 있을 것입니다. 이런 다른 관심을 가진 사람들이 이 책으로부터 무엇을 얻어가기를 원하십니까?

A 저는 일반 독자들이 이 책을 읽고 나서 비평이 무엇인지에 대한 감을 잡으실 수 있었으면 하고 바랍니다. 이 책에서 제가 한 작업인 비평의 해부학을 공부하고 그것을 자기 나름의 방식으로 구체화해 나간다면, 생각이 있는 예술 애호가는 누구나 비평가가 될 수 있을 것이라고 생각합니다. 저는 제 책이 그럴 수 있을 정도로 비평의 각 과정을 잘 나누어 설명해놓은 것이기를 바랍니다. 또한 비평의 객관성을 옹호하는 저로서는 이 책이 "예술 비평에서는 무슨 말을 하든 상관없다"는 식의 허무주의적 생각의 유행—이런 태도는 비평이라는 기획을 추구할 이유조차 없게 합니다—으로 인해 좌절하는 독자들에게 그러지 마시라는 격려가 되기를 희망합니다.

예술 철학에 관심이 있으신 분들에게 이 책은 그동안 우리 철학자들이 곱씹어온 많은 추상적 이슈들이 비평에서 생생히 살아있는 이슈들로 접근될 수 있음을 보여주는 사례가 될 것입니다. 구체적인 비평 활동—비평 철학—을 통해 이러한 문제들에 접근함으로써 때로 이해할 수 없는 것처럼 보이는 논쟁들에서 문제가 되는 것이 무엇인지를 우리 스스로가 잘 볼 수 있게 되고 학생들에게 더 잘 보여줄 수도 있습니다. 즉, 이러한 이슈들을 비평 철학을 통해 활성화시키면, 예를 들어 의도주의의 오류 같은 주제가 예술을 감상하는 활동에서 생생한 중요성을 지닌 문제임을 볼 수 있게 되는 것입니다.

감사의 말

다음의 사람들이 이 책을 준비하는 데 많은 도움을 주었습니다.

조안 아코셀라(Joan Acocella), 로리 무어(Lorrie Moore), 수전 피건(Susan Feagin), 마거릿 무어(Margaret Moore), 애런 스머츠(Aaron Smuts), 크리스틴 제스달(Kristin Gjesdal), 파로마 아텐시아(Paloma Attencia), 클라이드 던턴-갤러퍼(Clyde Dunton-Gallagher), 조선우, 케빈 피가네스(Kevin Feaganes), 토머스 힐거스(Thomas Hilgers), 찰스 자마스틸(S. Charles Zamastil), 오스카 배러건(Oscar Barragan), 오즈 걸랜드-블레이커(Oz Gurland-Blaker), 로버트 클로이스(Robert Clewis), 매튜 키이란(Matthew Kieran), 태피 로스(Taffy Ross), 카히그 토로리안(Khachig Tololyan), 로버트 숄스(Robert Scholes), 체셔 캘훈(Cheshire Calhoun), 피터 레일턴(Peter Railton), 제프 사이어-맥코드(Geoff Sayre-McCord), 타마르 샤피로(Tamar Shapiro), 토머스 힐(Thomas Hill), 제럴드 레빈슨(Jerrold Levinson), 마이클 스미스(Michael Smith), 매기 리틀(Maggie Little), 수전 울프(Susan Wolf), 발레리 티베리우스(Valerie Tiberius), 제시 프린츠(Jesse Prinz), 패트릭 조셉 캐럴 시니어(Patrick Joseph Carroll senior).

이 책에서 발견되는 부족한 점들은 이 사람들의 책임이 아닙니다. 이 책의 결점들은 전적으로 제가 만들어낸 것입니다.

차례

서론

이 책은 비평 철학(philosophy of criticism) 혹은 과거 한때 불렸던 이름으로 한다면 메타비평(meta-criticism) 작업을 수행하고 있는 책이다. 비평 철학은 예술 철학 또는 미학의 한 분야이며, 예술 비평을 그 연구 대상으로 삼는다.

비평 철학이 전성기를 구가하던 때는 1950년대와 1960년대였다. 그 당시 몇몇 예술 철학자들은 철학적 미학의 중심 주제가 곧 메타비평이라고 믿었다. 예를 들어, 비어즐리(Monroe Beardsley)의 획기적인 저작인 『미학』은 '비평 철학의 문제들'이라는 부제를 달고 있었다.[1] 1950년대와 1960년대에 메타비평이 번성했던 한 가지 이유는 아마도 그 당시 예술을 정의하려는 기획에 대해 회의적인 전망이 우세했기 때문일 것이다. 예술을 정의할 수 없는데 어떻게 예술에 관한 철학을 전개할 마음을 먹을 수 있었겠는가? 그래서 예술의 철학을 대신할 차선책이 곧 비평의 철학을 구성하는 것이라 생각되었다.

그러나 잘 알려진 대로 1970년대가 되자 예술에 대한 정의들이 여기저기서 빈번하게 고개를 들기 시작했고, 그와 함께 단토(Arthur Danto)의 예술 철학 같은 본격적인 예술 철학도 여럿 등장하게 되었다. 그리고 그때 이후로 비평 철학은 미학의 뒷전으로 물러나버렸다.

하지만 나는 이러한 비평 철학이라는 기획에 다시 한 번 활기를 불어넣어야 할 시점이 온 것 같다고 생각한다. 왜냐하면 전 세계적으로 역사상 그 어느 때보다 더 많은 예술 비평이 생산되고 소비되는 때가 바로 지금이기 때문이다. 게다가 만일 우리가 비평 철학을 간과한다면 잃는 것이 적지 않을 것이다. 이는 비평 철학이 실로 거의 모든 예술 철학의 주요 문제들을 건드리고 있어서만은 아니다. 그러한 예술 철학의 문제들이란 곧 비평에 관한 피할 수 없는 난제들과 직접적으로 연결되어 있는 까닭에 비평 철학은 예술 철학의 문제들을 다룸에 있어 그러한 문제들을 해결하는 데 무엇이 관건이 되는가를 명징하게 보여주는 방식으로 다룰 수 있기 때문이다. 나아가 관련된 문제들에 어떤 해결책이 주어지느냐에 따라 새로운 비평적 탐구 방식의 길이 열릴 수도 있고, 어떤 비평적 방식이 사전에 배제될 수도 있게 될 것인데, 이는 대단히 중요한 문제이다. 비평이 담당하고 있는 것은 우리 시대의 문화 속에서 예술이 수행되기 위해 반드시 필요한 윤활유의 역할이기 때문이다.

실제로 이 책이 단지 철학자들만을 위한 것이 아닌 이유는 비평이 우리 시대의 문화에서 필수적인 역할을 수행하고 있기 때문이다. 예술 소비자들은 비평가의 도움에 의지하여 다양한 매체의 영역에서 쏟아져 나오는 예술 작품들을 취사선택하게 된다. 이는 단지 그 어느 때보다 많은 비평이 쓰여지고 있기 때문만은 아니다. 우리가 접할 수 있는 예술도 역사의 그 어느 시기보다 지금 더 많이 존재하기 때문이다. 우리는 어떤 작품에 주목해야 하는지의 선택을 비평가들이 인도해주고 추천해주길 기대한다. 우리 앞에 놓여 있는 수많은 예술 작품들을 이해하고 감상하는 데 비평가들이 도움을 주길 바라는 것이다. 때때로 우리는 비평을 통해 새로운 생각을 접하게 되고, 때로는 비평가의 생각에 대해 논쟁을 벌이고 싶은 충동을 느끼기도 한다. 하지만 비평에 동의하거나 반대하려면 그것이 무엇인지에 대한 감을 가질 필요가 있다. 즉, 비평의 본성과 기능에 대한 이해가 필요하다. 그러므로 우리(여기서 '우리'라는 말은 예술을 소비하는 모든 이들을 가리킨다)는 비평 철학이 필요하다.

비평 철학은 분명히 'x의 철학(philosophy of x)'이라는 장르에 속한다. 자신만의 고유한 주제를 가진 듯 보이는 형이상학이나 윤리학, 인식론과 달리 어떤 x에 대한 철학은 이차적인 연구이다. 무엇이든 그것에 대한 철학에 해당하는 일차적 영역 x—예를 들어 '수학의 철학'이라고 할 때 수학처럼—가 그 철학의 주제를 구성한다. 'x의 철학'은 특정한 영역—예를 들어 비평—을 그 주제로 삼아 그것의 정합성을 꼼꼼히 따져보려는 시도를 한다. 즉, 그런 활동의 목적을 밝혀줌과 동시에 그런 목적을 합리적으로 실현할 수 있게 하는 개념들과 사유 방식을 밝혀주는 것이다.

비평의 철학이라는 역할을 천명함으로써 나는 의도적으로 내가 하는 일이 예술 비평이라는 활동(혹은 활동들)을 합리적으로 재구성하려는 시도임을 알리고자 한다. 나의 의도는 비평이라는 활동을 이해할 수 있게 하고 그것에 질서를 부여할 수 있는 하나의 틀을 개발하는 것—최소한 그렇게 하는 것이 실현 가능한 정도까지는—이다. 물론 실제로 비평이 어떻게 행해지는지 그 방식들 또한 대체로 존중하면서 말이다. (뿐만 아니라 나는 우리가 비평에 대해 가지고 있는 잘 변하지 않는 직관들도 진지하게 고려하고 있다.) 그러므로 나는 외부에서 가져온 특정한 인식론적 제1원칙 같은 것에 근거해서 이상적 비평을 상정하고 그것을 비평 활동에 부과하는 식의 일은 하려 하지 않을 것이다.

대신 학계나 순수 문학계 또는 저널리즘에서 실제로 행해지고 있는 비평의 모습에 최대한 가까이 머무르고자 하는 지속적인 노력을 기울일 것이다. 우리가 세운 가설들을 시험해보려면 우리가 알고 있는 바의 비평 활동에 견주어보는 방법밖에는 사실상 다른 시금석이 없기 때문이다.

비평에 대한 나의 견해가 대부분 실제로 행해지고 있는 비평과 잘 맞아떨어질 것이라는 생각이 들긴 하지만, 그렇다고 이 책이 사회학을 다루는 것으로 오해 받아서는 안 된다. 비평에 대한 나의 연구는 규범적인 차원을 포함하기 때문이다. 나는 단순히 비평가가 무엇을 하고 있는가를 기술하려는 것이 아니다. 비평가들도 자신들이 무엇을 하고 있는지, 혹은 무엇을 해야 하는지에 대해 언제나 의견이 일치하는 것은 아니다. 내가 이러한 논쟁에 관여하고 있고, 말하자면 어느 한쪽을 편들고 있는 것이 사실이므로 나를 이 주제에 관한 중립적인 관찰자로 간주해서는 안 될 것이다. (하지만 객관적인 관찰자의 시각만큼은 유지할 것임도 덧붙여둔다.)

실제로 나는, 예컨대 제대로 된 의미에서의 비평으로 간주해야 하는 것이 무엇인지 대한 특정한 기준들을 제시하고자 하는데, 그렇게 되면 사람들이 비평이라고 부르곤 하는 모든 것이 내가 옹호하는 기준들을 만족하는 것은 아니라는 사실이 드러날 것이다. 앞서 언급했듯이, 이것이 바로 합리성이라는 규범에 따라 비평이라는 활동을 **재구성**하는 것이다. 즉 나는 실제의 비평 활동, 그리고 그에 대한 우리의 직관들을 최대한 보존함과 동시에 그것이 내적으로 정합적인 것이 될 수 있도록 하는 데 힘쓸 것이다.

나는 이 책이 비평의 영역을 조망하려는 동시대의 다른 저작들에 비추어볼 때 주목할 만한 차이점들을 많이 가지고 있으리라고 예상한다. 그 차이점들 중 하나는 다른 저작들은 대부분 여러 장에 걸쳐 라캉의 정신분석학, 프랑크푸르트학파 스타일의 비판 이론, 데리다의 해체 이론, 들뢰즈의 리좀(Rhizome) 이론 같은 비평에 대한 다양한 이론적 입장들이 주장하는 기본 원칙들을 상세하게 설명하고 있다는 것이다. 이러한 이론들은 각각 비평의 일반적 방법론을 제안하고 있는데, 표면상으로 이들은 어떤 작품에도 적용할 수 있는 방법론이며, 그들끼리는 서로 대안적인 위치에 있는 것들이다. 비평적인 접근을 이 정도 수준의 일반론으로 요약하고 있는 저술들의 주제는 **이론들**이다. 비평을 수행하는 방식에 대한 이론들, 예를 들어 작품을 비평적으로 들여다볼 때 무엇에 주의하고 있어야 하는지를 상술해주거나(예를 들면, 봉합(sutures)이니 아포리아(aporias) 같은 것), 그런 것이 발견됐을 때 관련된 특징들을 어떻게 해석할 것인지를 말해주는 이론들이다.

이에 비해 내 책은 비평에 관한 이론서도 아니고 유행하는 비평 이론들의 요약집도 아니다. 비평 이론 대신 이 책은 비평에 관한 철학을 다룬다. 그 차이는 무엇인가? 비평 철학은 어떤 식의 비평이 되었건, 이론을 기반으로 한 것이든 아니든, 그러한 비평적 활동의 토대를 발굴하려는 시도이다. 어쩌면 그 차이는 다음과 같은 방식으로 이해될 수도 있을 것이다. 우리는 하나의 비평 이론—예를 들어, 알튀세 식의 마르크스주의—을 통해 임의의 예술 작품을 해석하는 방법을 알게 된다. 하지만 내가 무엇보다 관심을 갖는 것은 해석 자체의 본성이다. 즉 이러한 이론들의 명령을 받아 진행되는 해석들을 포함하여 어떤 해석이 되었건 적절한 해석의 사례라고 우리가 납득할 수 있는 것들 속에는 어떠한 본성이 있고, 거기에 부과되는 제약은 무엇인지 하는 것이다.

이미 암시된 바와 같이 최근에 제공되고 있는 비평 이론의 대다수는 해석 이론들이다. 이 이론들은 예술 작품들로부터 작품의 의미를, 경우에 따라서는 의미의 징후를 파악해내는 데 대한 이론들이다. 이 이론들은 해석을 비평의 주된 과제로 간주한다. 하지만 나는 반대로 평가(evaluation), 특히 해당 예술 작품이 속한 예술적 범주 혹은 장르에 입각한 평가가 비평의 핵심이라고 주장한다. 평가가 예술 비평의 중심이라고 주장하는 나의 입장에 비해 오늘날의 지배적인 비평 이론들 다수는 해석을 비평의 핵심라고 본다. 하지만 나는 평가만 포함되어 있다면, 심지어 해석 없는 비평까지도 생각해볼 수 있다.

이론에 기대는 현대의 비평가들은 내가 방금 언급한 방식의 대비를 비웃을지 모르겠다. 그들은 자신들도 매우 특별한 종류의 평가—즉, 정치적 혹은 이념적 평가—에 빈번하게 관여하고 있다는 점을 놓치지 말라고 할 것이다. 즉, 그들의 해석은 자주 성차별주의,

계급주의, 이성중심주의 등의 관점을 취하는 작품들에 대해 부정적인 평가를 예비하고 있다는 것이다. 그들의 이러한 대답은 꽤나 그럴듯하다.

그러나 나와 그들 사이에는 여전히 차이가 존재한다. 왜냐하면 앞서도 언급했듯이 나는 **예술적** 평가—예술적 범주의 입장에서 내리는 평가—가 근본적인 것이라고 주장하는 반면, 현재의 지배적인 비평 이론들은 정치적 평가가 일차적인 것이라고 하면서 예술적 평가는 심지어 의심스러운 것이라고까지 하기 때문이다. 물론 내가 정치적 평가는 결코 적절한 비평의 차원이 될 수 없다고 주장하려는 것은 아니다. 여기에는 좀 더 미묘한 차이가 있다. 그 차이란, 나는 하나의 예술 작품을 비평함에 있어 예술적 평가를 하는 것은 언제나 적절하다고 주장하는 데 반해 대다수의 지배적인 비평 이론에서는 그렇게 주장하지 않는다는 점이다.

이러한 나의 입장은 오늘날 비평이라는 제목하에 논의되는 유행하는 이론들과는 잘 맞지 않는다. 그래서 어쩌면 이 책을 읽는 독자들은 비평이 실제로 행해지는 방식들을 잘 따라가겠다고 한 나의 앞선 결의를 나 스스로가 이미 저버렸다고 느낄 수도 있을 것이다. 하지만 나의 약속은 최근의 두드러진 비평 스타일들에만 주목하겠다는 것은 아니었다. 오히려 실제적인 비평과 관련된 자료들은 비평의 역사를 오래 들여다보면서 얻어야 하는 것이지, 단지 지난 20년 남짓 동안 이루어진 학술적 비평에 대한 인상들에 근거해서 나온 것이어서는 안 된다. 그리고 바로 이런 점에서 수정주의자(revisionist)라는 이름으로 불려야 할 것은 내가 아니라 현재 유행하고 있는 다른 이론들이다. 왜냐하면 역사적으로 봤을 때 비평은 대개 평가와 함께 해왔기 때문이다. 게다가 심지어 현재 상황에 대해서도 나는 소위 '이론'이라고 하는 것에 경도된 비평이 수적으로나 그 두드러진 정도로나 지배적인 비평 형식을 대표한다고 생각하지 않는다. 내가 보기에는 오늘날 생산되고 있는 대부분의 비평도 여전히 내가 말한 의미에서의 평가를 가장 우선적으로 포함하고 있는 것이 아닌가 싶다.

마지막으로 비평에 대한 나의 견해와 오늘날의 많은 해석에 관한 이론들 사이에 주목할 만한 차이가 하나 더 있다. 후자의 이론들은 대개 사람의 의식이나 의도 아래에 놓인 과정들의 작용—예를 들어 무의식이나 생산력의 작용, 아니면 언어 그 자체의 작용—이 작품의 의미로 인도하는 왕도가 된다고 보고 그런 것들에 초점을 맞춘다. 그러나 나는 가치를 창조하는 개별적 주체로서의 예술가, 그리고 그러한 예술가의 의도적 산물로서의 예술 작품에 훨씬 더 강조점을 둔다. 그러므로 많은 비평 이론가들과 그들의 추종자들이 탈인간(post-human) 혹은 심지어 반인문주의(anti-humanist) 비평(즉, 인간이라는 행위 주체를 중심에 두지 않는 비평)에 관여하는 반면, 내가 가지고 있는 비평에 대한 생각은 의도주의적 관점에서 본 예술가의 성취가 가장 주된 비평의 대상이라는 점에서 고집스럽게도 인간적이고 인문주의적이다.

이 책을 인문주의적이라고 할 만한 또 하나의 이유는 이 책이 모든 예술 작품에 대한 하나의 일반적인 혹은 이론적인 접근을 제안하고 있는 것이 아니라 개별 작품들을 그들 고유의 조건—예를 들어 역사적 맥락이나 그것들이 속한 범주—에 따라 평가하는 것을 옹호하고 있다는 점이다. 이런 의미에서 나는 비평을 새롭게 등장하고 있는 소위 탈인간 과학의 도구가 아니라 인문주의적 분과의 하나로 옹호하고자 한다.

마지막으로, 내가 다양한 약호들이나 기호 체계들 혹은 권력 체제들에 대한 임상적 해부에 가까운 행위나 해석을 비평으로서 옹호하지 않는 대신 비평의 첫 번째 소임을 가치의 발견으로 보고 있다는 점에서도 이 책을 인문학 혹은 인문주의의 연습이라고 해도 좋다. 나는 평가가 비평의 핵심이라고 생각하며, 이러한 인간 가치와의 뗄 수 없는 연결이 있는지가 인문학의 한 분과가 될 수 있을지를 판단하는 리트머스 시험지라고 생각한다. 다시 말해, 가치와의 연결이 바로 나의 인문주의적 신념에 대한 증거인 것이다.

읽으면서 알게 되겠지만, 비평에 주목하고 있다고 해서 내가 비평이라는 이름을 내걸고 있는 모든 사람을 비평가로 간주하는 것은 아니다. 내가 보기에 비평가란 예술 작품을 합리적인 이유에 근거하여 평가(the reasoned evaluation)하는 사람이다.* 이유를 가지고 자신의 평가를 뒷받침하려고 하는 한, 학자이건 기자이건 그 외의 또 다른 종류의 예술에 관한 저술가이건 다 비평가이다. 반면에 단지 이러저러한 것이 좋거나 나쁘다는 식으로 선언하기만 하는 전문가는 비평가로 간주되지 않을 것이다. 물론 이렇게 되면 많은 리뷰어(reviewer)들이 비평의 영역에서 배제될 것이다.

내가 제시한 비평의 영역 밖에 놓인 '비평가'로는 소비자 리포터(consumer reporter) 같은 경우를 들 수 있는데, 이들이 하는 일은 쇼나 책 또는 영화에 대한 자신의 선호를 기록하여 읽는 이들이 그것을 이용해 자신들의 선호를 예측할 수 있도록 해주는 것이다. 또한 내 견해에 따를 때, 글 쓰는 이가 주어진 예술 작품을 희화화의 소재 그 이상으로 보지 않는다면, 이런 사람 역시 또 다른 부류의 '되다 만' 비평가이며 그런 글은 비평의 영역에서 제외된다. 예를 들어, 마치 마음껏

* '이유를 가지고 예술 작품을 평가하는 것'이 비평의 일차적인 소임이라는 것이 나의 입장이다. 물론 비평에는 다른 여러 활동도 포함된다. 예를 들어, 사람들은 한 번도 접해본 적이 없거나 앞으로도 그럴 일이 없을 예술 작품에 대한 비평을 읽기도 하는데, 그를 통해 자신이 앞으로 만나게 될 예술 작품을 어떻게 이해하고 감상하는지 그 방법에 대한 실마리들을 모으기 위해 그럴 수도 있다. 나아가 비평가들은 새로운 생각을 퍼뜨리거나 유행시키는 사람이라는 유용한 역할을 하기도 한다. 그럼에도 불구하고 나는 이러한 역할이나 기능들, 그리고 비평가가 적법하게 수행하는 다른 기능들은 이유를 가지고 예술 작품을 평가하는 것이라는 비평의 일차적 소임에서 파생된 것이라고 생각한다. (위에서 말한, 퍼뜨리고자 한 새로운 생각들이 바로 이유에 근거한 평가의 일종일 수도 있다.)

놀려댈 수 있는 기회나 잡은 듯 새로 방영되는 텔레비전 시리즈를 꼬집어대는 비평가가 있다. 이것은 빈정대는 것이지 비평이 아니다.

우리가 인정하듯이, 이런 행태들은 대부분 신문이나 잡지의 리뷰에서 마주칠 만한 것들이다. 하지만 그렇다고 해서 내가 이러한 글을 무시하려는 것은 아니다. 나는 리뷰어들도 내가 말한 의미에서의 비평가가 될 수 있다는 점을 부정하고 싶지 않다. 예를 들어, 「뉴욕타임스」의 DVD 리뷰어인 데이브 커(Dave Kehr)는 신뢰할 만한 신중함과 뛰어난 능력을 가진, 활발히 활동 중인 영화(motion picture) 평론가들 중 하나이다. 그리고 이것은 제대로 된 모든 비평가들과 마찬가지로 그의 평가가 이유에 근거하고 있다는 사실 때문이다.°

비평이 본질적으로 이유에 근거한 평가라는 가설은 이 책의 구성을 짜는 데 바탕이 된 생각이다. 1장에서는 이것을 옹호하는 내용을 다룬다. 나는 이러한 입장을 뒷받침하는 적극적인 논변을 제공하려 시도하겠지만, 반대하는 논변들을 저지하는 데도 많은 부분을 할애할 것이다.

2장은 비평의 대상과 관련되어 있다. 이 장의 중심적인 아이디어는 진정한 의미의 비평은 독자들이 자신들 앞에 놓인 예술 작품에서 무엇이 가치 있는지를 발견하도록 돕는다는 것이다. 나의 입장에 따를 때, 예술 작품에서 가치 있는 것이란 예술가가 자신의 작품을 통해 무엇을 성취했는가와 연결되어 있다. 나는 이를 '성공 가치(success value)'라고 부르겠다. 그리고 나는 감상자들이 예술 작품의 경험으로부터 얻게 되는 가치, 즉 '수용 가치(reception value)'에 비해 성공 가치가 우선성을 가진다는 점을 옹호할 것이다.

나의 입장에 따르면, 비평의 가장 중요한 구성요소는 평가 활동이다. 비평가가 수행하는 다른 작업들 — 기술(description), 맥락화(contextualization), 분류(classification), 해명(elucidation), 해석(inter-

° 예를 들어, 커는 영화를 맥락화(contextualizing)하는 데 특별히 뛰어나다.

pretation), 분석(analysis)—은 평가라는 목적에 견주어볼 때 그 위계에 있어 부차적인 것이다. 비평의 구성요소들을 이야기할 때 평가는 똑같이 중요하다고 하는 것들 중에서 으뜸이다. 비평을 구성하는 다른 활동들은 일반적으로 평가에 대한 이유, 즉 제대로 된 비평이라면 반드시 가지고 있어야 하는 이유들을 명확하게 해주는 역할을 수행한다. 3장에서는 평가를 제외한 비평의 구성요소들을 나열하고, 이러한 비평 작업 각각의 본성과 그것들이 가진 잠재적 문제들을 탐색할 것이다.

평가는 비평을 구성하는 요소들 중 으뜸가는 것이므로 평가의 문제와 전망을 살펴보는 하나의 장을 따로 마련할 만하다. 이것이 4장이자 마지막 장이다. 이 장에서 제기되는 문제들은 주로 비평이 객관적일 수 없다는 주장과 관련되어 있다. 이러한 혐의에 대해 일부의 비평은 객관적일 수 있음을 보이고, 실제 비평과 연관해서 그러한 객관성의 근거를 설명할 것이다. 이러한 시도는 많은 부분에서 예술 작품의 객관적 분류 가능성에 달려 있다. 즉 예술 작품이 속한 범주들, 예컨대 예술 형식, 장르, 사조, 양식, 한 작가의 전체 작품(oeuvres) 등을 간주관적으로 결정하는 일이 가능하다는 것을 수립하는 데 달려 있다. 왜냐하면 하나의 예술 작품이 어느 범주에 속하는지 결정되고 나면, 우리에게는 그 작품이 그 부류에서 좋은 작품인지 아닌지를 평가할 수단이 주어지기 때문이다.

비평적 평가가 이루어질 때, 작품은 자신이 속한 하나의 종류나 부류의 측면에서 평가되는 것이 가장 일반적인 경우이지만, 때로는 서로 다른 범주에 속한 작품들 간의 평가(cross-categorical evaluation)라는 문제가 대두될 수도 있다. 그러므로 4장은 범주 간 평가라 하더라도 최소한 어떤 경우에는 합리적으로 결정 가능하고 객관적일 수 있다는 데 대한 논의로 마무리될 것이다.

1장
평가로서의 비평

1. 서론

이 책의 주제는 **예술 비평**이다. 예술 비평이란 특정한 예술 형식에 속한 어떤 작품에 대한 비평이다. 이러한 예술 형식에는 문학, 연극, 무용, 음악, (사진을 포함한) 그래픽 아트, 조각, 건축, 움직이는 이미지의 예술들(영화, 비디오, 컴퓨터로 만들어진 영상들)이 포함된다. 이러한 예술 형식들의 집합은 18세기 즈음에 하나의 확립된 틀을 가지고 등장하기 시작한 것으로 보이며, 예술의 근대적 체계(Modern System of the Arts), 보자르(Beaux Arts), 파인 아츠(Fine Arts) 혹은 더 간단하게는 대문자 A를 쓰는 아츠(the Arts) 등의 이름으로 불렸다.*

중세에는 아트(an art, 기술)란 그저 무엇이건 사람이 만들고 행하는 것의 올바른 절차나 방법이었다. 구두수선 기술이나 항해술, 의술, 무술이 모두 아트일 수 있었다. 이것들은 단순히 숙련된 또는 지식에 기초한 제작기술이나 제작활동이었으며, 그 일을 하는 사람들은 이런 활동의 핵심을 수월하게 성취하기 위한 기술(technique, 이 말은 고대 그리스어의 테크네(techné)에서 유래한 것이고 나중에 라틴어 아르스(ars)로 번역되었다)을 숙달한 이들이었다. 이러한 전근

* 이들에 대한 우리말 번역어는 결국 모두 '예술'이 될 것이다. (각주 중 이와 같은 글씨체로 표기된 것은 본문에 없는 것으로 역자가 추가한 주석이다.)

대적인 의미에서는 관련 기술에 완전히 정통하다는 것이 아트의 지위를 가지기 위해 꼭 필요한 것이었다.

그러나 18세기에 접어들어 이러한 (라틴어적 의미에서의) 아트들의 한 부분집합이 떨어져 나와 오늘날 우리가 (대문자 A를 가진 아트(the Arts)로서) 예술(the arts proper)로 여기는 것이 되었다. 여기에는 문학, 연극, 회화, 조각, 무용, 음악이 있었고, 때로는 건축이 덧붙여졌으며, 보다 드물게 조경까지도 포함되었다. 이후에 사진과 영화, 비디오, 컴퓨터로 만들어진 영상도 예술계에 병합되었으며, 미래에는 틀림없이 더 많은 첨단기술의 산물들이 여기에 편입될 것이다. 엄밀한 의미로 말할 때만 아니라면 우리는 어떤 것이 적절한 예술 그룹에 속하느냐에 대해 그저 대학 내 예술 학과로서 명맥이 유지되고 있는 것들, 혹은 국가예술기금(National Endowment for the Arts) 같은 단체로부터 지원금을 받을 대상이 되는 것들이라고 생각할 수도 있다.

또한 우리는 예술의 기원이 된 18세기가 근대적 비평의 틀이 형성되기 시작한 시기라는 이유로 나중에 이 시기를 다루기는 할 것이다. 하지만 그렇더라도 어떻게 예술 체계가 발생하였으며 18세기에 처음 그렇게 된 합리적인 이유는 무엇이었는지, 또 그것이 어떻게 확장되어왔는지를 설명하는 것은 이 책의 본분에서 벗어나는 일이다. 그럼에도 불구하고 지금 독자들에게 예술의 근대적 체계가 어떤 외연을 가지고 있었는지를 상기시키는 유일한 목적은 이 책에서 다루는 비평이 초점을 맞추고 있는 대상이 어떤 것들인지를 확인하기 위해서이다.

지금까지 나는 '예술 비평'의 절반에 해당하는 '**예술**'에 집중하였다. 이제 예술 비평이라는 개념의 나머지 반쪽을 분명하게 파악해보자. 내가 사용하고 있는 **비평**이라는 용어는 언어적 담화의 한 유형이다. 어쩌면 그림이 다른 그림을, 혹은 순수 관현악 작품이 다른 음악 작품을 "비평한다(criticize)"고 말할 수 있는 경우가 있을지 모르겠다. 하지만 내 생각에 이런 경우들은 아마도 대부분 은유적인 표현이 아닐까 싶다. 하여간 그러한 경우가 가능하건 아니건, 여기서 내가 주목하고자 하는 비평은 언어적인 것이다. 즉, 위에서 언급한 예술 형식들을 가지는 작품들에 대해 말 혹은 글로 이루어진 비평을 말한다.

말할 필요도 없이, 비평은 다양한 기준을 가질 수 있다. 예컨대, 우리는 『등대로』 같은 소설 한 편 혹은 「필로우맨」 같은 연극 한 편* 을 개별적으로 비평의 대상으로 삼을 수도 있고, 포토리얼리즘 같은 하나의 양식적 사조(movement) 전체를 비평의 주제로 삼을 수도 있다. 앞으로 나는 주로 개별 예술 작품에 대한 비평을 다룰 것이다. 이렇게 하는 이유는 일단 이것이 다소 편한 방식이기 때문이다. 개별 작품에 대한 비평의 사례들은 보다 큰 범위에 걸쳐 있는 비평들에 비해 규모의 측면에서 다루기에 용이할 것이다. 하지만 이런 방식을 택한 또 다른 이유는 이 수준에서의 비평이 기본적이라는 생각이 들기 때문이다. 즉, 작품군 전체에 대한 비평은 그것을 구성하는 개별 작품들에 대한 비평에 의존해야 한다고 추정하는 것이 합당해 보인다. 이 점은 예술 장르나 예술 사조에 대한 긍정적 평가이건 부정적 평가이건 마찬가지로 적용된다.

예술 비평은 예술 작품을 비평하는 언어적 행위이다. 하지만 이러한 비평 행위가 다른 형식의 담론들, 특히 예술 작품에 대한 다른 형식의 담론들과 구별되는 특징은 무엇인가? 나는 이 책을 통해 비평이라는 형식의 담론은 평가를 그 특징으로 가진다는 주장과 이를 위한 논변을 제시하고자 한다. 물론 제대로 된 비평이라면 단지 예술 작품을 평가하는 일—그저 엄지손가락을 추켜세우거나 아니면 아래로 꺾는 식의 찬사 혹은 비난—에만 머무르는 것은 아니다. 우리가 비평가로부터 제공받기를 기대하는 것은 비평가가 자신의 평가를 뒷받침하는 이유들—그것도 아주 좋은 이유들—이다.

* 『To the Lighthouse』는 버지니아 울프의 1927년 소설이고, 「The Pillowman」은 영국 극작가 맥도나(Martin McDonagh)의 2003년 작품이다.

비평을 구성하는 많은 활동들이 있다. 그 활동 목록에는 예술 작품들에 대한 기술(description), 분류(classification), 맥락화(contextualization), 해명(elucidation), 해석(interpretation), 분석(analysis)이 포함된다.* 이 과정들과 더불어 비평에는 합리적 이유로 뒷받침되는 평가가 포함된다. 사실상 평가를 제외한 나머지 다른 활동들은 일반적으로 그 자체가 목적으로 간주되지는 않는다. 이러한 활동들은 비평가가 해당 작품을 평가할 때 필요한 근거를 제공하려는 목적을 가지고 수행된다.

비평을 평가와 결부시키는 것은 비평 개념의 어원에 비추어 적절하다. '비평가(critic)'라는 말은 고대 그리스어 '크리티코스(kritikos)'에서 나온 것인데, 크리티코스란 배심원으로 참여하여 평결을 내리는 사람이다. 일상 영어에서 '비평'이라는 말의 일반적인 쓰임과는 달리, 평결을 내리는 사람으로서의 비평가라는 개념은 부정적인 평결만을 의미하는 것으로 좁게 이해될 필요가 없다는 점에 주목하자. 크리티코스는 부정적 평결뿐만 아니라 긍정적 평결 또한 내릴 수 있다. 마찬가지로 예술 비평가는 파괴적인 비평뿐만 아니라 건설적인 비평도 제공할 수 있다. 일상어에서 비평은 무언가 부정적인 것과 관련되는 경향이 더 크다는 점은 인정하지만(예를 들어, 사춘기 소녀

* 이 활동들에 대해서는 다음 장에서 더 엄밀하게 기술될 것이다. 여기 나열한 용어들 중 대부분은 아마도 그 의미가 매우 분명할 것이다. 다만, 해명(elucidation)과 분석(analysis)의 차이는 여전히 불분명한 측면이 있다. 내가 말하는 해명이란, 단어들의 조합으로 된 문장의 의미를 밝히듯 예술 작품의 관습적 기호들이 가진 의미를 밝혀내는 것이며, 중세 회화에 등장하는 타조 알이 어떤 의미인지를 밝히듯이 암호화된 기호들의 의미를 해명하는 것이다. 분석이란 작품의 요소들이 어떻게 해당 작품의 목적을 실현하도록 기능하는지, 그러한 요소들이 어떻게 하나의 통합된 전체로서 일관성을 가지게 되는지, 또는 작품의 요소들이 어떻게 해당 작품의 주제를 구현해내는지를 설명하는 작업이다.

가 엄마에게 자기를 '크리티사이징(criticizing)'하지 말아달라고 요청하는 것이 엄마가 칭찬을 그만했으면 하고 부탁하는 것이 아닌 것처럼), 그럼에도 불구하고 일상어에서도 비평은 결점을 찾아내는 것 이상의 의미를 가진다. 비평가는 칭찬할 수 있을 뿐 아니라, 때로는 추천할 수도 있다.

내가 보기에 비평가의 주된 역할이란 예술 작품을 무력화시키는 것이 아니다. 오히려 감상자들은 통상 자신들이 들여다보는 작품에서 가치를 찾고자 할 때 비평가들의 도움을 기대한다.[1] 평범한 독자는 비평가에게서 예술 작품에서 무엇이 가치 있는 것인가에 대한 안내를 기대한다. 비평가가 지적해주려고 한 가치나 의미를 우리도 파악할 수 있기를 희망한다. 비평가라는 이름이 때로는 부정적인 연상을 더 많이 하게 한다는 사실에도 불구하고 실제로 우리가 비평가에게 기대는 중요한 이유가 바로 이것이다.

그러므로 내가 주장하고자 하는 바는, 평범한 독자는 비평가에 대해 주어지는 모든 예술 작품에 대해 언제나 흠을 잡는 사람이라는 식의 좁은 인식을 가지고 있다기보다는 보다 근본적으로 자신의 분야—그것이 문학이든 회화이든 조각이든 어떤 것이든—에서 해당 작품의 질을 판별하는 숙련된 전문가라는 생각을 가지고 있다는 것이다. 즉, 평가할 능력을 가졌을 뿐 아니라 그러한 평가를 이유에 근거하여 뒷받침하는 데 능숙하다는 의미에서의 전문가로 간주한다는 것이다.°

° 즉, 비평가는 이성적 사유의 원칙들(canons of reason)에 의존하고 있다는 것이 내 견해이다. 때로 비평가로 부르기에 손색없는 사람도 이러한 이상에 미치지 못할 경우가 있음을 부정하는 것은 아니다. 나는 단지 진정한 비평가라면 정확하게 기술하고 타당하게(잘못된 전제들로 인해 오도되는 경우에도 논리적으로는 타당하게) 추론하려 한다는 점을 주장할 뿐이다.

물론 지금까지 내가 말한 내용은 반론의 여지가 전혀 없고 흥미로운 것도 아니라고 생각될 수 있다. 나는 앞에서 비평이란 최우선적으로 이유에 의해 뒷받침되는 평가적 담론임을 수립하는 것이 이 책의 논변이라고 자랑스레 말했다. 하지만 여러분은 이런 상식적인 관찰을 '이 책의 논변'이라고 부르는 것을 보며, 내가 분명히 변명의 여지가 없는 자화자찬의 허세와 과장에 빠져 있다고 말하고 싶어 할지도 모른다. 비평이 바로 그런 것임은 누구나 아는 사실 아닌가? 바로 이전 문단에서 어원적으로도 또 우리의 상식으로도 비평이란 그런 것임을 보여주지 않았는가? 비평이 평가와 연결되어 있다는 사실은 아주 뻔한 것 아닌가? 즉, 누구에게든 분명한 사실이 아닌가?

짧게 대답하자면, 답변은 "아니오"이다.

20세기 내내 비평을 평가로부터 떼어놓을 목적으로 고안된 상당수의 논변들이 등장하였다. 최근에 현직 비평가들—회화, 조각, 사진, 건축을 다루는 비평가들—을 상대로 실시한 설문조사에 따르면, 응답자의 75퍼센트가 평가를 내리는 일—해당 예술 작품에 대한 그들 자신의 개인적인 평가—이 자신들의 비평에서 가장 덜 중요한 측면이라고 하였다.[2] 하지만 평가를 널리 알리는 것을 그리 내켜하지 않는 비평가들이 많다는 것을 확인하기 위해서라면 설문조사를 할 필요도 없다.* 그들이 쓴 비평을 보면 분명하다. 실제로, 아서 단토 같은 명망 높은 예술 비평가도 『네이션』°에서 평가는 자신

* 75퍼센트의 현직 비평가들이 평가자로서 자신의 역할을 매우 낮게 보고 있다면, 이는 비평이 본질적으로 평가라는 주장, 특히 실제의 비평 관행을 있는 그대로 모델화한 결과가 그렇다고 주장하는 나 같은 사람에게 타격을 줄 만한 반증으로 보일 수 있다. 하지만 위의 설문에 응한 비평가 집단을 비평의 오랜 관행에서 지속되어온 역사적 경향들에 견주어본다면 그 숫자가 미미하다고도 볼 수 있겠다. (미술 이외의 예술을 다루는 동시대 비평가들까지 포함시켜 견주어본다면 더더욱 그럴 것이다.)

° 『The Nation』은 1865년부터 발간되어온 미국의 진보 계열 주간지로, 단토는

에게 주어진 일에 속하지 않는다고 명시적으로 공언하고 있다.[3] 미술뿐만 아니라 연극과 무용에 대해서도 해당 분야의 비평가들은 유사한 언급을 하고 있다. 「뉴욕타임스」의 전직 연극평론가인 프랭크 리치(Frank Rich)는 "나의 경우 연극에 대해 이렇다 저렇다 재단하는(passing judgment) 것이 내 일에서 가장 흥미롭지 않은 부분인 것이 확실하다"라고 말한 바 있다. 또한 『빌리지 보이스』*의 수석 무용평론가인 데보라 조윗(Deborah Jowitt)도 다른 사람들을 판정하는 입장에 서는 것을 좋아하지 않는다고 말한다.[4]

다음 절에서 나는 같은 시대를 살고 있는 우리 동료들이 평가 작업의 방기를 옹호하면서 제시한 이유들 중 영향력 있는 몇 가지를 논박해볼 것이다. 하지만 비평은 본질적으로 평가적이라는 나의 입장을 소극적으로—즉, 반대하는 입장들을 상대하는 방식으로— 변호하기 전에 내 입장을 편들어줄 몇 가지 적극적인 철학적 고려사항이 있음을 제시하고자 한다. 나는 이미 비평이라는 개념의 역사에 근거하여 그러한 적극적 고려사항의 하나를 언급했다. 여기서 제시하는 것은 그 외의 추가적인 것이다.

나는 비평에는 필연적으로 혹은 본질적으로 평가—특히 이유와 증거에 근거한 평가—가 요청된다는 점을 논증하고 싶다. 왜 그렇게 생각해야 하는가? 왜냐하면 그렇지 않을 경우 예술 비평은 유사한 형식을 가진 예술에 대한 다른 담론들과 구별되지 않기 때문이다.[5] 예를 들어, 어떤 형식의 예술에 대한 역사적 담론에는 기술, 해명, 맥락화, 분류, 해석, 분석 중 어느 하나 혹은 그 이상이 동원되고 있을 수도 있다. 예를 들어, 한 예술경제 사학자는 렘브란트의 그림에서 검고 넓은 공간이 자주 나타나는 경향이 있음을 기술하고 분석할 수 있는데, 그런 식으로 해야 매우 많은 주문을 받아 이익을 극대화

1984년부터 2009년까지 이 잡지를 통해 자신의 미술비평을 발표해왔다.

* 『The Village Voice』: 미국 뉴욕에서 발행되는 주간 대안 신문이자 웹 사이트.

할 수 있었다는 사실을 설명하기 위해서일 수 있다. 왜냐하면 이렇게 텅 비고 아무것도 담기지 않은 검은 캔버스 공간은 매우 빨리 칠해질 수 있었을 테니까 말이다. 또 어떤 예술 사학자는 오토 딕스*가 형태의 왜곡으로 돌아선 것은 우뇌에 온 뇌졸중의 결과이며, 렘브란트의 후기작에 두드러지게 나타나는 산만한 세부 묘사와 전반적인 붉은 색조는 어쩔 수 없는 노안과 관련된 것이라고 기술하고 분석할 수 있다.

그런데 방금 예로 든 이러한 종류의 역사적 담론과 진정한 의미의 비평 사이에는 어떤 차이가 있을까? 우리가 금방 생각할 수 있는 한 가지 확실한 차이라고 하면 비평은 이에 덧붙여 평가를 포함한다는 것이다. 이러한 생각은 일상적인 대화에서도 충분히 뒷받침된다. 그러므로 비평이 본질적으로 평가와 관련되어 있다는 주장을 믿지 않는 회의론자가 오히려 내가 개진하고 있는 것과는 다른 구분—비평과 그것에 필적하는 다른 담화 방식 사이를 나누는 더 효과적이고 설득력 있는 경계선—을 제안해야 하는 난제를 떠안게 된다.°

비평이라는 용어에는 수많은 활동이 포함되어 있으며, 예술 작품에 대한 기술, 맥락화, 분류, 해명, 해석, 분석이 다 그런 것들이다. 하지만 비평만이 이러한 활동들을 포함하는 언어적 담론의 유일한 형태인 것은 아니다. 우리 시대에 기호학이 등장하고 난 후(아마도 가장 결정적으로는 롤랑 바르트의 저서 『신화론(Mythologies)』 이후) 뒤이어 나타난 문화 연구, 공연 연구, 시각문화 연구 등의 등장과 더불어 한때 예술 작품들에 대한 논의와 설명에서만 동원되던 절차들이 요즘에는 일상적인 대상들과 관행에도 적용되고 있다. 이는 일

* Otto Dix(1891~1969): 독일 화가

° 물론 회의론자는 비평과 다른 방식의 담화 사이에 어떤 차이가 있다는 것을 부정하고 싶을지 모르겠다. 하지만 이는 우리가 무리 없이 받아들이는 일상적인 직관에 반하는 것으로 보일 것이다.

상적으로 보이는 현상들이 어떻게 작동하며 어떤 의미를 지녔는지를 폭로하기 위한 것—그들은 흔히 이데올로기적 본성을 가진 것으로 언급된다—이다. 예를 들어 돈을 받고 사교 모임에 동행해주는 일을 하는 여성 에스코트들이 쓰는 언어와 그들이 맡은 역할 같은 것도 그 대상이 된다.

그렇다면 과거의 예술 비평에서 수행되는 활동들과 오늘날 문화 연구 같은 영역에서 전개되는 활동들은 어떻게 다른가?

이 물음에 대해 단순히 예술 비평은 그 대상이 예술이고 기호학, 문화 연구 등은 그렇지 않다고 대답할 수는 없다. 왜냐하면 후자도 때로는 앞서 규정한 것과 같은 종류의 예술 작품들에 초점을 맞추기 때문이다. 오히려 진정한 의미에서의 예술 비평은 기술, 해명, 분류, 맥락화, 해석, 분석에 덧붙여서 다른 어떤 것, 즉 평가를 포함**해야만 한다**고 상정하는 것이 기호학 같은 언어적 담론의 장르와 예술 비평을 구별하기에 알맞은 최선의 방식으로 보인다.◆

이것이 비평이 본질적으로 (이유에 의해 뒷받침되는) 평가라는 생각에 대한 적극적인 변호이다. 하지만 이러한 견해에 대한 반대 논변에는 어떤 것들이 있을까?

◆ 평가가 단지 비평에 필적하는 다른 담론들과 비평 간의 차이점을 드러내는 특징으로만 나타나는 것은 아니다. 비평의 다른 부분들이 평가에 위계적으로 종속되어 있다면 그 이유로도 평가를 비평의 핵심적인 목표로 볼 수 있을 것이다. 이 점에 대해서는 다음 장에서 좀 더 다룰 것이다.

2. 평가를 배제하려는 시도

비평에서 평가라는 요소를 제거할 수 없다는 입장으로부터 벗어나려는 제안들은 다양한 이유들을 가지고 있으며, 비평이 본질적으로 평가적이라는 생각에 저항하는 방식도 다양하다. 몇몇 경우, 평가에 대한 거부는 평가가 비평에 필수적이지 않거나 잉여에 불과하다는 생각에 근거한다. 또 다른 반론들은 비평을 필연적으로 평가적인 것으로 간주하는 견해에는 무언가 비생산적이거나 의심스럽거나 적법하지 않은 구석이 있으며, 심지어 그런 견해는 불가능하다고까지 주장한다. 지금 여기서 곧장 비평과 평가를 동일시하는 데 대한 모든 반론들을 검토하는 것은 불가능하다. 하지만 나는 그러한 반론에 해당되는 적절한 사례들을 포착해보려고 한다. 이 반론들 중 일부에 대해서는 뒤이은 장에서 더 자세하게 많은 분량을 할애하여 다루는 것이 필요할 것이다. 이번 절에서는 단지 자주 제기되는 반론에 대한 나의 일차적 반응만을 제시할 생각인데, 이를 통해 증명의 부담이 평가의 중요성을 부정하는 사람들에게 있음을 보이는 방식으로, 다른 증거가 나오지 않는 한 초견적으로(*prima facie*) 평가가 가장 중요하다는 생각을 변호하고자 한다.

제대로 된 비평의 본질적 특징이 합리적인 이유로 뒷받침되는 평가라는 나의 입장을 반박하게 되는 이유 중 하나는, 평가가 이루어지는 시점을 잘못 설정했다는 것일 수 있다. 나는 평가가 그것을 뒷받침하는 다양한 활동들, 이를테면 해석이나 기술 같은 활동들로부터 나타난다고 말한 바 있다. 그러나 평가는 그러한 활동들 이전에 이루어진다는 주장이 있을 수 있다. 또한 보다 중요한 것은 이때 평가가 이루어지는 방식을 보면 그것으로는 비평을 그와 유사한 언어적 담론 형식들과 차별화시킬 수 없다는 것이다. 결과적으로 평가는 내가 거기에 할당한 개념적 소임을 충족하지 못한다는 것이다.

이러한 논변의 근거는 비평가가 선택을 한다는 사실이다. 즉, 비평가는 비평의 대상을 선택해야만 하는데, 이때의 선택이 이미 곧 일종의 평가라는 것이다. 비평가는 비평 행위를 통해 한 대상이 다른 대상들보다 더 주목받도록 특권을 부여하고 있다. 그런데 어떤 것이 다른 것보다 더 많은 주목을 받도록 하는 활동에는 평가가 내재되어 있다. 따라서 비평가의 활동은 평가에서 시작한다는 것이다. 나아가 이 점은 비평가뿐만 아니라 역사학이나 기호학 등의 연구자들에게도 마찬가지로 적용된다고 주장될 수 있다. 이렇게 되면, 비평이 평가를 포함하고 있는 것은 사실이라 하더라도 마찬가지로 내가 비평과 구별하고자 했던 다른 것들도 모두 평가를 포함하고 있는 것이 된다. 그러므로 비평에 대한 나의 견해로부터는 비평을 인접한 다른 언어적 담론 형식들과 구분해주는 충분조건을 얻을 수 없다는 것이다.

하지만 이 반론이 가지는 문제점은 선택과 평가를 동일시하는 것이 여러 가지로 의심스러워 보인다는 점이다. 우선, 비평가가 비평하려는 작품을 반드시 자신이 선택하는 것은 아니다. 비평가가 저널리스트라면 편집자가 비평할 작품을 할당했을 수도 있고, 학자라면 커리큘럼 때문에 자신이 선택하지 않은 작품을 비평할 수도 있다.

게다가 선택이 곧 평가라는 생각은, 선택이란 선택된 작품을 긍정적으로 평가하거나 그 작품에 특권적 지위를 부여하는 일이라는 생각과 연결되어 있는 것 같다. 하지만 비평가는 자신이 선택한 작품이건 위임받은 작품이건, 작품을 부정적으로도 평가할 수 있다. 그러므로 선택을 하면 평가가 따라오는 것이라는 생각은 얼핏 보았을 때에나 그럴듯한 주장이다. 따라서 이러한 반론으로는 진정한 비평과 이에 필적할 만한 다른 언어적 담론 형식 사이의 차이가 사라진다고 할 수 없다. '선택=평가'라는 견해는 미심쩍은 반면, 내가 말하는 '이유가 뒷받침된 평가'라는 의미는 여전히 유효하다. 설령 '선택=평가'라는 전제가 참이라고 할지라도 이로 인해 이유가 뒷받침된 평가라고 하는 나의 가설이 논리적으로 배제되지는 않을 것이다. 왜냐하면 이유가 뒷받침된 평가를 선택과는 별개인 것으로, 추가적인 것으로, 그래서 선택 논변이 가정하고 있는 것처럼 비평 활동이 시작될 때가 아니라 활동의 마지막에 등장하는 것으로도 볼 수 있기 때문이다.

이러한 비판에 대해 역사학자나 문화 연구가들이 연구 주제를 선택한다는 것은 언제나 암묵적으로 "이 주제는 연구할 만한 가치가 있음"을 표명하고 있는 것이라는 주장이 제기될 수 있다. 하지만 이는 한 주제가 학술적 연구로서 가치 있다는 주장과 그 연구 대상이 가치 있는 어떤 것을 가지고 있다는 주장 간의 차이를 표현의 애매성에 기대어 없애려는 것이다. 예컨대, 홀로코스트는 연구할 만한 가치가 있지만, 홀로코스트를 연구하는 역사학자들이 홀로코스트가 적극적으로 어떤 가치의 담지체임을 주장하고 있는 것은 아니다.

비평에 대한 나의 견해에 대한 또 다른 반론은 평가가 비평의 필요조건이 아니라고 주장한다. 즉, 모든 비평이 평가를 포함하는 것은 아니기 때문에 평가가 비평에서 꼭 필요한 요소는 아니라는 것이다. 학회에서 혹은 강의에서조차 학계에 몸 담고 있는 비평가가 다음과 같은 식으로 비평에 관한 발표를 마무리하는 광경은 상상하기 어려울 것이다. "지금까지 제가 수행한 기술, 분류, 맥락화, 해명, 해석 및 분석을 근거로 우리는 『리어 왕』이 진정한 가치를, 그것도 상당히 많이 지닌 희곡임을 알게 되었습니다." 이러한 진술은 말할 필요도 없는 것을 말한다는 인상뿐 아니라 심지어 현학적이라는 느낌을 줄 수 있다.

이 사례는 일견 그럴듯하다. 하지만 과연 이것이 반론이 의도한 바를 그대로 보여주는 것인지는 분명치 않다. 비평가는 해석, 기술, 분석, 분류, 맥락화 등을 통해 평가의 근거를 마련하므로 정전(canonical works)에 해당하는 작품들을 비평하는 경우, 예를 들어 만약 그러한 근거가 되는 활동들을 통해 독자들에게 작품이 통일성과 복잡성, 정교함과 지혜를 가지고 있다는 입장을 충분히 제시하고 있다면, 이들 활동들을 다시 아울러 명시적인 찬사의 말로 비평을 마무리하는 것이 꼭 필요하지는 않을 수도 있다. 찬사는 암묵적인 것일 수 있다. 하지만 이것이 보여주는 것은 비평에서 평가가 명시적일 필요는 없다는 점일 뿐이다. 사례들이 가리키는 바는 단지 평가가 언제나 말이나 글로 표현될 필요는 없다는 것이다. 다시 말해, 평가는 맥락상 암묵적인 것일 수 있다. 그러므로 『리어 왕』 같은 사례들이 진정한 반례는 아니다.*

이 반론과 관련된 맥락에서, 아서 단토 같은 몇몇 비평가는 평가가 비평가에게 주어진 일에 속하지 않는다고 주장한 바 있다.[6] 평가는 비평가가 아닌 다른 누군가의 소관이라는 것이다. 앞의 예에 이어서 말하자면, 확립된 규범(canon)이 이미 좋은 작품들을 선정한 것이라 할 수 있다. 이런 식으로 작품이 가치 있다는 지위를 얻게 된 연후에 비평가는 그 작품들을 분석하고 해석하는 등의 일을 한다는 것이다.

* 내가 생각하기에 정전 작품들의 경우, 청자나 독자는 기본적으로 비평가가 제시하는 해석 등이 긍정적인 평가를 뒷받침하도록 되어 있다고 전제한다. 만약 비평가가 자신의 해석이나 분석을 사용해 정전 작품을 부정적으로 평가하려 한다면, 비평가는 이 점을 명시해야 할 것이다. 나아가 최근의 작품이나 정전으로 확립되어 있지 않은 작품의 경우를 보면, 해당 작품의 분석과 함께 당연히 적극적인 평가가 명시적으로 동반되고 있다.

단토는 주로 시각 예술을 다루는 비평가이다. 그의 견해에 따르면, 자신이 비평하는 작품들을 평가하는 것은 자신의 소임이 아니다. 오히려 박물관이나 미술관, 미술 박람회, 비엔날레 등의 제도가 주목할 만한 작품들을 선정하고, 그렇게 함으로써 해당 작품들을 암묵적으로 평가한다. 전시기획자인 큐레이터가 곧 그러한 일의 결정자 혹은 최소한 평가자이다. 전시기획자는 일반적인 감상자와 미술비평가가 주목할 만한 작품들을 전시한다. 그러면 미술비평가가 뛰어들어 그 작품들에 대해 맥락화하고, 분석하고, 해석하는 등의 일을 한다. 감상자에 대한 교육이 비평하는 사람의 일차적인 업무라고도 할 수 있겠다.

단토의 견해는 그 자신의 예술 철학과도 연결되어 있다. 헤겔과 유사하게 단토는 대상이 다음의 조건을 만족하는 경우에만 예술 작품이라고 생각했다. 1) 이 대상은 무언가에 관한 것(about something)이다. 2) 이 대상은 무언가에 관한 것을 그 내용에 적절한 하나의 형식 속에 구현하고 있다. 단토는 이러한 생각을 활용하여 비평에 관한 자신의 의제를 설정한다. 먼저 기술, 분류, 맥락화 및 해석을 통해 작품이 무엇에 관한 것인가를 확립하고, 다음으로 작품의 내용을 구현하고 있는 형식이 그에 적합하거나 적절한 것인지를 분석한다는 것이다. 예를 들어, 일단 미술관에서 한 작품을 가치 있는 것으로 선정하고 나면, 비평가는 그 이유를 설명한다. 비평가의 소임은 평가가 아니라 설명하는 데 있다. 비평가는 어떻게 그 작품이 그러한 가치를 구현하는지를 설명한다.

하지만 비록 우연일망정 단토를 비롯해 평가가 자신들의 소임에 속하지 않는다고 주장하는 사람들의 글에서도 평가적인 용어는 발견된다. 그뿐 아니라, 최소한 어떤 측면에서는 규범성(normativity)이 단토의 기획에 있어 본질적인 것으로 보인다. 단토의 입장을 상기해보자. 그는 비평가의 소임이란 작품의 내용을 구현하고 있는 형식이, 그 작품이 무엇에 관한 것인가에 비추어보았을 때 적절한 것인지를 보이는 일이라고 했다. 따라서 이는 비평가가 그 형식이 적절한지 아닌지를 설명해야 하고, 어떻게 그런지도 설명해야 한다는 의미인 듯하다. 그런데 단토에게는 미안하지만, 작품의 형식이 그 작품의 내용에 적절한지 여부를 결정하는 것은 평가적이다. 이것은 작품이 성공적이라고 선언하는 것과 다름없다.

게다가 예술계가 제도적 구조를 가지고 있다는 단토의 이해는 평가로서의 선택이라는 아이디어와 무관하지 않은 몇 가지 문제점을 안고 있다. 전시기획자 혹은 미술관 소유자가 전시를 목적으로 특정 작품들을 선택한다고 해서 선택된 작품들을 당연히 긍정적으로 평가하고 있다는 것은 사실이 아니다. 나쁜 시 모음집이 있는 것처럼 의도적으로 터무니없는 미술품들을 모아 전시했을 수 있고,[7] 그 가치는 의심스럽지만 경제적인 이유나 심지어 정치적인 이유로 전시되어야 할 영향력 있는 미술가나 후원자에 의한 작품 전시회일 수도 있다. 실제로 영화의 경우를 보면, 제작자는 특정 장르의 영화를 세상에 내놓으면서 그것을 긍정적으로 평가해서가 아니라 시장에 유통시킬 제품이 필요해서라는 이유를 가질 수 있다.

물론 단토의 견해를 변호하는 입장에서, 보통 미술관이나 박물관, 나아가 출판사나 영화 제작사도 대중에게 예술 작품을 발표할 때에는 그 작품을 긍정적인 평가의 후보로서 추천한다는 점이 기본적으로 전제되어 있다고 할 수 있다. 하지만 통상 단순히 작품을 제시하는 사람이라면 이유나 추론에 기반을 두고 그 작품이 훌륭하다는 주장을 하는 사람이 아니다. 그것은 비평가의 몫이다.*

단토는 스스로 이러한 소임을 다하고 있다. 그는 비평을 통해 독

* 물론 작품을 제시하는 사람이 작품과 함께, 예컨대 해당 작품의 가치를 설명하는 팸플릿을 제공하였다면, 그 사람은 비평가이기도 하다. 다시 말해, 한 사람이 두 역할 모두를 수행하는 것이 불가능할 이유는 없다. 이 경우에도 두 가지 역할의 구별은 여전히 남아 있는 것이 사실이다.

자에게 작품의 형식이 그 작품의 내용(즉, '작품이 무엇에 관한 것이다'라고 할 때의 바로 그 무엇에 해당하는 것)에 적절하다는 것을 보여준다. 비록 그가 그 작품에 승인 도장을 찍듯이 자신의 의사 표시를 분명하게 하고 있지는 않다 하더라도 작품에 대해 형식의 적절성을 말하는 것은 해당 작품의 예술적 가치를 확신하고 있음을 암묵적으로 알리는 한 방식이다.

예술가들은 종종 평가적 비평에 대해 불만을 토로한다. 여러분은 평가적 비평이 생산적이지 않다는 소리를 자주 들었을 것이다. 그러한 비평은 예술 작품들을 옹호해주지 않는다는 것이다. 물론 이는 평가적 비평에는 단지 부정적인 용어들만 있다고 생각하기에 그렇다. 하지만 긍정적이고 건설적인 평가적 비평도 존재한다. 게다가 부정적인 평가적 비평조차 생산적일 수 있는데, 왜냐하면 그러한 비평이 작품의 개선을 유도할 수 있기 때문이다. 우리가 사람들과 더불어 이유를 근거로 한 비평 활동을 수행하는 이유 중 하나는 돌멩이나 벌레들과는 달리 사람들—심지어 예술가들조차—은 그러한 비평에 영향을 받을 수 있기 때문이다. 비평은 부정적인 경우에도 더 나은 방향으로의 변화를 독려한다.

예술가들이 평가적 비평에 문제를 제기하는 또 하나의 이유는 그러한 비평이 비열하다는 생각을 가지고 있기 때문이다. 예술가들이 보기에 비평가는 불운한 예술 작품들에 대해 지능적으로 가시 돋친 말들을 해댐으로써 예술가들을 희생양 삼아 거들먹거리는 사람들이다. 물론 소위 비평가라고 불리는 사람 중에는 비평하는 작품을 무자비하게 조롱하는 데 일가견이 있는 사람들이 있고, 독자 중에서도 이런 식의 말로 행해지는 공개적인 가학행위를 즐기는 사람들도 있다. 하지만 이런 저속한 놀려대기를 이유에 의해 뒷받침되는 평가로 보기는 어렵다. 그것은 성격상 코미디에서나 할 일이다.

어떤 예술가들은 또 다른 근거에서 비평가의 평가를 일축한다. 그 근거란 비평가는 예술가가 아니므로 작품을 평가할 위치에 있지 않다는 것이다. 하지만 비평가가 자신이 감상하는 작품들에 대해 아무런 정보도 가지고 있지 않다고 가정할 어떠한 이유도 없다. 이러한 혐의가 지속되는 것은 단지 예술가들이 가진 옹졸한 태도 때문이다.

예술가들은 때때로 평가적 비평이란 특정한 지시를 따르라는 지침이고, 따라서 그러한 지침은 예술 영역에서는 아무런 역할도 하지 않는다고 주장한다.* 즉, 어떠한 지침도 예술적 창조의 폭발력을 가로막아서는 안 된다는 것이다. 과연 이러한 지침이 예술적 창조에 적절할지의 문제는 잠시 미루어두겠다. 더 중요한 것은 비평가의 평가가 적극적 지침 혹은 지시 규정과 같은 것이라는 생각이 틀렸음을 보이는 것이다.

비평가가 어떤 구체적인 예술적 선택이 효과적이지 않다고 판단할 수는 있지만, 그것이 곧 다른 선택을 요구하는 것, 즉 어떤 지시를 따르라는 적극적인 지침을 함축하지는 않는다. 예컨대 어떤 비평가는 존 바스의 책 『키메라』°의 마지막 장인 '벨레로폰(Bellerophoniad)'이 지나치게 복잡하다는 이유로 결함을 가지고 있다고 지적하면서도, 대신 이러저러한 식으로 쓰였어야 했다는 지침은 내리지 않을 수 있다.[8]

평가적 비평에 대해 이와 관련된 또 하나의 반론 — 역시 예술가

* 여기서 지침이란 예술가가 무엇을 해야 하는지를 비평가가 말해줄 것이라는 의미이다. 추정컨대 불만의 대상은 비평가들 중 적극적으로 지시를 내리는 부류들이다. 물론 소극적인 비평도 일반적으로 예술가가 한 작업이 어떤 식이건 달리 행해졌어야 했다는 함축이 들어 있다고 볼 수 있기에 그 역시 지침을 내리는 것이라 한다면 이는 맞는 말일 것이다. 하지만 통상 비평가들은 적극적인 지시로 간주될법한, 자신이 선호하는 대안 같은 것을 제시하지는 않음을 잊지 말아야 한다.

° 『Chimera』: 포스트모더니즘적인 작품들로 알려진 미국의 소설가 바스(John Barth)의 1972년 작품으로, 『천일야화』와 그리스 신화를 재해석하여 새로운 형식으로 구성한 소설.

들이 종종 지적하곤 하는 것이다—이 있는데, 이는 예술에는 어떠한 규칙도 없다는 것이다. 창조성이라는 지상명령하에서 작업하는 예술가들은 미리 정해진 어떠한 일반 원칙도 따르지 않는다. 칸트가 지적한 바와 같이 예술적 천재는 규칙을 따르는 것이 아니라 자연에 규칙을 부여한다. 실제로 많은 예술가들, 특히 아방가르드 예술가들의 경우, 예술의 규칙으로 상정될 수 있을법한 것은 무엇이건 어기는 것이 그들 스스로에게 부과된 소임이다.* 이렇게 되면 예술가들은 만약 예술의 규칙이 없다면 평가적 비평도 불가능하다고 추정하는 셈이 된다. 여기서 그들은 평가적 비평이란 판정을 내리는 일, 즉 그들이 예술의 규칙을 따르고 있는지 여부를 판정하는 일이라고 가정하고 있다.

물론 이런 생각의 잘못된 점은 평가적 비평가가 규정집을 손에 들고 있는 심판과 같다고 여기는 것이다. 평가적 비평가는 스트라이크나 파울을 선언하는 것이 아니다. 만에 하나라도 예술에 규칙이 관련된다면 그것은 예술가들과 관련될 것이다. 역시 만에 하나라도 해당하는 쪽이 있다면, 규칙은 작품의 제작 쪽에 해당한다. 감상의 측면에서 평가되는 것은 효과이다. 특정 규칙들을 따랐는지의 측면에서가 아니라 감동을 주는지, 재미있는지, 알려주는 바가 있는지 등에 의해 평가되는 것이다. 그러한 효과들이 생겨난 방식이 이미 확립된 신뢰할 만한 것이었는지의 여부와는 무관하다. 비평가가 관심을 가지는 것은 푸딩의 맛이지, 확립된 조리법을 고수하고 있는지 여부가 아니다.

게다가 평가적 비평가가 예술 작품을 평가할 때 고려하는 사항들은 우리가 보통 예술의 규칙은 이러저러할 것이라고 생각하는 바와는 전혀 다르다. 만약 예술의 규칙 같은 것이 있다면, 그것은 행위

* 하지만 만일 이러한 지상명령을 줄곧 따른다면, 모순적이게도 이는 최소한 하나의 예술 규칙은 있다고 믿고 있음을 보여주는 것이 된다.

의 안내 역할을 할 것이라고 여겨진다. 하지만 비평가들로 하여금 예술 작품의 성공 여부를 평가하도록 하는 것은 대부분 너무 일반적이어서 행위를 안내하는 역할을 거의 할 수 없다.

나는 프라 안젤리코가 그린 제단화 「성 고스마와 성 다미아노의 순교」°를 좋게 평가하는데, 그 이유는 이 그림에서 **다섯** 개의 성탑이 있는 시가지 풍경 앞에 **다섯** 그루의 사이프러스 나무를 배경으로 **다섯** 명의 성인이 처형되는 장면이 운(韻)을 맞추고 있어 작품이 구성상의 통일성을 지니기 때문이다. 나는 이러한 판단을 내리면서 구성상의 통일성 때문에 이 그림을 칭찬하고 있지만, **구성상의 통일성**(compositional unity)이 화가의 행위를 인도할법한 하나의 규칙이 되기는 어렵다. 왜냐하면 한 예술가가 구성상의 통일성을 확보할 수 있는 방식은 특정될 수 없을 정도로 너무나 많을 것임이 분명하기 때문이다. 달리 말하자면, 평가를 위한 비평 용어들은 그 특성상 너무 포괄적이어서 규칙이란 최소한 신뢰할 만하고 정보를 제공하는 행위의 인도자여야 한다고 생각되는 한, 그러한 용어들이 예술의 규칙으로서의 역할을 하기는 어렵다.◆

예술의 규칙들에 대한 불만은 분명히 모든 예술 작품이 고유하다는 데 근거하여 평가적 비평을 거부하는 것과 연결되어 있다. 이에 따르면 만약 모든 예술 작품이 사소하지 않은 의미에서 고유하다면, 즉 예술 작품들이 수적으로 서로 구별되는 개체들이라는 것 이상의 의미에서 고유하다면, 평가적 비평은 적용될 수 없다고 한다. 왜냐하면 평가는 비교를 전제로 하는데, 모든 것이 고유하고, 따라서 엄밀히

° 프라 안젤리코(Fra Angelico)가 1438년경 제작한 템페라화.

◆ 프라 안젤리코에 대한 나의 비평에 깔려 있는 '규칙'이 "다섯 명의 성인이 처형되고 있는 그림에는 다섯 그루의 나무와 다섯 개의 성탑을 그려 넣어라"라고 한다면 이 역시 당연히 말이 되지 않는 소리이다. 신뢰할 만한 예술의 규칙이 되기에는 지나치게 구체적이다.

말해 통약 불가능하다면(incommensurable), 비교하는 것이 개념적으로 불가능하다는 것이다.

굳이 말할 필요도 없는 것인지 모르겠지만, 위 입장에 대한 나의 반론은 예술 작품이 전적으로 고유하다는 주장이 상당히 과장되어 있다는 것이다. 이러한 주장은 단지 낭만주의적인 환상이고, 그 이후의 시대에서는 모더니즘적인 환상이다. 예술 작품들은 장르, 양식과 관련된 사조, 한 작가의 전체 작품, 예술 형식 등의 범주에 속하며, 따라서 이런 관련 범주의 구성원으로서 해당 범주가 추구하는 요점과 목적들을 어떻게 실현했는지에 따라 평가될 수 있다.

게다가 예술 작품들이 기존의 장르에 분명하게 속하지 않는 경우에도 여전히 비교 가능한 작품들이 속한 참조 집단을 만드는 것은 가능하다. 프랑스 영화비평가들이 만든 '필름 누아르(film noir)'*라는 범주가 그런 경우이다. 이런 방식으로 우리는 비교 집단에 속한 다른 개체들을 고려함으로써 현재 비평의 대상이 되는 작품을 다룰 수 있다.° 최근의 사례로, 데이비드 덴비(David Denby)는 「사고 친 후에」◆ 같은 영화를 언급하며 '별 볼일 없는 남자 주인공이 등장하는 로맨틱 코미디(the slacker-romantic comedy)'라는 장르를 별도로 구성하고 있다.[9] 요컨대 대부분의 예술 작품들 각각은 개별적이라고 하더라도 각각이 속한 범주의 목적을 구현하는 방식에 의해 평가될 수 없을 만큼 절대적으로 통약 불가능한 것은 아니다.

예술의 고유성에 근거한 논변보다 조금 더 그럴듯한 입장은 예

* 1940~50년대에 만들어진 일군의 할리우드 범죄 영화를 가리키는 용어로, 프랑스 비평가 니노 프랑크가 1946년 처음 사용하였다고 하나 1970년대 들어와 과거 작품들에 소급 적용되는 방식으로 널리 받아들여졌다.

° 우리가 이런 일을 어떻게 객관적으로 진행할 수 있을 것인지에 대해서는 다음 장에서 논의될 것이다.

◆ 「Knocked Up」(2007): 주드 아패토우 감독, 세스 로건 주연의 로맨틱 코미디 영화.

술 작품에 관한 보편적인 평가 기준이 없기 때문에 진정한 비평적 평가가 불가능하다는 주장이다. 예술이란 곧 미적인 것이라는 이론의 옹호자들을 제외하고는 아마도 오늘날 대부분의 비평가들은 모든 장르에 걸쳐 모든 예술 작품들에 적합한, 예술의 가치에 대한 보편적인 하나의 기준은 없으며, 심지어 그런 기준들의 집합조차 존재하지 않는다고 전제하고 있다. 그래서 만약 그러한 보편적 기준이 존재하지 않는다면, 비평가는 예술 작품에 대해 이유가 뒷받침되는 평가를 내리는 것이 불가능하다는 것이다. 왜냐하면 그러한 이유는 어떤 보편적 기준들과 연결되어 있어야 할 것이기 때문이다. 추론을 하려면 보편적 내용을 진술하는 전제가 필요하다. 따라서 평가적인 추론은 예술적 탁월성의 보편 기준 같은, 보편적인 평가적 진술로 이루어진 전제들이 존재함을 상정하고 있어야 한다는 것이다.

이것은 다음 장에서 좀 더 상세하게 언급할 복잡한 문제이다. 그렇지만 최소한 모두발언 성격의 기본적인 반박은 가능하다. 예술에 관한 보편적인 평가 기준은 존재하지 않을 수도 있다. 즉, 모든 종류의 모든 예술 작품에 적용 가능한 기준 같은 것은 없을 수도 있다. 그러나 앞서 고유성 논변에 대해 답할 때에도 언급했듯이, 예술 작품들은 장르, 양식, 사조, 한 작가의 전체 작품 등이나 그것들의 조합으로 이루어진 범주들에 속하는 것으로 구분될 수 있다. 나아가 이러한 범주들은 그것들을 구성하는 특징과 목적들에 연계되어 있다. 이러한 특징과 목적들이 모든 예술에 걸쳐 완벽하게 보편적인 것은 아니지만, 각각의 작품이 속한 범주나 부류에 상대적으로 해당 작품에 대한 평가적 비평에 기초를 제공할 정도로는 **충분히 보편적**이다.

예를 들어 추리소설 같은 장르는 특정한 특징과 목적을 가지는데, 그것들을 실현하고 있는지 여부가 이 장르에 속한 작품의 성공과 실패를 판단하는 기준, 즉 추리소설로서 가치를 가지는가의 여부를 판단하는 기준이 된다. 만약 첫 구절을 읽고 나서 모든 독자들이 하녀가 범인이라는 것을 알아버린다면, 비평가는 그 소설을 비난하기에 충분한 근거를 가지는 것이다. 왜냐하면 추리소설의 특징과 목적들 중 하나는 처음부터 끝까지 독자가 호기심을 유지하도록 하는 것이기 때문이다. 이는 비평가에게 추리소설에 한해서라면 일반적일 수 있는 하나의 기준을 제공한다. 물론 이것이 예술 전반에 걸친 일반 기준이 될 수는 없다. 다른 장르에 속하는 다른 예술 작품에는 호기심이 부적절한 것일 수 있고, 오히려 경외감이나 두려움 같은 다른 어떤 것이 요구될 수도 있다.

호기심이 모든 예술 장르 혹은 예술 유형의 성공에 결정적인 것은 아닐 수 있다고 해도 여전히 추리소설의 성공에 적합하다는 것은 부인할 수 없다. 그러므로 만약 비평적 이유가 되기 위해서는 보편적인 평가 기준들을 거론해야 한다는 문제에 대해서라면, 예술 작품이 속한 범주에 상대적으로는 비평가가 동원하기에 충분히 보편적인 기준들이 존재한다고 답변할 수 있다. 나는 이것이 이 논쟁의 끝이 아님을 인정하며, 따라서 이 논의는 곧 재개될 것이다. 그럼에도 불구하고 우선 증명의 책임을 보편적 기준의 부재를 옹호하는 사람들에게 지우는 방식이 당분간의 저지 전략으로서는 유효하다고 해두자.

보편적 기준의 부재 논변은 비평이 필연적으로 이유에 의해 뒷받침되는 평가라는 입장에 반대하는 일련의 다른 논변들에서도 주요 전제로서 기능한다. 이러한 논변들은 비평이 평가를 포함한다는 것을 부정하지 않는다. 대신 이 논변들은 평가가 이유에 의해 뒷받침된다는 점을 부정한다. 이 입장에 따르면 평가는 인지적인 것이 아니라 감정적인 것, 객관적인 것이 아니라 주관적인 것이다. 또는 평가란 그저 권력을 향한 비평가의 만족할 줄 모르는 의지에 맞추어 특정한 이데올로기적 입장을 전적으로 따르는, 아니면 그렇게 하는 데 실패한, 은밀한 정치적 술책에 불과한 것이라고 한다.

보편적 기준의 부재를 옹호하는 논변이 이러한 결론을 유도하는 방식은 분명하다. 추론은 보편적인 전제들을 요구한다. 그런데 만약 예술을 평가하는 보편적인 기준이 없다면, 그러한 평가는 이유에 근거한 것이 되지 못한다. 그러므로 그때의 평가는 다른 어떤 것에 근거해야 한다. 역사적으로 볼 때 그러한 '다른 어떤 것'의 몇몇 대표적인 후보는 감정이나 주관성, 정치적 동기들이다. (여기서 정치적이란 계급주의, 인종차별주의, 성차별주의의 경우와 같은 넓은 의미의 정치이기도 하고, 사람들 간의 권력관계와 같은 의미에서의 정치이기도 하다.)

앞서 말했듯이, 대문자 A로 표기되는 예술로서의 예술 작품 모두에 일괄 적용되는 일반적인 기준이 없는 것은 사실이라 해도 나는 예술 평가를 위한 일반적인 기준이 아무것도 없다는 것에는 반대해 왔다. 내가 앞서 제시한 이러한 논증이 성공적이었다면, 위의 결론도 유지될 수 없는 주장이다. 그러나 논의를 위해 일단 나의 논증이 성공적이지 못했다고 해보자. 즉, 어떻든지 간에 최소한 당분간 작품의 평가를 위한 일반적인 기준은 어떤 것이라도 존재하지 않는다는 것을 받아들여보자.* 이러한 가정하에서라면 앞에서 내려진 회의적 결론이 잘 받아들여질까?

일반적인 기준이 없는 상태에서 이루어진 평가는 인지의 문제가 아니라 감정의 문제라는 주장은 극단적인 실증주의적(positivist) 편향성을 갖는다. 연역적이든 귀납적이든 추론이 평가적 결론을 낳기 위해 의존할 수 있는 어떤 기준도 없기 때문에 그 결론은 반드시 비인지주의적 수단을 통해 도출되었을 것이라는 게 여기서의 생각이다. 이러한 추측은 감정과 인지(현재 우리의 논의 목적에서는 소위 합리적 이유라고 부르고 있는 것) 간의 엄격한 분리에 따른 것이다.

이미 밝혔듯이, 나는 평가를 위해 필요한 종류의 전제들이 비평가에게 없다는 주장을 거부한다. 오히려 나는 비평가가 진정한 인지

* 나의 앞선 논증이 그리 인상적이지 않았을 수도 있기 때문에 많은 독자들에게 이 일은 그리 어렵지 않으리라 생각한다. 그러나 걱정할 필요 없다. 이어지는 장에서 우리는 이 논쟁을 다시 다룰 것이다.

에 대한 실증주의자들의 가장 엄격한 기준도 만족시킬 수단을 가지고 있다고 생각한다. 하지만 비평가의 평가 과정에 감정이 개입하게 된다고 해도 그로 인해 평가가 이유에 의해 뒷받침될 가능성이 반드시 사라져야만 하는 것은 아니다. 왜냐하면 예술 비평과 관련된 감정들은 우리가 흔히 '인지적 감정(cognitive emotion)'이라 부르는 것들로서 그 감정이 적절한지 여부를 따져볼 수 있는 규범이나 기준에 의해 지배되는 감정이기 때문이다. 예를 들어, 공포라는 감정은 위험의 인식에 동반될 때 적절한 것이 된다. 이와 같은 감정들은 실증주의자들이 생각하고 있는 아무 이유 없이 밀려드는 감정 혹은 인지 부재(cognition-less) 상태의 감정이 아니다. 오히려 많은 감정들은 적절한 패턴 인식과 관련된 인지에 기반을 두고 있다.

이러한 가설에 따를 때, 비평가의 평가와 관련된 감정들은 인지적인 기반을 가진 감정들이다. 내 앞에 놓인 작품이 숭고하다는 나의 선언은 기준에 따른 것이다. (이 기준은 절대적인 것이 아니라 수정될 수 있는 기준이다.) 평범한 성냥갑은 숭고하지 않다. 즉, 숭고는 무언가가 물질적으로건 혹은 정신적으로건 장대하다는 판단을 요구한다. 실증주의자들은 모든 감정을 결국 아무 생각 없는 정서적 발산으로 환원시키려 하겠지만, 숭고의 경험은 그런 종류의 경험이 아니다. 그러므로 예술 비평에는 평가적 논변을 허락해주는 평가 원리가 없으며, 또한 이러한 사실로 인해 비평가들이 감정에 의존하게 된다고 하더라도 이 때문에 비평가의 평가가 반드시 이유에 적대적이거나 비인지적인 것이 되지는 않는다.

실제로, 비평가가 어떤 작품이 숭고하다고 (올바르게) 느끼는 지점까지 도달하기 위해서는 사고와 추론이 필요하다. 실증주의자에게는 미안하지만, 그렇기 때문에 예술 비평에서 때로는 보편적 평가 기준이라는 전제가 해야 할 일을 감정이 대신하는 것이 사실이라 해도 이것 자체로는 비평가들의 평가가 이유에 의해 뒷받침되지 않음을 함축하지 않는다.

실증주의자의 논증과 관련하여 이와 유사한 오래된 논증이 있다. 예술 평가에 관한 보편적인 기준이 없기 때문에 예술 평가는 객관적일 수 없다는 것이다. 그렇다면 예술의 평가는 주관적일 수밖에 없다. 그러나 만약 비평가의 평가가 객관적이지 않다면, 그러한 평가는 합리적 이유로부터 나온 것일 수 없다. 이런 식으로 회의론자들은 예술 작품에 관한 비평가들의 평가가 있기는 하지만 그것은 이유가 뒷받침된 평가가 아니라고 말한다. 다시 말해, 그러한 평가들은 개인적인 취향이나 선호의 표현에 불과하다는 것이다. 즉, 그것들은 순전히 주관적인 문제라는 것이다. 게다가 이러한 견해는 예술 작품의 평가에 대한 비평적 의견은 불일치하게 마련이며, 이는 다루기 어려운 문제라는 추정된 관찰과 연결된다. 이러한 생각은 오래된 기원을 가지고 있을 것이다. 실제로 로마인도 이에 대한 다음과 같은 슬로건을 가지고 있었다. "취미의 문제와 관련해서는 논쟁할 것이 없다(De gustibus nondisputandum est)."

이는 흄과 칸트를 포함한 서양 철학의 위대한 지성들이 관심을 가졌던 문제이다. 그렇기 때문에 몇 개의 짧은 문단으로 여기서 이 문제가 해결될 것으로는 기대하지 않는다. 따라서 우리는 다음 장에서 이 논의로 다시 돌아올 필요가 있다. 하지만 앞으로 있을 보다 힘든 논쟁들에 대한 예비 작업으로 몇 가지 언급을 소개하면서 논의를 시작해보도록 하자.

한 가지 염두에 두어야 할 것은 이와 같은 논쟁에 사용된 용어들이 시간의 흐름에 따라 바뀌어왔다는 점이다. 18세기에 취미 판단—가령 "게인스보로의 「푸른 옷의 소년」은 아름답다" 같은 진술—이 주관적이라 말할 때, 그것이 뜻하는 바는 (지각자에게 일어나는 쾌의 경험으로 정의되는) 미가 **주관** 안에 있다는 의미였다. 예를 들어, 마치 우리가 칼이 아니라 칼에 찔린 사람에게 고통을 귀속시키는 것과 같이 18세기 사람들—특히 허치슨과 흄 같은 경험주의 철학자들—은 미를 쾌의 감각(sensation)으로 이해하였으며, 그러한 미는 자극을 주는 대상, 즉 「푸른 옷의 소년」에 있는 것이 아니라 주관 안에 있다고 주장하였다.

이러한 용어의 사용에 관해 두 가지 알아두어야 할 것이 있다. 첫째, 여기서 **주관적**이란 말은 오늘날 그 말이 통상적으로 이해되듯이 개개인 마음대로라거나 개인마다 특이하다(idiosyncratic)는 의미가 아니다. 게다가 미가 내적 감각기관이라는 견해에 따르면, 예술품 앞에서 여러 주관들이 하게 되는 미의 경험은 주관마다 다르게 갈라지지 않는다. 오히려 정상적인 관찰자라면 누구나 소나무 앞에서 녹색을 경험하는 것만큼이나 규칙적으로 미의 경험이 한 데로 수렴될 수 있다. 그러나 이러한 수렴이 가능하다면, 특정 속성을 가진 예술품은 정상적인 사람들에게 일치된 감각을 일으킨다는 규칙적인 상관관계와 이들을 이어주는 연결 법칙들이 있을 수 있으며, 이 법칙들이 간주관적으로(inter-subjectively) 검증될 수 있고, 또한 이들이 평가를 위한 논증에서 요긴한 전제로 사용될 수 있다는 사실과 비평적 판단은 (18세기적 의미에서) 주관적이라는 명제는 일관적일 수 있게 된다.

즉, 18세기의 의미대로라면 비평적 판단이 주관적이라고 해서 거기에 최고 수준의 논리적 객관성을 만족시킬 만한 일종의 원리가 개입되어 있을 가능성이 개념적으로 배제되지는 않는다. (여기서 객관성이란 "간주관적으로 검증 가능하다" 정도를 의미한다.) 다른 말로 하면, 18세기 식의 독법에서는 예술적 판단이 주관적이라는 주장은 비평적 평가가 객관적(현대의 간주관적이라는 의미에서)이라는 주장에 반드시 위협이 되는 것은 아니다.

비평은 이유에 의해 뒷받침되는 평가라는 입장에 더 위협적인 것은 주관적이라는 말을 보다 현대적으로 이해하는 것으로, 이때의 주관적은 '개별적이다' 혹은 '개인마다 특이하다'라는 의미이다. 사람들은 프레첼 과자가 되었건 피카소가 되었건 각자 좋아하는 것을 좋아한다. 그리고 그것으로 이야기는 끝이다. 일반적인 기준이 없기 때문에 이러한 광범위한 취미들을 서로 비교할 공통 잣대는 아무것도 없다. 내가 소설가 딘 쿤츠*를 좋아한다는 것은 나에 관한 하나의 사실이며, 당신이 앤서니 파월°을 좋아한다는 것은 당신에 관한 사실이다. 일반적인 기준이 없다면 이러한 사실들 중 무엇이 그 소설가들에 대해 맞고 틀린 것인지를 결정할 방법이 없는데, 왜냐하면 여기에는 사태에 대한 사실은 없고 단지 나와 당신에 관한 사실들만 있기 때문이다.

이렇게 믿는 이유는 무엇인가? 쉽게 해볼 수 있는 생각으로 우리는 예술 작품의 평가란 의견이 갈리지는 것이 당연하고, 또한 자신의 의견을 굽히지 않게끔 되어 있다고 여긴다는 점이다. 평가에 관한 한 우리는 저명한 비평가조차 우리와 크게 다르지 않다고 여긴다. 음악에 최고로 조예가 깊다고 하는 이들조차 모차르트가 베토벤보다 훌륭한지에 대해 의견이 일치할 수 없다. 그렇다면 이는 상대방이 우리에게 동의하도록 논리적으로 설득할 수 없다는 것이고, 그렇기 때문에 우리의 평가는 아무리 강력한 것이라도 이유에 의해 뒷받침되고 있는 것이 아니라는 것이다.

이 논쟁을 종식시키려는 시도는 아니지만, 앞 문단에서 의견의 불일치에 중요성이 부여된 것과 관련해서는 무언가 언급해야 할 필요가 있다. 왜냐하면 여기서 의견의 불일치는 우리의 매우 다양한 평가들이 서로 통약 불가능하다는 데 대한 증거로 제시되고 있는 것이기 때문이다. 우선, 비평적 평가가 다양하다는 증거도 있지만, 아마도 그보다 더 많이 평가가 수렴된다는 것을 보여주는 자료도 있을 것이다. 「헤다 가블러」◆가 최소한 꽤 좋은 연극 정도는 된다는 점을 부인

* Dean Koontz(1945~): 미국의 서스펜스 스릴러 소설가.

° Anthony Powell(1905~2000): 12권으로 구성된 자전적 풍자소설 『시간의 음악에 맞춰 춤을(A Dance to the Music of Time)』(1951~1975)로 알려진 영국의 소설가.

◆ 「Hedda Gabler」: 1890년에 입센이 발표한 희곡으로, 시대를 앞서간 입센의 문

하는 사람이 많을 수 있겠는가? 의견의 차이와 마찬가지로 이와 같은 의견의 수렴도 설명될 필요가 있다. 게다가 우리가 이 수렴을 설명하게 된다면 그 결과로, 다 그런 것은 아니더라도 최소한 어떤 비평적 평가는 객관적일 가능성이 있다는 데 대한 논리적 근거를 못 가지게 될 이유가 없다. 그리고 비평적 평가의 일부라도 객관적인 근거에 기대고 있다면, 이상적인 비평은 이유에 의해 뒷받침되는 평가라는 추측이 좀 더 설득력을 갖는 것 같다.

더 나아가 예술 작품의 평가에서 나타나는 의견의 불일치 현상을 지나치게 확대 해석하지 않는 것이 중요하다. 그 이유는 일견 혼돈스러워 보이는 비평의 영역 내에서도 상당한 의견 일치—어쩌면 (「헤다 가블러」의 경우처럼) 불일치보다 더 많은 의견 일치—가 있을 수 있기 때문이기도 하지만, 또한 반면에 전형적으로 이유에 근거한 합리적 담론으로 간주되는 영역에서도 극심한 의견 불일치가 존재하기 때문이기도 하다. 아이러니하게도 예술 비평의 합리성을 폄하하는 경향이 가장 심할 듯한 철학자들조차 깊이 있는 문제들, 예를 들어 무엇이 '좋음'인가 같은 문제에 관해서는 소크라테스가 2,500년 전에 피레우스로 걸어 내려간 이래로* 서로 간에 동의를 얻어내지 못하고 있다. 하지만 이렇기 때문에 철학은 합리적 담론이 아니라고 말해야 할까? 백 번 양보하여 철학이야 원래 아무 짝에도 쓸모없어 개에게 (결국 다른 철학자들이 되겠지만) 줘버려도 되는 것이라 생각한다 해도 물리학자들과 생물학자들 또한 예술 작품에 관한 논쟁만큼이나 해결하기 어려운 치열한 논쟁을 하고 있다는 사실을 기억해야 할 것이다.

제의식, 여주인공 헤다에 대한 다양한 재해석의 가능성 등으로 꾸준히 공연되고 있는 작품.

* 플라톤의 『국가』는 "어저께 나는 아리스톤의 아들 글라우콘과 함께 피레우스로 내려갔었네."라는 문장으로 시작한다. 피레우스는 아테네 부근의 항구 도시.

마지막으로, 여기서 의존하고 있는 직관적 판단의 사례—즉 베토벤보다 모차르트를, 혹은 모차르트보다 베토벤을 좋아하는 사람들 간의 불일치를 상상해보라는 방식—는 우리가 생각하는 것만큼 의미 있는 것이 아니다. 이는 모든 사람들이 좋다고 인정하는, 아니 사실 좋다는 정도를 넘어 매우 훌륭하다고 인정하는 작품들을 서로 비교해서 순위를 매기는 데 관련된 논쟁일 뿐이다. 이것을 불일치의 사례라고 주장하면서 의견의 차이를 전면에 내세웠기 때문에 이 두 예술적 거장의 가치와 관련된 엄청난 양의 비평적 의견 일치가 가려져 있다.° 이 사례는 어느 한 후보자가 가치 있는지 아닌지의 논쟁이 아니라, 누가 더 가치 있는지에 관한 논쟁이다.

이미 주장한 사실이긴 하지만, 나는 차후에 보다 상세히 비평의 중요한 기능이란 한 작품에서 좋은 점이 무엇인가를 말해주는 것임을 논증할 것이다. 순위를 매기는 것은 비평가의 주된 일이 아니다. 예술 비평가들은 경마에 핸디캡을 부여하는 마권업자가 아니다. 예술에 순위를 매기는 것이 주된 임무인 사람들이 있다면, 그것은 아마도 예술 감정가(connoisseur)나 예술 애호가일 것이다.

더욱이 모차르트와 베토벤의 작품 같이 잘 알려진 걸작의 순위를 정하는 것을 이용한 직관에는 무언가 이상한 점이 있다. 그러한 순위 매김을 통해 실제로 제기하려는 요점이 무엇인지가 불분명하다. 아마도 우리 모두는 모차르트도 그 나름대로 훌륭하며, 베토벤 역시 나름대로 훌륭한 점이 있다는 평화로운 입장을 별 무리 없이 받

° 이 점은 때때로 어느 한 예술가의 열성적인 추종자가 열띤 논쟁의 와중에 상대 예술가의 재능을 과장되게 폄하하는 경우에는 잘 드러나지 않는 것처럼 보일 수 있다. 어쩌면 자신의 취지를 강조하기 위해 모차르트의 추종자는 베토벤을 폄하하는 언급을 할지도 모른다. 대체 어떤 사람이 베토벤을 좋아할 수 있겠냐는 식으로. 그러나 논쟁이 진정된 후에는 모차르트를 옹호하는 누구라도 베토벤에게도 자신의 마음에 드는 점이 있다는 것을 인정할 것이며, 베토벤 애호가도 같은 식으로 모차르트를 인정할 것이다.

아들일 수 있을 것이다. 특히 우리가 그 나름대로의 방식이 무엇인지를 명시할 수 있다면 더욱 그러할 것이다. 그중 어느 것이 더 나은 것인지 계속해서 묻는 것은 핵심을 벗어난 것이다. 이것이 우리의 이해에 무엇을 더해줄 수 있겠는가? 만약 어느 것이 더 낫다는 것을 확립할 수 있다 하더라도 그것이 주어진 작품에 어떤 가치가 있는지를 평가는 데 어떤 도움이 되겠는가? 또한 이는 우리가 비평가에게 기대하고 있는 것은 아니지 않은가? (앞서 말했듯이, 나는 이것이 이 논쟁의 끝이 아님을 알고 있다. 내가 바라는 것은 단지 지금까지의 논의가 앞으로 이 논쟁이 다시 거론될 때까지 당신의 흥미를 붙잡아둘 수 있기를 바랄 뿐이다.)

회의론자들이 말하는 이러한 불일치 현상에 대해 표준적으로 할 수 있는 답변은 의견일치 현상을 강조하는 것으로 되받아치는 것으로, 나 스스로도 이미 활용한 바 있다. 예를 들어 모차르트와 베토벤이 훌륭하다는 사실은 거의 전 세계에 걸쳐 널리 인정되는 바이다. 비평이 객관적일 수 있음을 보여주고자 하는 쪽에서는 회의론자들에게 이 의견일치가 어떻게 가능한지 설명을 요구한다. 나 같은 사람들이 생각하는 최선의 답은 이러한 비평적 판단들이 객관적인 이유에 의존하기에 그렇다는 것이다. 하지만 이와는 다른, 이와 경쟁하는 설명이 있다. 이 설명은 비평이 이유로 뒷받침되는 평가라는 생각을 덜 지지한다.

그중 하나는 어떠한 수렴이든 그것이 정치적으로 조작된 속임수나 이데올로기적 사기에 다름 아니라는 답변이다. 다시 말해, 많은 비평적 평가가 광범위한 합의에 이르는 것처럼 보이지만, 이는 어떤 당파적인 이익에 맞추려는 동기에 의해 조작된 환영에 불과하다는 것이다.

예술에서 정전(canon)이라 불리는 것들을 생각해보자. 이에 포함된 대부분의 작품들은 뚜렷한 정치적 목적을 가지고 제작되었다. 예를 들면, 왕이나 봉건영주, 성공한 시민이나 교회의 수장을 예찬하기 위해 작품들이 제작된 것이다. 이런 대상들이 정전에 포함될 수 있도록 만든 정치적 가치들은 이후에 후속 작품들이 이들과 친근성을 갖는다는 이유로 정전에 포함됨에 따라 영속화한다. 비평가들과 예술 애호가들은 모두 본질적으로는 정전의 가치에 세뇌됨으로써—어느 정도는 스스로도 의식하지 못한 채로지만— 교육받은 시민의 일원이 되어 예술계에 편입되는데, 그러면서 그들은 전적으로 엘리트주의자가 되는 경향을 두드러지게 보인다. 또한 인종차별주의자, 성차별주의자, 동성애 혐오자, 계급주의자가 되기도 한다. 따라서 무엇이 예술적으로 가치 있는지에 대한 광범위한 의견일치가 있다는 사실은 그리 놀라운 일이 아니다. 왜냐하면 우리는 정전을 통해 이미 고귀한 왕, 위엄 있는 교황, 그리고 온화하고 순종적이며 순결한 성모상에 노출되어 세뇌되었기 때문이다. 정전은 음모론에 지나지 않는다.

그러나 이러한 견해가 정말 사실과 일치할까? 정전이라고 불리는 것은 상당히 다양한 듯 보이며, 어찌됐든 그것은 늘 확장되고 있고, 종종 예상치 못한 방향으로 확장되기도 한다. 그러므로 수렴을 음모론으로 설명하는 입장에 따르게 되면 정전은 실제 이상으로 정합적인 것이 되어버린다. 파라오의 위엄을 나타내는 기념물도 정전이지만, 동시에 아나키스트인 쿠르베(Gustav Courbet)의 작품들도 그렇다. 그렇기 때문에 정전으로부터 무언가 공통 강령 같은 것을 뽑아내는 일은 매우 어려운 일일 것이다. 게다가 정전은 항상 확장되고 있다. 정치적으로 반대의 목소리들, 특히 억압되었던 목소리들이 정전으로 인정받게 되는 일은 현대에 와서는 예외가 아니라 오히려 표준이 되었다. 아방가르드 시대는 사회적으로건 예술적으로건 혁명적이 되는 것을 지향했고, 그런 점에서 성공을 거두기까지 하였다.

비평이 이유에 의해 뒷받침되는 평가가 아니라 정치적 평가라는 관점을 고수하는 사람들은 이 시점에서 전선을 다시 구축해보려 할 수도 있는데, 정전의 정치학에 관한 주장을 포기하는 대신 비평가의 평가는 모두가 다 정치적·이데올로기적 관심에서 나왔다는 주장을 한다. 물론 비평가마다 정치적·이데올로기적 관심이 매우 다르다는 것을 덧붙여야겠지만 말이다. F. R. 리비스는 공리주의적이고 테크노크라트적인 경향이 당시 영국을 지배하는 것에 적대감을 드러냈으며, 이는 그의 비평에 잘 나타나 있다. 마찬가지로 라이어널 트릴링의 비평은 파시즘에 대한 반대를 드러내고 있으며, 로버트 브루스타인은 자신의 비평이 진보적인 사회비판을 승인하고 지지하는 것임을 분명하게 표현하고 있다. 같은 식으로 로저 킴볼은 벤야민 부흐로와는 전혀 다른 어젠다를 가지고 있다.*

자신들의 정치적·경제적·이데올로기적 관심으로부터 영향을 받아 평가를 내리는 비평가가 있다는 사실을 부정할 수는 없다. 힐턴 크레이머와 루시 리파드° 같은 비평가는 자신들의 신념을 솔직하게 드러낸다. 물론 그렇다고 그들이 자신들의 정치적 성향으로 인해 자신들의 비평은 이유에 의해 뒷받침된 평가가 아닌 다른 어떤 것이 되었다는 데는 동의하지 않을 것이다. 그러나 몇몇 비평가들이 정치적이라 하더라도 이것이 모든 비평가가 정치적이라는 것을 보여주는 것은 아니다.

나는 가끔 영화 비평을 하기도 하는데, 개인적으로 멜 깁슨의 「패션 오브 크라이스트」•와 세르게이 에이젠스타인의 「낡은 것과 새

* Frank Raymond Leavis(1895~1978): 영국의 문학비평가 / Lionel Trilling(1905~1975): 미국의 영문학자, 소설가, 평론가 / Robert Brustein(1927~): 미국의 극작가, 평론가 / Roger Kimball(1953~): 미국의 비평가 / Benjamin Buchloh(1941~): 독일의 예술사학자.

° Hilton Kramer(1928~2012): 포스트모더니즘의 가치를 불신하는 입장을 취했던 미국의 미술비평가 / Lucy Lippard(1937~): 개념예술, 여성주의 예술, 정치적 성향이 강한 현대 예술들에 관한 평론으로 알려진 미국의 미술 비평가.

• 「Passion of the Christ」(2004): 깁슨(Mel Gibson)이 감독과 제작을 맡은 영화로, 예수가 처형되기까지의 12시간을 그리고 있다.

로운 것」•이 둘 다 자신들의 주제를 구현하기에 적절한 강력한 영화적인 전략들을 찾아낸 작품들이라는 점에서 모두 예술적으로 가치 있는 작품이라 생각하고, 또 그렇게 말하는 것이 얼마든지 가능하다고 본다. 전자의 주제는 인간이 된 예수의 육신의 고통과 희생이고, 후자의 주제는 초창기 소비에트 연방 농업 공영화의 시급한 필요성과 그것이 약속하는 미래이다. 비록 나는 예수에게 존경심을 가지고 있고 소련 농업 공영화를 존중하지만, 무신론자이며 또한 반스탈린주의자이다. 하지만 나는 이 두 영화 모두 예술적 가치를 가지고 있음은 인정할 수 있다. 이 영화들이 서로 이데올로기적으로 상충한다는 사실, 또한 이들이 나의 정치적 신념과도 상충한다는 바로 그 사실이 나의 평가가 정치적인 것이 아닌 다른 것에 근거하고 있음을 가리킨다고 생각한다.

이들 두 영화감독이 각각 자신들의 생각을 제시하기 위해 고안해낸 수단들이 매우 적절하며 효과적이라는 논점을 수립하기 위해 나는 합리적 추론을 했고, 나의 평가는 나의 정치적 성향이 아니라 바로 이러한 추론으로부터 나온 것이다. 나는 이 두 영화 모두 아주 잘 만들어진 영화라 생각한다. 음모론자는 내가 자기기만에 빠져 있다고 말할 것이다. 그러나 내가 나의 판단을 옹호하기 위해 제시한 추론에 어떤 결함이 있는지 보여주지 않는 한 음모론자의 주장은 설명인 척하며 제시되는 모욕 주기에 지나지 않는다.

어째서 그러한가? 그 이유는 다음과 같다. 음모론은 폭로적 본질을 가진 설명이다. 그것은 우리가 하는 행동의 이른바 진짜 원인이라고 주장되는 숨은 동기들을 드러낸다. 우리가 하고 있는 행동, 예를 들어 이 경우에는 비평적 평가에 대해 우리가 제시하고 있는 설명은

• 「The Old and the New」(1929): 몽타주 이론을 정립한 것으로 알려져 있는 구소련의 영화감독 겸 영화 이론가 에이젠스타인(Sergei Eisenstein)의 작품으로, 소련 농촌의 기계화와 집단주의 운동을 정교한 몽타주 기법으로 담아냈다.

마음속에서 꾸며낸 이야기에 다름 아니라는 것이다. 일단 이것이 꾸며낸 이야기임이 드러나고 나면 음모론은 이어서 진짜로 무슨 일이 일어나고 있는 것인지를 말해준다.

하지만 평가는 이유에 근거하고 있다고 하는 내 설명의 이면을 들춰내기 전에 그것이 가짜 설명임을 우선 증명해야 할 부담은 음모론자에게 있다. 그러려면 그들은 내가 거론하는 이유들이라는 것이 전혀 그럴듯하지 않아서 나의 판결을 이끌어낸 진짜 이유가 될 수 없다는 것까지 보여주어야 한다. 나 혹은 다른 비평가가 무언가를 숨기고 있다는 것을 보여주려면 음모론자들이 그 위장을 벗겨내야 한다. 그렇게 하려면 나를 포함하여 자신들의 정치 성향이나 이데올로기를 명백히 표명하지 않는 많은 비평가들의 여러 논증을 철저하게 분석하여야 한다. 그런데 안타깝게도 음모론자들은 바로 이 일을 거의 하지 않는다. 오히려 그들은 일단 '쏘고' 본다.

만약 이러한 논의가 그럴듯하다면, 음모론자는 모든 비평가들은 합리적 근거가 아닌 자신의 정치적 신념에 의해 평가한다고 비난할 위치에 있지 않다. 폭로 논증을 시작하기 위해서는 폭로될 무언가가 있다는 점이 반드시 먼저 분명히 확립되어야 한다. 음모론자는 실제 세계에서의 정치적 친소관계 및 정치적 관심을 초월하여 좋은 이유에 근거하여 작품을 평가하는 일을 할 수 있는 비평가가 없다는 것을 보여주지 못했다.

누구도 비평이 정치적 혹은 이데올로기적 편견에 의해 왜곡될 수 있다는 사실을 부인하지는 않는다. 하지만 그러한 편견이 모든 경우에 개입된다고 볼 필요는 없다. 비평은 어떤 경우 이데올로기적 왜곡이 아니라 이유에 의해 뒷받침되는 평가일 수 있다. 어떤 비평이 이유로 뒷받침되는 평가일 수 있다면, 그에 따라 이유로 뒷받침되는 평가를 비평이 추구해야 할 목표로 삼을 수도 있을 것 같다. 사실 음모론자들조차 이럴 수 있다는 점을 인정해야 한다. 이것이 아무에게도 비평의 목표조차 될 수 없었다면, 그들이 폭로 작업을 하고 있을 이유도 없었을 것이다.

지금까지 나는 비평이 일종의 변형된 형태의 정치학이라는 논증에 이의를 제기해왔다. 여기서 **정치학**이란 스탈린주의, 인종차별주의, 보수 가톨릭주의, 엘리트주의 등과 같은 집단 이데올로기적 경향성 정도로 이해하면 될 것이다. 그러나 이 논증은 개인적 편향과 관련하여 제시될 수도 있을 것 같다. 이는 비평이 "만인에 대한 만인의 투쟁"이라는 층위에서, 즉 비평가가 다른 비평가, 독자, 예술가 등 다른 사람들에게 자신의 개인적 권력을 행사한다는 점에서 정치적이라는 주장이다. 비평은 지배하려는 의지로부터 동기를 부여받는다는 것이다. 이 견해에서 보자면 비평가는 힘으로 위협하는 깡패와 같다.

확실히 그런 식의 비평가가 있기는 하다. 개인적 만족을 위해 자신의 영향력을 남용하는 비평가들이 있다. 그러나 모든 비평가들이 그러하다고 할 수 있을까? 어떤 비평가는 작품의 가치를 발견하는 일에 사심 없이 몰두하고 있는 것으로 보인다. 조나스 메카스*가 뉴 아메리칸 시네마를 옹호한 것도 그런 것이다.

여기서 회의론자들(아니면 이들을 단순히 냉소주의자로 불러야 하는 것은 아닐까?)은 상황을 재해석하려 들 것인가? 마치 니체가 기독교를 다루면서 온유함도 단지 또 다른 지배의 수단이라고 했던 것처럼? 하지만 이런 식의 재해석은 그야말로 작위적인 임시변통(ad hocery)이 아닌가? 어찌 되었건 사적 정치학 가설은 비평을 이유에 의해 뒷받침되는 평가라고 보는 견해를 반박하는 경쟁자로서는 충분하지 않다. 그렇게 보아야 하는 이유는 간단하다. 비평가들도 그들의 전문 직업을 통해 어느 정도의 명성을 추구하기야 하겠지만, 대다수의 비평가들은 좋은 이유라고 여겨지는 것들로 자신들의 평가를 뒷받침함으로써 자신들의 입지를 공고히 하고자 하기 때문이다.

* Jonas Mekas(1922~): 영화감독. 미국 아방가르드 영화의 대부.

몇몇 비평가들, 특히 학계에 있거나 학계의 영향을 받은 비평가들 중에는 자신들의 작업에서 합리적 추론이 하는 역할에 의심을 갖기 때문이 아니라 평가라는 것 자체에 거북함을 느끼기에 비평이 이유로 뒷받침되는 평가라는 생각에 반대하는 이들도 있을 것이다. 아마도 실증주의의 영향이었겠지만, 과거에 이와 같은 비평가들은 비평이 과학과 같아져야 함을, 즉 가치로부터 떨어져 나오거나 가치중립적이어야 함을 옹호했다. 그러나 가치와 무관한 비평은 가치와 무관한 윤리학이란 말처럼 그 말 자체가 모순적인 것 같다.

물론 이런 비평가들은 비평의 적절한 범위란 비평의 요소들 중 일부만으로 이루어진다는 생각을 가지고 있는지도 모른다. 즉 기술, 해명, 맥락화, 분류, 해석, 분석으로만. 그러나 나는 이것들만으로는 비평이 특정한 유형의 예술사를 비롯한 다른 형태의 예술 연구와 차별화되지 못한다고 생각한다. 따라서 비평가가 하는 일에서 평가를 제외시키는 것은 논의 주제의 변경이나 다름없다. 다시 말해, 우리는 더 이상 비평에 관해 말하고 있는 것이 아닌 셈이다. 가치중립적 접근은 비평의 개혁에 관한 문제가 아니라 비평의 포기인 것이다.

인문학이 정통 자연과학을 본보기로 삼으려는 충동은 최근 들어 좀 잦아들었다. 하지만 그 대신 다른 관행들이 대두되었다. 비록 그들 스스로는 자신들이 제공하고 있는 것이 기존의 비평을 계승한 교과 영역이라고 할지 모르겠지만, 이들은 비평과는 다르다. 내가 생각하고 있는 것은 아서 단토가 "심층적 해석(Deep Interpretation)"[10] 이라고 명명한 것과 같은 일종의 해석학적 접근이다. 예를 들어 라캉주의 같은 프로이트에서 유래한 해석학, 알튀세를 통해 널리 알려진 마르크스주의적 해석학, 또는 해체 이론 같은 후기 구조주의적 관행들이 그런 것들이다. 이들이 공통적으로 가지고 있는 경향은 예술 작품을 이해하는 열쇠로 의도보다 더 아래(sub-intentional)에 놓인 과정—가령 무의식의 작동, 생산력의 작용, 언어의 작용 등과 같은 과정—에 초점을 맞추고 있다는 것이다.

이런 식으로 접근하여 해석을 시도하는 이들은 평가라는 의무감으로부터 자유로울 수 있다. 이것은 다음과 같은 이유에서이다. 예술 작품의 평가는 작품의 목적에 견주어 작품이 무엇을 이루어내었는가에 초점을 맞추고 있다. 그러나 작품이 무엇을 이루어내었는가는 무엇을 이루어내려고 했는가와 마찬가지로 예술적 의도와 연결되어 있다. 따라서 심층 해석이 의도에 괄호를 치고 대신 의도 아래에서 영향력을 행사하는 힘들에 더 중점을 두는 것이라면 심층 해석은 어쩌면 평가를 덜어낼 수 있을지도 모른다.

관련된 이론가들은 이러한 접근을 새로운 탈인문학(post-human sciences)에서 나타난 우리 시대의 벤처 이론이라고까지 주장할 수도 있을 것이다. 그러나 이와 같은 탈인문학의 모험은 그럼에도 불구하고 결국에는 역시 논의 주제의 변경에 해당한다는 점에서 비평과는 다른 작업이다. 또한 이들은 과연 내적인 일관성을 가지고 있는지, 사실을 정확하게 반영하고 있는지 등의 이유로 많은 도전을 불러일으키고 있다.*

* 제기되는 문제점들은 이러한 접근방식이 내세우는 과학적 혹은 철학적 주장들과 관련된 것들이므로 주제가 비평인 이 책에서는 다루지 않을 것이다.

3. 비평의 본성과 기능: 요약

비평은 본질적으로 평가를 포함한다. 이는 비평이 단지 평가 이외에는 아무것도 아님을 의미하지는 않는다. 비평은 기술, 해명, 분류, 맥락화, 해석, 분석을 포함하여 수많은 활동과 관련이 있다. 하지만 이러한 활동들과 더불어 진정한 의미에서 비평이라 불릴 수 있는 것의 필요조건은 평가를 산출한다는 점이다. 즉, 평가는 비평의 본질적인 특징이다. 한 편의 담화가 명시적이건 암시적이건 간에 평가를 결여하고 있다면 그것은 비평의 자격을 가질 수 없다.

이제껏 나는 이 점이 가령 예술사나 문화 연구 같은 인접한 다른 형태의 담화 형식들과 비교할 때 비평이 어떻게 다른지를 가장 잘 설명해준다고 논증함으로써 이러한 추측을 지지하고자 했다. 나는 또한 반대 입장에서 제기할 만한 다양한 근거들을 비판적으로 검토함으로써 이와 같은 가설을 보강하였다. 결론은(적어도 이 시점에서만큼은) 앞에서 규정한 대로의 의미에서 비평을 평가적인 것이라고 여겨도 좋겠다는 것이다.

그러나 비평은 단순히 예술 작품이 이러저러한 가치를 가졌다거나 가지지 않았다고 선언하는 것이 아니다. 비평은 증거와 이유에 근거하여 평가를 한다. 비평의 다른 요소들—기술, 해명, 분류, 맥락화, 해석, 분석—은 비평가가 도달하게 된 평가를 지지하는 데 필요한 증거와 이유들을 발전시키기 위한 절차들이다.

더 나아가 비평을 구성하는 요소들 간에는 위계가 있다. 왜냐하면 여러 기술, 해명, 맥락화 중에 어느 것이 적절한 것인지, 어느 것이 지엽적이거나 관련성이 없는 것인지를 결정해주는 것이 평가이기 때문이다. 평가는 비평을 구성하는 여러 요소 중 하나이지만 다른 것들보다 우선적이다. 평가는 다른 행위들의 틀을 잡는다. 즉, 평가가 뼈대를 제공하는 것이다. 평가는 다른 요소들을 제한하고 통제한다. 결정권이 평가에 있는 것이다.

내가 비평의 본성이 평가라고 말하는 경우, 이는 평가가 비평의 필요조건임을 의미하며, 평가와 다른 요소들이 합쳐져서 비평을 구성하게 될 경우, 평가야말로 인접한 언어적 담화의 영역에 속하는 다른 것들로부터 비평을 차별화하기에 충분한 것임을 의미한다. 그리고 평가가 비평 생산에 개입하는 다른 요소들의 기본 방향을 설정하는 역할을 한다는 것도 의미한다.

비평의 본성은 예술 작품을 평가하는 것이다. 즉 예술 작품에서 가치 있는 것이나 주목할 만한 것을 발견해내는 것이며, 이것이 어째서 그러한지를 설명하는 것이다. 물론 어떤 사람은 그저 스스로를 위해 비평하기도 하지만, 비평가는 사회적 역할을 담당하기도 한다. 이러한 사회적 역할 속에서 비평의 주된 기능은 비평가가 작품이 가지고 있다고 믿고 있는 가치들을 독자들도 발견하도록 이끄는 것이다. 독자들이 그러한 가치를 감상하는 데 방해가 되는 장애물들을 제거하는 것이 비평이 할 일이다.

때로 비평가는 작품을 정확하게 맥락화하는 일—작품을 예술사, 나아가 그보다 더 넓은 역사적 맥락에 놓는 일—에 수고를 아끼지 않는다. 그렇게 해야 논의되고 있는 예술가가 자신이 속한 환경 속에서 찾아낸 문제나 의문이나 이슈들을 어떻게 다루고 있는지 감상자들이 볼 수 있게 된다. 그렇게 하지 않으면 동시대의 독자나 청자 또는 관람객은 그런 점들을 명료하게 볼 수 없을지 모른다. 주어진 작품에서 가치 있는 것이 무엇인지를 감상하고 이해할 수 있도록 감상자들을 도와주는 것이 비평가와 비평의 주된 기능이다.

비평이 이와 같은 기능을 한다고 할 때, 강력한 비평이란 평가가 독자들에게 잘 납득되게 쓰인, 그래서 독자들이 비평을 길잡이 삼아 자신들 스스로 작품의 가치를 발견할 수 있게 되는 그런 비평이다. 이러한 강력한 비평은 비평적 평가가 증거와 좋은 이유들에 의해 뒷받침될 때 얻어지는데, 이들 증거와 이유들은 작품을 세밀히 따져보려는 독자들이 자신들의 감상 경험을 체계적으로 이해하려 할 때 이용할 수 있는 것들이어야 한다.*

따라서 자신들의 주장을 논증하는 능력이 훌륭한 비평가, 즉 좋은 증거, 좋은 이유, 그리고 감상자들이 스스로의 힘으로 재생산하고 확장할 수 있는 좋은 추론에 바탕을 두고 자신들의 평가를 제시하는 비평가가 존경을 받아야 한다.° 비평가는 가능한 한 모든 수단—때

* 우리는 때로 우리가 잘 모르는 작품에 관한 비평을 읽기도 한다. 이는 그 작품을 앞으로 만나게 될 때를 위해 준비하는 것만은 아니다. 우리는 우리가 고른 예술 작품의 가치를 스스로 따져볼 때 도움이 될 수 있는 조언이나 전략 혹은 접근 방법을 알기 위해 비평을 읽기도 한다. 비평가들은 우리에게 예술 작품의 가치를 발견하는 방법을 가르쳐준다. 우리와 비평가가 모두 잘 알고 있는 작품의 비평을 통해 이 일은 가장 직접적인 방식으로 수행된다. 그러나 우리는 또한 지금 이 비평가가 언급하지 않는 작품에서도 가치를 발견해내는 기술을 습득하기 위해 비평을 읽기도 한다. 다시 말해 우리는 감상자로서 우리의 능력을 향상시키기 위해 비평을 읽기도 한다.

° 그렇다고 해서 비평에 지각적 차원이 있다는 점을 부정하는 것은 아니다. 흄이 말했듯이, 비평가는 관련된 자극의 미묘한 차이를 보고 듣는 능력이 있어야 한다. 이 능력이 최소한 작품에 대한 비평가의 기술에 정확성을 더해줄 것임은 분명하다. 그러나 어떤 예술 작품의 가치는 감상자들도 그 미묘한 특징들을 보고 들을 수 있도록 해주는 비평가들의 능력에 힘입어 우리에게 구체적으로 드러나기도 한다. 즉, 작품의 가치는 섬세한 차이를

로는 잘못된 추론까지를 포함하여—을 동원하여 단지 배심원들을 설득하기만 하면 칭찬받게 되는 변호사와 같아서는 안 된다. 이상적으로 말해서 비평은 평판 좋은 주거 단지로, 거기 살고 있는 주민은 자신들의 평가적 판단에 대해 최선의 근거들을 제공하려고 힘써야 하는 곳이다.

나는 지금껏 비평이 예술 작품에서 가치 있는 것이 무엇인지를 발견하고 설명하는 데 전념해야 한다고 말했다. 그렇다고 해서 비평이 작품에서 가치 없는 것을 식별해내는 것과는 관련이 없다는 뜻은 아니다. 그러나 나는 작품에서 가치가 없는 지점을 식별해내는 일보다는 작품의 가치를 온전히 드러내도록 하는 일이 더 중요하다고 생각한다. 가치는 우리가 비평에서 무엇보다도 먼저 찾고자 하는 것이다. 왜냐하면 비평의 소비자로서 우리는 당연히 작품의 결점에 주목하는 비평보다는 작품에서 가치 있는 것으로 우리를 안내해주는 비평에서 더 많은 것을 얻기 때문이다.

물론 이것은 작품의 결점을 지적하는 것이 비평의 영역을 벗어난 것이라는 뜻이 아니라, 그저 그것이 비평과 관련하여 우리가 추구하는 중심적인 목표, 즉 우리가 비평에서 얻고자 하는 최우선의 것은 아니라는 것을 의미할 뿐이다. 실제로 끊임없이 부정적인 것만을 말하는 비평—작품의 잘못되고 추한 점만 집요하게 지적하는 것—을 계속한다는 것은 너무나 곤궁해지는 일이어서 아마도 오랫동안 유지되지도 못할 것이다. 왜냐하면 비평으로부터 우리가 궁극적으로 바라는 것은 가치 있는 것과 만날 수 있게 해주겠다는 약속이기 때문이다. 그것이 없다면 비평을 읽는 의미가 별로 없을 것이다.

볼 수 있게끔 해주는 작품의 능력으로부터 올 수도 있어서 우리로 하여금 작품을 새롭게 바라볼 수 있는 계기를 제공해주는 비평가는 자신의 역할을 다하는 것이 될 것이다.

드라이든*이 말했듯이, "비평의 주된 업무가 결점을 찾아내는 것이라고 생각하는 사람들은 비평의 본성에 관해 완전히 잘못 알고 있는 것이다. 아리스토텔레스에 의해 처음 제도화된 비평은 훌륭한 판단을 위한 기준을 의미하는 것으로, 그 가장 중요한 부분은 합리적인 독자들을 즐겁게 만들 작품의 탁월함을 관찰하는 것이다."[11]

내가 비평의 우선적인 역할이 하나의 예술 작품이나 한 작가의 전 작품에서 무엇이 가치 있는 것인지를 찾아내는 것이고, 왜 그러한지를 설명하는 것이라고 주장한 데는 또한 비평의 주된 관심이 예술가와 작품의 서열화라는 견해를 의심한다는 의도도 포함되어 있다. 비평가가 예술 작품을 비교하고 대조할 필요가 있다는 것은 분명하지만, 원칙적으로 이는 병치된 작품이나 예술가 중에 무엇이 특별한지를 비교를 통해 설명하기 위한 것이다. 비평에서 비교를 한다는 것은 정확함을 얻기 위해 매우 중요한 수단이다. 하지만 서열화 자체를 목표로 하는 비교는 크게 중요하지 않다. 이어지는 장들에서 이에 대한 논의를 하겠지만, 사실 이러한 순위를 매기는 관행은 완전히 어리석은 짓이다.

* John Dryden(1631~1700): 영국의 시인, 비평가, 극작가. 영국 왕실이 가장 명예로운 시인에게 내리는 칭호였던 '계관시인'을 정식으로 받은 첫 번째 인물.

2장
비평의 대상

1. 서론

이전 장에서 말했듯이 우리는 자연 상태의 돌덩이를 비평하지는 않는다. 돌덩이는 감각이 있는 존재가 아니므로 비평하는 의미가 없다. 돌덩이는 자신을 비평하는 소리를 듣지도 않을 것이고, 그런 기대를 할 수도 없다. 게다가 자연 상태의 돌덩이가 신에게서 부여받은 목적 같은 것을 가졌을 리도 없다. 따라서 우리에게는 그것들을 칭찬하거나 비난하기 위해 필요한 관점조차 없다. 물론 돌덩이가 사람들의 세계에 들어오게 된 경우—가령, 건축 자재나 문진 따위가 된 경우—우리는 사람들이 그 돌덩이에 부여한 용도에 맞추어 그것들을 평가할 수 있다. 예를 들면 300파운드 무게의 문진은 슈퍼맨을 제외하고는 누구에게든 좋지 않은 문진이다.

일단 돌덩이가 사람들의 삶에 들어오게 되면, 돌덩이는 적합한 비평의 대상이 된다. 사람들은 목적을 가지고 있어서 그에 따라 돌덩이가 그 목적을 진척시키는지 아니면 방해하는지를 평가할 수 있으며, 또 어째서 그러한지 말할 수 있기 때문이다. (300파운드의 돌덩이는 좋지 않은 문진인데, 왜냐하면 그것은 너무 무거워서 아무도 쉽게 들어 올릴 수 없기 때문이다.) 두말할 필요도 없이 지금 우리는 돌덩이 그 자체를 논의하고 있는 것이 아니다. 관련된 사람들이 그 돌덩이로 무엇을 하려 하고 있느냐를 논의하고 있는 것이다. 나아가 이것은 가장 넓은 의미에서의 비평 대상은 바로 인간의 행위라는 점을 보여준다.

비평의 하위 집합인 예술 비평은 관련된 사람들이 예술 작품으로 무엇을 하는가에 초점을 맞춘다. 그런데 관련된 사람이란 누구일까? 이 질문에는 예술가 혹은 감상자라는 두 가지 선택지가 있다. 학계에서 요즘 유행하는 비평에 대한 접근방법의 하나는 수용 이론(reception theory) 혹은 독자 반응 비평 같은 이름이 붙어 있는 것으로, 비평가가 주목해야 하는 것이 독자, 청취자, 관람자의 행동임을 제안한다.

특정 형태의 역사학적 혹은 사회학적 연구에서라면 예술 작품에 대한 감상자의 반응에만 주목해도 적절하다는 것을 인정한다. 그러나 만약 우리가 평가적인 견해의 표명으로서의 비평에 관해 말하고 있다면 이는 그럴듯한 선택지가 아니다. 만약 그 예술 작품에 합당한 반응이 무엇인지 우리가 사전에 알지 못한다면 작품의 감상자가 작품에 대해 갈채를 보낼 때 그것이 제대로 반응하고 있는 것인지 아닌지를 어떻게 알 수 있는가? 그러한 반응들의 합당성이 평가될 수 있으려면 그 이전에 비평이 감상자 반응의 적절한 범위를 정해주어야 할 것이다. 다시 말해, 감상자가 작품을 어떻게 사용하는지를 평가하기 전에 예술 작품에 대한 비평적 평가가 선행되어야 한다. 감상자가 무엇을 하는가는 비평의 대상이 아니다. 따라서 예술가가 작품을 수단으로 하여 무엇을 하는가가 비평의 대상이 되어야 한다.

더욱이 비평의 대상이 감상자라는 생각은 우리가 일상에서 행하는 비평적 담화와 잘 부합하지도 않는다. 우리가 작품의 결점을 지적하는 경우, 우리의 평가는 감상자를 향한 것이 아니다. 예술 작품의 결점은 감상자가 책임져야 할 것이 아니다. 그 책임은 바로 예술가에게 있다. 그렇기 때문에 비평가가 관심을 갖게 되는 것은 해당 작품과 관련하여 예술가가 하고 있는 것 혹은 행한 것이다. 아마도 이것은 이 글을 읽은 독자들에게는 너무도 명백한 것이기에 논증할

필요도 거의 없을 것이다. 정말 그렇다면 여러분과 나는 같은 지점에 서 있는 것이 된다.[1]

작품을 생산하면서 예술가가 하는 것 혹은 행한 것이 바로 비평의 대상이다. 비평의 대상은 작품으로 귀결된 특정한 행위의 과정이다. 예술적으로 행한다는 것은 행위—정확히는 예술적 활동들[2]—를 하는 것이며, 인간의 행위들은 목적적이다. 그렇기 때문에 예술가는 행위를 함에 있어 특정한 목적을 갖는다. 이와 같은 목적들로 인해 제공받게 되는 것 중 하나는 작품이 그 자체로 성공한 것인지 아닌지를 판단할 수 있는 하나의 기준이다. 즉, 예술가의 행위는 특정한 목적을 염두에 두고 있는 의도에 의해 유도된 것이며, 이러한 목적에는 어느 정도의 가치 있음 혹은 없음이 함축되어 있다. 나중에 살펴보겠지만 우리가 예술 작품을 평가할 때 고려하는 것이 이것이 전부는 아니다. 하지만 나는 이것이 언제나 작품의 평가와 관련된 일부분이라는 점을 주장하려 한다.

예를 들어, 나는 영화 「메멘토」*를 좋게 평가하는데, 그 이유는 주인공의 복수 추구를 나중까지 드러나지 않게 유지함으로써 영화의 깜짝 놀랄 결말(사실 깜짝 놀랄 시작이라고도 할 수 있겠지만)을 솜씨 좋게 구성해낸 방식 때문이다. 비평가는 영화가 자신이 그려내는 허구 세계 속의 특정 정보들을 관객에게 드러나지 않게 어떻게 전략적으로 유보하거나 숨겼는지를 보여줌으로써 감상자로 하여금 이 영화가 무엇을 성취해냈는지를 이해하도록 해준다. 감독이 이러한 정보(그리고 잘못된 정보)의 흐름을 어떻게 교묘히 조작했는지에 대한 언급 없이는 「메멘토」에 대한 평가는 완전한 것이 되지 못할 것이다. 물론 이 영화가 이러한 측면 말고 다른 차원에서도 평가되어야 한다는 생각을 갖고 있더라도 말이다.

* 「Memento」(2000): 크리스토퍼 놀란 감독의 스릴러 영화. 단기기억상실증에 걸린 주인공이 아내를 죽인 범인을 추적하는 과정을 그리고 있다.

앞선 장에서 나는 비평의 기능이 작품에서 가치 있는 것이 무엇인지, 왜 그러한지를 말해주는 것, 즉 자신의 평가를 이유에 근거하여 말하는 것이라 주장했다. 나는 하드보일드 탐정소설이 매우 긴장감 있다는 이유로 칭찬하면서, 터무니없는 상황을 연출하지 않으면서도 주인공에게 불리한 상황이 계속 닥쳐오는 식으로 이야기를 이끌어가는 작가의 세심한 방식 때문에 이러한 긴장감이 성공적으로 유지되고 있음을 보여줄 수 있다. 다시 말해 비평가는 이 하드보일드 탐정소설이 이야기를 풀어나가는 작가의 솜씨 덕분에 긴장감이 넘친다는 이유로 가치가 있다는 주장을 조리 있게 펼치는 것이다. 그러면 독자는 이러한 비평가의 언급을 이 소설에서 어떤 특질을 찾아보아야 하는가에 관한 지침으로, 또한 그러한 특질들이 어떤 방식으로 확보되고 있는지를 이해하는 데 도움을 주는 것으로 활용할 수 있다.

어떤 것이 가치 있다고 말하는 것은 그것이 가지고 있으면 좋을 만한, 혹은 그렇게 되면 좋을 만한 어떤 특징을 하나 혹은 그 이상 가지고 있다고 주장하는 것이다. 물론 앞 장에서 말했듯 이러한 일을 자기 자신만을 위해 하는 비평가도 있을 것이다. 그러한 비평가는 글이라는 명료화 작업을 통해 작품에 대한 자신의 반응을 더 분명하게 이해하고 싶어 하는 것인지도 모른다. 어쩌면 이런 종류의 비평이야말로 마르크스가 유토피아에서 오후를 보내면서 하고 싶다던 그런 비평일 수도 있다.*

그러나 이는 우리 문화에서는 매우 보기 드문 형태의 비평이다.

* 마르크스는 『독일 이데올로기』에서 "공산주의 사회에서는…… 사회가 생산 전반을 통제하게 되므로 각 개인은 자신이 하고 싶은 대로 오늘은 이 일을, 내일은 저 일을, 즉 아침에는 사냥하고, 오후에는 낚시하고, 저녁때는 소를 몰며, 저녁식사 후에는 비평을 하면서, 그러면서도 사냥꾼도, 어부도, 목동도, 비평가도 되지 않는 일이 가능하게 된다."고 서술한 바 있다.

비평은 보통 다른 사람들에게 제시되는 것이다. 예술 작품과 관련해서 보자면, 비평가는 감상자를 위해 작품에서 가치 있는 것이 무엇인지를 잘 뽑아내 보여주고 감상자로 하여금 그러한 가치의 본질과 기원을 파악할 수 있도록 해준다.

비평의 핵심이 작품에서 무엇이 가치 있는가를 말하는 것이므로 작품에서 가치 있는 바로 그것이 곧 비평의 대상이 된다. 비평이란 바로 그런 대상에 관한 것이다. 하지만 우리가 또한 이미 확립해놓은 사실은 비평의 대상이 예술가가 작품을 생산하면서 하고 있거나 했던 것이라는 점이다. 그렇다면 우리는 비평의 대상이 무엇인지에 대한 이러한 두 가지 통찰을 어떻게 잘 결합하여 비평의 대상에 관한 보다 정확한 이해를 얻을 수 있을까?

다시 말해, 비평의 대상이 예술가가 행한 것이라면 예술가의 행위와 작품의 가치 간의 연결고리는 무엇일까? 내가 제안하고자 하는 답은 다음과 같다. 예술가가 행한 것은 그것이 성취인지 실패인지, 또한 어떻게 그런지의 측면에서 파악되어야 한다. 우리가 작품에서 가치 있다고 혹은 가치 없다고 하는 것은 예술가가 작품을 창조하는 과정에서 표출하게 된 자신의 대리물(agency)이다.[3] 비평가는 작품 속에서 행해진 예술적 행위에 주목한다. 즉 비평의 대상은 예술가의 성취 혹은 실패의 측면에서 본 예술가의 활동, 곧 예술가의 예술적 행위이다.[4]

예술 작품에 가치를 부여해주는, 예술 작품과 관련된 예술가의 활동이라는 것은 어떤 특징을 가진 것일까? 추측해보건대 예술 작품과 관련된 예술가의 활동이 적절하게 평가될 때라면 그것은 최소한 예술가가 작품의 생산을 통해, 즉 작품을 만들어나가면서, 그리고 그 과정에서 자신이 선택한 것들을 수단으로 하여 무언가를 성취하였다는 사실일 것이다. 예술 작품이 긍정적인 가치를 갖는다면, 그것이 예술가에 의한 하나의 성취 혹은 일련의 성취들이기 때문이라는 것이 다른 무엇보다도 앞서는 이유이다. 우리는 이것을 작품의 성공 가

치(success value)라 부를 수 있을 것이다.[5]

비평가는 예술가가 작품을 창조하면서 무언가를 성취한 경우 작품에 긍정적인 평가를 내린다. 작품은 바로 어떤 성취이기 때문에 가치를 갖는다고 말할 수 있다. (혹은 실패이기 때문에 부정적인 가치를 갖는다고 말할 수 있다.) 비평가는 작품이 예술가의 활동에 힘입어 자신의 목적을 어떻게 잘 달성하고 있는지를 설명하여 예술가가 성취해낸 것을 기술해줌으로써 작품에서 가치 있는 것이 무엇인지를 짚어준다. 그리고 이와 같은 설명은 결국 감상자로 하여금 작품이 가진 가치에 관해 무언가 알게 해주거나, 아니면 최소한 감상자가 이미 찾아낸 작품의 성취를 더욱 명료하게 이해하도록 해준다.

비평가의 주된 작업은 평가하는 것, 다시 말해 해당 작품에 관해 가치 있는 것이 무엇인지를 말하는 것이다. 예술 작품이 어느 정도 가치가 있든 그것을 가치 있게 만드는 것은 상당 부분 작품 생산 과정에서 예술가가 성취한 것이다. 따라서 비평의 대상은 바로 예술가의 성취이다. 왜냐하면 거기가 바로 예술 작품의 가치가 대부분 담겨 있는 곳이기 때문이다.

2. 성공 가치인가 수용 가치인가

비평의 대상은 예술가가 행한 것 — 예술가의 성취(혹은 실패) — 이다. 비평의 성격을 이렇게 규정한다는 것은 비평가가 발굴해낸 가치를 감상자가 아니라 예술가 쪽에 두는 것이다. 나는 이것을 '성공 가치'라 부르겠다. 왜냐하면 이 가치는 상당한 정도에 있어 예술가가 자신의 목적을 성취하는 데 성공했는가의 여부에 관한 문제이기 때문이다. 그러나 이런 식의 개념화가 논란의 여지가 없는 것은 아니다. 내가 알기로는 많은 예술 철학자들이 예술 작품의 가치를 다른 곳에 두려고 하는 것 같다. 보다 구체적으로 작품의 가치는 그 작품이 감상자에게 제공하는 긍정적인 경험이라는 식의 가설이 있는 것 같다.

이러한 입장은 작품으로부터 얻는 가치는 그 작품이 가치 있는 경험을 야기하는지의 여부에 달려 있다고 주장할 것이다. 이와 같은 종류의 가치는 감상자와 관련이 있는 것이기 때문에 나는 이것을 '수용 가치'라 부르겠다. 더 나아가, 만일 예술 작품의 가치가 수용 가치라면 비평가의 역할은 수용자들이 어떻게 하면 작품에 대한 긍정적인 경험을 가능한 한 최대로 이끌어낼 수 있을지를 알려주는 것이 될 것이다.

비평의 역할을 이와 같이 보는 관점은 근대의 시작 이후, 말하자면 대략 18세기 이후 예술의 소비가 진화하게 된 것과 궤를 같이한다. 고대와 중세시기에 예술은 국가, 귀족, 길드, 종교 단체, 교회 같은 후원자들로부터 수혜를 받는 입장이었다. 예술은 보다 큰 사회적 과업, 가령 지배계급의 힘과 덕을 보여주고, 대중에게 기독교적 관습을 교육시키고, 숭배와 복종을 주입시키고, 역사적인 순간들을 기념하고, 충성심을 고양시키는 등의 일에 봉사하도록 처해졌다.

이와 같은 예술 작품에서는 관람자, 독자, 청취자 등이 겪게 되어 있는 경험이 작품의 기능과 긴밀한 관계가 있었다. 왕에 대한 존경심을 고양시키기 위해 만들어진 동상이었다면 그 동상이 이끌어내고자 한 경험은 찬양이었다. 신의 위대함을 찬양하기 위한 제단이었다면 이끌어내야 했던 반응은 경외심이었고, 성공적으로 만들어졌을 경우 제단 앞에서 그런 식으로 적절하게 반응하게 된다.

그러나 부르주아 계급의 출현과 함께 예술가들은 새로운 후원자들을 얻게 되었다. 그들은 계속해서 늘어나는 여유 시간을 갖게 된 부유한 고객이었다. 돈이 곧 시간이었으며, 예술이란 그러한 시간을 채우는 즐거운 수단으로 생각되기 시작했다.

이런 고객은 때로는 작품들을 직접 의뢰하기도 했지만, 시장에 나온 작품들을 구매하기도 했다. 이 시기에 예술은 소비 상품이 되었다. 부르주아 예술 소비자들도 예술의 전통적인 기능과 관련된 작품들을 자주 찾았다. 귀족들이 자신과 가족들을 초상화를 통해 기억되도록 했던 것처럼 부유한 중산층도 그랬다. 새롭게 등장한 중산층 계급 역시 예술을 종교적·목적과 교육적 목적으로 활용한 것이다. 그러나 이와 동시에 예술은 점점 더 여가와 동일시되었다. 이에 따라 소설 같은 예술 형식은 교양 있는 오락물의 형식으로 대중화되었다.

과거 음악은 종교나 국가 행사를 위해 연주되거나 노동과 전쟁을 위해 사용되었으나, 콘서트홀이 생겨나자 음악은 사회적 활동과 기능으로부터 분리되었다. 삶의 연속에서 벗어나 음악만을 위한 공간이 부여되었고, 그곳에서 음악은 오직 즐기기 위해서만 연주되었다. 마찬가지로 미술관이 생기면서 공적인 장소에서 그곳의 사회적 의미를 더해주었던 귀족, 장군, 성인들의 그림과 동상은 미술관으로 흡수되어 갤러리의 조용한 복도에 전시되었다. 그곳에서 그것들에 허락된 유일한 기능은 전통적으로 쾌와 연관된 활동인 관조되는 것뿐이었다.

우리는 앞 장에서 예술의 근대적인 체계가 18세기 들어 대문자 A로 표기되는 예술(the Arts)로 편입된 것에 대해 이야기하였다. 물론 그러한 실천적 활동들이 현재와 같은 확립된 체계로 묶여지기 위해서는 어떤 원리가 요구되었다. 처음에는 해당 활동이 자연의 아름다움을 모방하는 것에 관여할 필요가 있다는 점이 이 체계에 편입될 자격으로서 제안되었다. 그러나 절대음악(absolute music)의 등장으로 이러한 가정은 곧 유지될 수 없게 되었다. 크게 보면 대부분의 절대음악은 모방과 무관하기 때문이다.

그렇기 때문에 또 다른 원리가 필요하게 되었다. 매우 영향력 있는 제안 중 하나는 예술은 무엇인가에 유용한 여타의 기술들(arts)과는 다르기 때문에 한데 묶인다는 것이었다. 즉, 대문자 A로 표기되는 예술은 어떠한 사회적 기능도 하지 않는다는 것이다. 그것들은 보란 듯이 쓸모없음을 자처했다. 예술은 오직 우리의 여가 시간을 품위 있게 만들기 위해—피로에 지친 사람들을 위해 긍정적인 경험을 제공하기 위해—존재한다. 달리 말해, 예술의 가치는 곧 예술의 수용 가치라는 것이다.

처음에는 여기에 관련된 긍정적인 경험의 특징을 쾌(pleasure) 혹은 **무관심적**(disinterested) 쾌—사적인 이익으로부터, 심지어 때로는 사회적 이익으로부터도 분리된 쾌—라고 보았다. 애디슨* 같은 초기의 비평가들은 독자들이 어떻게 그런 쾌—애디슨 스스로는 상상

* Joseph Addison(1672~1719): 영국의 문필가. 1712년 「스펙테이터」 지에 기고한 "상상력의 즐거움(Pleasures of Imagination)"은 영국 취미론의 형성과 미학의 근대적 변화를 엿볼 수 있는 글로 간주되고 있다.

력의 즐거움이라 불렀던 그런 쾌—를 작품으로부터 얻어낼 수 있는지를 주로 사례를 통해 가르치는 것이 자신들의 책임이라 여겼다. 이러한 다양한 쾌의 추구를 감상자에게 가르치고자 정기 간행물들이 우후죽순으로 등장했는데, 영국의 「태틀러」, 「스펙테이터」, 「리뷰」,* 프랑스의 「메르퀴르 드 프랑스」, 「주르날 드 파리」,° 독일의 「프로피레엔」, 「쿤스트 운트 알터툼」◆ 등이 그런 것들이었다.

그러나 이러한 적절한 예술 경험이라는 개념은 궁극적으로는 불만족스러운 것이다. 왜냐하면 때로 작품으로부터 얻는 가치 있는 경험은 즐거움 혹은 쾌라 부를 만한 것이 아니기 때문이다. 고야의 '어두운 그림들'•은 두려움과 걱정을 불러일으킨다. 많은 아방가르드

* 「Tatler」: 스틸(Richard Steele)이 1709년부터 2년간 간행했던 문학잡지로, 애디슨과 스위프트 등이 기고하였다(현재도 발행 중인 같은 제목의 영국 잡지와는 무관함). / 「Spectator」: 「태틀러」 이후 스틸과 애디슨이 1711년 공동으로 창간하여 1712년까지 발간한 일간지. 당시의 사회상을 재치 있게 다루었으며, 영국 신흥 중산층들 사이에서 널리 읽혔다. / 「Review」: 『로빈슨 크루소』의 작가인 다니엘 디포가 1704년부터 1713년까지 발간한 주간지. 정치평론과 시사만화, 가십 등을 실었다.

° 「Mercure de France」: 1890년에 발레트(Alfred Vallette)가 창간. 상징주의 문학과 비평을 중심으로 한 문예지. / 「Le Journal de Paris」: 1777년 프랑스 최초로 발행된 일간신문.

◆ 「Propyläen」: 괴테와 마이어(Johann Heinrich Meyer)가 1798년에 창간하여 3년간 발행한 학술지. 괴테와 마이어는 이 잡지를 통해 문학과 조형예술의 고전주의적 가치를 전달하고자 했다. / 「Kunst und Altertum」: 1816년 괴테가 창간하여 그가 세상을 떠난 1832년까지 발간한 잡지. 고대문화뿐 아니라 동시대 유럽 전역의 문화와 예술에 관련한 비평들을 실었으며, 대부분의 원고를 괴테가 직접 집필하였다.

• '어두운 그림들(Black Paintings)'이란 스페인 화가 고야(Francisco Goya)가 1819년부터 1823년 사이에 그린 14점의 연작 회화를 가리킨다. 혼란스러운 시대 분위기, 건강 악화와 청력 상실 등이 원인이 되어 인간성에 대한 회의를 느낀 고야가 마드리드의 한 오두막집에 틀어박혀 집 벽에 그린 벽화들이다. 4장 2절

예술은 일부러 불안감을 느끼도록 한다. 이런 사례는 얼마든지 더 있을 수 있다. 이를 고려한 결과, 예술로부터 얻게 되는 긍정적인 경험은 '그 자체로 가치 있는 경험'이라는 더욱 모호한 개념으로 재규정되기도 하였다. 즉, 이 주장에 따르면 예술의 수용 가치는 감상자가 작품을 감상하면서 겪고 있는 경험이 경험한다는 사실 자체만으로 가치 있다고 여겨지는 그런 경험이냐 아니냐의 문제라는 것이다.

이와 같은 율법시대에 비평가가 할 일이란 무엇이 되었건 예술작품이 제공하는 가치 있는 경험을 감상자가 깨달을 수 있도록 하는 것이다. 미술비평가는 그림의 이 부분 저 부분을 가리키면서, 그렇게 하면 보는 이의 시각장 구조에 유쾌한 변화가 일어난다는 것을 드러내 보임으로써 그림이 쾌적한 대칭 형식을 가지고 있음에 주목하도록 할 수도 있다. 혹은 두 그림을 병치하거나 순차적으로 보여주는 방식을 택해서도 그러한 대칭 형식에 주목하게 할 수 있고, 또 연상적인 표현이나 은유적인 표현을 강하게 구사해서 앞으로 그림을 보게 될 관객이 그림을 신선한 시각으로 보게 함으로써도 그렇게 할 수 있다.

마찬가지로 문학평론가는 작품 안에서 서로 이질적인 사건들과 인물들이 어떻게 지배적인 콘셉트나 테마 아래 조직되거나 결부될 수 있는지를 보여줌으로써 독자의 경험을 풍부하게 할 수 있다. 예를 들어 사르트르의 『구토』는 스스로 자신의 인생 계획을 선택한다는 아이디어를 중심으로 묶일 수 있다. 이 과정에서 비평가의 노력으로 인해 독자들은 작품을 전체적으로 경험할 수 있게 되며, 작품의 전체적인 통일성에 비추어 각 부분들이 맡고 있는 기능이 무엇인지를 알게 되는 만족스러운 경험을 할 수 있게 된다.

비평가가 작품의 수용 가치에 전념해야 한다는 생각은 유일하게 가치 있는 것은 경험뿐이라고 하는 철학적인 가정 혹은 보다 적확

에 언급된 「제 아이를 잡아먹는 사투르누스」도 여기에 포함된다.

하게 말하자면 철학적인 편견에 의해 강화되었을 것이다. 이 견해는 모든 가치가 궁극적으로 쾌로 환원된다고 하는 쾌락주의(hedonism)의 일종에 그 기원을 두고 있는 듯하다. 말할 필요도 없을지 모르겠지만, 이런 입장은 지지될 수 없다. 왜냐하면 우리가 가치 있다고 하는 경험 중에는 우리 언어에서 '쾌'라는 말의 자연스러운 쓰임을 고려한다면, 쾌를 준다고 할 수 없는 경험이 분명히 있기 때문이다.

예를 들면 금욕주의자들에게는 당연히 희생과 자기 부정에 관한 자신들의 경험이 가치 있는 것이지만, 그런 경험이 즐겁다거나 금욕주의자들은 거기서 쾌를 발견한다고 주장하는 것은 너무 지나친 것이다. 이런 경험이 즐거운 것이라면 이는 자가당착이다. 그렇다고 자기희생 같은 것이 개념적으로 불가능하다고 볼 이유도 없다. 우리의 취향에는 맞지 않을지 몰라도 그럴 수 있다는 것에는 의심의 여지가 없다.

따라서 쾌락주의자들은 자신들의 가설을 약화시킬 수밖에 없게 되는데, 그래서 얻게 된 결과가 곧 '유일하게 가치 있는 것은 경험뿐'이라는 보다 완화된 경험주의적 주장이 되는 것이다. 이 견해는 특정 형이상학적 신념에 의해 유발된 것이고, 사고 실험을 통해 지지된다고 한다. 예를 들어 경험하는 주체가 전혀 없는 세계를 상상해보라는 것이다. 그 세계는 아름다운 석양, 맑은 시냇물, 푸른 초원 등 우리가 아름답다고 할 만한 온갖 종류의 것들을 포함하는 세계라고 가정하자. 넘쳐나는 이런 아름다운 것들에도 불구하고 그것들을 음미하거나 알아봐줄 수 있는 존재가 없다면 바로 그 이유 때문에 그러한 세계는 가치가 결여된 세계가 아니겠는가?

하지만 이러한 견해는 논쟁적이다. 백 번 양보해서 '경험할 수 있는 주체가 없는 세계에는 가치라고 할 것이 없다'는 것이 사실이라 할지라도 이러한 사실로부터 '경험할 수 있는 주체가 있다면 그들은 순전히 경험 그 자체만을 가치라고 할 것이다'가 따라 나오는 것은 아니다. 당신이 선택하기만 한다면 당신의 뇌를 자극해서 남은 삶 동안 007 같은 모험과 성공, 로맨스를 경험하고 있는 것처럼 믿게 만들 수 있다고 상상해보라. 그 경험은 실제로는 환상에 지나지 않겠지만, 당신의 경험 속에는 이를 알려줄 것이 아무것도 없다. 자, 이제 당신은 이와 같은 가상의 삶을 살겠다고 할 수도 있고, 아니면 지금 힘들게 살아가고 있는 이 흔해 빠진 삶에 남아 있겠다고 할 수도 있다. 당신은 어떤 선택을 할 것인가?

내 예상으로는 대부분의 사람들은 실제의 삶을 살아가는 것을 선호할 것 같다. 즉, 가짜 삶이 일상적인 실제 삶보다 훨씬 생생하다 한들 꾸며낸 경험으로 점철된 위조된 삶과 실제의 삶을 바꾸려 하지 않을 것이다. 왜냐하면 사람들은 순전히 경험 그 자체라고 부르는 것보다는 실재(reality)에 더 가치를 두기 때문이다.

이렇듯 경험이 가치의 단 하나의 원천이라는 생각이 반박의 여지가 없는 사실인 것은 아니다.[6] 그러나 여전히 형이상학적인 반박이야 어찌됐건 예술의 가치가 문제될 때라면 비평가가 신경을 써야 하는 가치는 수용 가치—작품에 대한 감상자의 경험에 놓여 있는 가치—라고 생각할 수 있다. 즉, 비평가는 작품으로부터 가능한 한 가장 풍부한 경험을 얻기 위해 작품의 어디를 어떻게 보아야 하는지 우리에게 알려주는 일을 한다는 것이다. (혹은 어떤 경우에는 이 작품으로부터는 긍정적인 경험을 이끌어내기 어렵거나 심지어 불가능하다고 경고해주기도 한다.) 하지만 정말로 비평가가 작품에 접근함에 있어 수용 가치에 주목하는 것이 성공 가치에 주목하는 것보다 더 나은 방법일까?

만약 수용 가치에 집착하는 것이 바람직할 수도 있다고 할 때 수용 가치의 옹호자가 생각하고 있는 것이 비평가는 오로지 수용 가치에만 관심을 가져야 한다는 것이라면 이는 그럴듯하지 않다. 비평의 범위를 설정할 때 우리는 그것이 실제로 이루어지고 있는 비평 관행과 잘 들어맞아야 함을 요구하는 것이 합당해 보이기 때문이다. 다시 말해 비평에 대한 우리의 가설이 수정주의자(revisionist)의 입장이 되어서는 안 될 것이다. 그런데 수용 가치가 비평가가 관심을 갖는 유일한 종류의 가치라는 제안은 깊이 뿌리내리고 있는 우리의 실제 비평 관행과 일치하지 않는다.

예를 들어 현실에서 활동하는 비평가들이 끊임없이 작품에서 발견하려는 가치, 그래서 우리에게 설명해주려고 하는 수고를 마다하지 않는 가치 중 하나가 바로 독창성(originality)이다. 그러나 예술적 성취로서의 독창성은 감상자가 경험할 수 있는 어떤 것이 아니다. 이 점을 분명하게 알 수 있는 경우 중 하나는 독창성이 노골적으로 결여된 경우, 즉 표절과 위작의 경우를 고려해보는 것이다.

역사적으로 보았을 때 뛰어나게 독창적이었던 작품—가령 피카소의 「아비뇽의 아가씨들」—의 완벽한 위조품을 상상해보자. 이 위조품은 피카소가 칠한 캔버스와 정확하게 같아 보인다. 형태와 붓터치, 색점 하나하나까지 두 그림은 가장 뛰어난 전문가들뿐만 아니라 피카소 자신도 구별할 수 없을 정도로 똑같다고 상상해보자. 원작과 위작의 차이는 정밀한 X-레이 장비와 탄소 연대 측정을 통해서만 알 수 있을 뿐이라고 해보자.

최고로 훈련된 인간의 눈이라 하더라도 그것으로는 피카소의 캔버스와 위작 사이의 차이를 식별할 수 없기 때문에 이 둘 사이에 경험적인 차이는 없을 것이다. 완벽한 위조품의 경험과 비교했을 때, 피카소 작품의 독창성은 우리의 경험에 아무런 식별 가능한 차이점도 만들어주지 못한다. 이 두 작품은 감상자에게 정확히 동일한 반응을 이끌어낼 수 있기 때문에 두 작품은 동일한 수용 가치를 갖는다. 그러나 실제 비평 관행에 비추어봤을 때 이것이 보여주는 바가 바로 수용 가치가 전부일 수는 없다는 사실이다.

수용 가치적 접근이 간과하고 있는 가치는 독창성 이외의 곳에서도 찾아볼 수 있다. 작품이 역사적으로 강한 충격이나 영향을 남김으로써 갖는 가치가 바로 그런 것이다. 앤디 워홀의 「브릴로 박스」는 예술적인 목표를 이루기 위한 대세였던 특정 흐름, 예를 들어 추상표현주의를 폐쇄시켜버리는 데 일조했고, 동시에 1970년대 포스트모더니즘 예술과 탈역사적 다원주의로 가는 문을 열었다. 「브릴로 박스」의 위조품에 대해서라면 비평가는 결코 이러한 성취를 언급할 수 없을 것인데, 그 이유는 위조자의 가짜 박스들은 실제로 아무것에도 영향을 주지 않았기 때문이다.* 하지만 위조된 「브릴로 박스」도 경험적으로는 워홀의 작품이 제공하는 것과 똑같은 자극들을 세세하게 모두 제공하고 있다.

독창성과 역사적 충격 외에도 예술 작품의 가치가 발원하는 근거들은 더 있지만, 이 두 가지를 언급하는 것만으로도 작품에서 무엇이 가치 있는가를 알려주려는 비평가의 노력 속에 오로지 수용 가치만이 그의 관심이 될 수는 없음을 보여주기에는 충분할 것이다. 아무리 양보하더라도 비평적 관심의 범위는 잘 확립되어 있는 비평적 관행과 일치하도록 기술되어야 한다는 생각에 동의하기만 한다면 이는 당연한 결과일 것이다. 사실, 실제의 비평적 관행 말고 비평에 관한 우리의 추측을 시험해볼 다른 무엇이 있겠는가?

비평에 관한 수용 가치 견해의 또 하나의 문제는 만일 아무런 제한 조건이 붙지 않는다면, 이 견해는 하찮은 돼지 귀를 비단 주머니로 바꾸어놓을 광범위한 방법론적 자유를 비평가에게 허락하는 것 같다는 점이다. 수용 가치 견해에 따르면 비평가는 감상자들에게 작품에서 긍정적인 경험을 얻을 수 있는 수단을 제공해주어야 한다. 그리고 이제 우리가 야단스러울 만큼 화려한 자외선 라이트와 벨벳, 형

* 내가 가지고 있는 역사적 영향에 대한 개념이 독창성 개념과 다를 바 없는 것처럼 보일지 모른다. 하지만 이는 두 가지 이유에서 그렇지 않다. 첫째, 작품이 독창적이더라도 영향력은 별로 없을 수 있다. 혁신적이었지만 그것을 받아들인 사람이 없었을 수도 있는 것이다. 둘째, 영향력은 있지만 독창적이지는 않을 수 있다. 어떤 면에서 보면 워홀의 「브릴로 박스」는 뒤샹의 레디메이드 작품들을 명백하고도 직접적으로 계승한 것이다. 하지만 이후 미국 미술의 방향에 주된 영향을 끼친 것은 워홀의 작품이었다.

광색 데이글로가 난무하는 1970년대 후반 스타일의 쇼를 보고 있다고 상상해보자. 우리는 이런 종류의 것들을 보통 대단히 형편없는 것으로 여길 것이다. 그러나 수용 가치 관점에 빠져 진심을 다해 자신의 역할을 받아들이고 있는 비평가라면 독자에게 다음과 같이 말하면서도 자신이 정당화된다고 생각할지 모른다. "패러디로 받아들이시라, 한바탕 크게 웃으시라, 당신을 위한 긍정적인 경험은 거기에 있다."

실제로 이와 같은 일은 포스트모던 시기에 여러 차례 벌어지기도 했다. 『아트포럼』과 『필름 코멘트』만큼이나 신성시되는 『빌리지 보이스』의 영화평론가 호버먼(J. Hoberman)은 「외계로부터의 9호 계획」* 같은 형편없는 작품을 만들어 영화계에 해를 끼쳤다고까지 할 수 있을 영화감독 에드 우드를 맹아적 단계의 모더니스트라고 평했다. 생각할 수 있는 한 가장 철저하게 비효과적이고 저렴한 방식을 사용함으로써 공상과학 장르의 관례를 폭로했다는 것이다.[7] 예를 들면, 영화 속의 비행접시는 말 그대로 줄에 매달린 접시였는데, 그렇다는 것을 너무도 분명히 알 수 있을 정도였다. 호버먼의 평가를 따른다면 우리는 우드의 실수에 고통스러워할 필요가 없다. 우리는 그것들을 브뉘엘° 같은 거장 감독들의 전통을 따른, 영화적 관례를 경쾌하게 위반하는 수법으로 즐길 수 있게 된다.

그러나 이것은 감상자가 어떻게 「외계로부터의 9호 계획」 같은 것에도 열광할 수 있는지에만 모든 관심이 쏠렸을 때나 말이 되는 관점이다. 호버먼 같이 수용 가치를 중요시 여기는 비평가는 우리가 죄책감을 동반한 쾌감을 즐길 수 있도록 기본 틀을 제공해줄 수 있다.

* 「Plan 9 from Outer Space」: 우드(Edward Wood)가 각본, 제작, 연출을 맡아 1959년 발표한 흑백 공상과학영화.

° Louis Buñuel(1900~1983): 스페인 출신의 초현실주의 영화감독. 1929년 달리(Salvador Dali)와 함께 만든 「안달루시아의 개」로 데뷔하였다.

하지만 문제는 이러한 식의 즐거움이 비평가들의 관심 대상이어야 할 가치와 도대체 어떤 관련이 있는 것인가 하는 점이다. 작품의 생산 측면에서 무엇이 발생하였건 이들을 우리의 주목으로부터 차단시켜도 좋다고 편리하게 상정하는 것이 정말로 괜찮다면, 결국 모든 것은 패러디나 아이러니로 다시 포장될 수 있다.

그럼에도 불구하고 우리 대부분은 이런 수를 쓰는 것이 마음에 들지는 않을 것이다. 우리가 시뮬라크럼의 삶보다 실제 삶을 더 선호하는 것과 마찬가지로 우리가 원하는 것은 진짜로 관습을 깨는 영화들을 경험하는 것이다. 이는 다른 이유 없이 자아 존중이라는 이유만으로도 충분한 문제이다. 「외계로부터의 9호 계획」을 「네 멋대로 해라」◆에 필적하는 것으로 간주한다면 무언가 의도적으로 바보짓을 하는 것 같아 보이지 않는가? 이는 자의식을 가지고 있는 채로 얼간이나 바보 역할을 받아들이는 것이다. 이는 찻잎이 당신의 미래를 알려준다고 스스로에게 납득시키는 것과 같다. 합리적인 사람이 자발적으로 이렇게 한다면 이는 분명히 스스로를 비하하는 것이 될 것이다.

물론 수용 가치의 옹호자는 이와 같은 유형의 반대를 차단할 수 있도록 자신의 입장을 다듬을 수 있다. 수정된 입장에 따르면, 비평가가 관심을 가지는 적절한 경험이란 필요한 정보를 다 가진 준비된 감상자 그룹이 하게 되는 경험이라는 것이다. 준비된 감상자들이란 예술 작품을 경험하는 데 필요한 역사적으로 올바른 틀을 알고 있으며 그것을 사용할 준비가 되어 있는 사람들이다. 따라서 비평가의 임무는 감상자가 앞서 말한 경험을 가질 수 있도록 정보를 알려주고

◆ 「A Bout De Souffle」 혹은 「Breathless」(1960): 고다르(Jean-Luc Godard) 감독의 첫 장편 영화. 핸드 헬드 카메라로 촬영된 불안정한 화면과 점프 컷 방식을 통한 비약적이고 생략적인 편집이 특징으로, 1960년대 프랑스 누벨바그 영화 운동의 시대를 본격적으로 연 작품으로 간주된다.

준비시키는 것이다. 만일 감상자들이 이미 그러한 정보를 가지고 준비되어 있다면, 그들이 더 잘 준비될 수 있게 해주는 것이다.

의심할 바 없이 이는 비평가가 하고 있는 중요한 일이다. 하지만 질문은 '그 경험이 필요한 정보를 가진 사람의 준비된 경험이어야 한다는 것이 어째서 중요한가?' 하는 것이다. 비평가가 가능하게 해주는 경험이 매력적이기만 하면 됐지, 왜 그것이 적절한 경험이기도 해야 할 필요가 있다는 것인가? 그저 우리의 예술 수용의 관행이 작동하는 방식이 원래 그러하다는 것이 이에 대한 하나의 대답이 될 수 있을 것이다. 그러나 이는 선결 문제의 오류를 범하는 것 같다. 왜냐하면 여전히 다음과 같은 질문을 계속할 수 있기 때문이다. 어째서 우리의 예술적 수용은 그러한 방식으로 작동하는 것인가?

물론 이에 대한 분명한 답은 우리의 관행이 예술적 훌륭함(혹은 훌륭함의 결여)을 추적하는 데에 잘 맞춰져 있다고 말하는 것이다. 감상자는 비평가가 진짜 작품들을 감상할 수 있도록 자신들에게 정보를 제공하고 자신들을 준비시켜주기를 원한다. 그러나 이 경우라면, 가장 우선시되는 것은 예술 작품의 성공 가치이며 그것이 감상자와 비평가가 관심을 가져야 하는 작품의 개별적인 수용 가치를 결정한다.

다시 말해 진정한 수용 가치를 갖는 경험이라는 것은 필요한 정보가 갖춰진 준비된 경험(informed and prepared experience)이다. 비평가는 그러한 경험이 가능할 수 있도록 감상자를 준비시킨다. 그러기 위해 비평가는 그럴듯하다고 생각되는 해석이나 분석이 지지되도록 작품을 기술하고 설명하기도 하고, 작품이 어떤 범주에 속하는지, 작품의 역사적(현대를 포함하여) 기원은 대개 어떤 맥락하에서 적절히 다루어지는지를 보여주기도 한다. 비평가는 이러한 방법들을 이용해 자신이 작품에 부여한 가치의 근거를 제시하는데, 이 방식은 감상자들 스스로도 이와 같은 비평적 과정을 되풀이해볼 수 있도록, 그리고 최선의 경우에는 비평가로부터 영감을 받아 감상자가 자신만의 경험의 근거 위에서 더 풍부한 비평적 과정을 겪을 수 있도록 하려는 것이다.

작품의 경험은 필요한 정보가 갖춰진 준비된 경험이어야 한다. 감상자와 비평가의 중요한 관심은 똑같이 작품에서 무엇이 가치 있는 것인가 하는 것이기 때문이다. 따라서 작품에서 무엇이 가치 있는지를 정확히 지적하는 것이 비평가가 해야 할 우선적인 일이다. 수용의 측면에서 말하는 작품에 대한 적절한 경험도 그 작품의 가치를 지향해야 할 필요가 있다. 그렇기 때문에 작품의 성공 가치를 결정하는 것, 아니면 적어도 작품의 성공 가치의 한 부분에 대해서라도 통찰을 제공하는 것이 비평가가 가장 먼저 해야 할 일이다. 바로 이렇게 함으로써 비평가는 감상자를 도와 작품으로부터 적절한 수용 가치를 얻도록 할 수 있다. 즉, 비평과 적절히 연계된 수용 가치는 작품의 성공 가치와 관련되어 있는 것이다. 성공 가치는 수용 가치의 결정에 선행하는 것이다.

이렇게 작품의 성공 가치를 강조하기는 하지만 나 역시 어떤 작품이 성공적일 경우 그것이 우리가 수용 가치라 부르는 것, 즉 필요한 정보가 갖춰진 준비된 경험을 할 수 있도록 기반을 제공한다는 바로 그 이유 때문에 성취를 이뤘다는 것을 부인하는 것은 물론 아니다. 그럼에도 불구하고 성공 가치를 주된 관심으로 하는 시각에서 보면, 비평가가 이러한 경험의 가치를 어떤 식으로 이해해야 하는지와 관련해서 다음과 같은 질문이 사라지지 않고 있다.

예술가는 가치 있는 경험을 위한 기회를 제공하는 그 무언가를 그저 되는대로 만들어내는 것이 아니다. 예술가는 어떤 확실히 정해진 경험이나 특정 범위의 경험들을 이끌어내기 위해 혹은 적어도 그러한 경험들과 양립할 수 있도록 예술 작품을 디자인한다. 건축가는 신자들의 시선이 천상으로 향하게 하기 위해 교회의 첨탑을 하늘 높이 올린다. 준비된 감상자에게 특정한 경험을 유발하게 하거나 그런 경험을 할 수 있도록 북돋아주는 것이 곧 작품의 핵심이거나 목표이거나 목적의 일부이다. 예술가가 자신의 예술적인 구성을 통해 의도했던 경험을 산출하는 데 성공한 경우, 바로 그러한 경험을 이끌어내는 작품의 함량이 곧 작품이 이루어낸 성취에 속하는 것이다. 따라서 최소한 비평가가 하는 일이 작품을 제작하면서 예술가가 의도적으로 성취하고자 했던 것을 비중 있게 고려하는 것이라면, 작품이 감상자나 독자가 가치 있다고 여길 경험, 정보가 갖춰진 준비된 경험을 이끌어낼 함량이 있는지의 여부가 비평적 관심의 대상이 된다.

작품에 대한 비평의 많은 부분은 사람들이 그 작품으로 의도했던 것이 무엇인지와 관련되어 있다. 여기서 의도와 관련이 있는 사람은 예술가이며, 예술가는 대부분의 경우에 감상자가 작품으로부터 긍정적인 경험을 얻도록 의도한다.* 그러므로 작품이 감상자에게 의도된 수용 가치를 전달한다면, 이러한 성취는 결국 작품의 성공 가치로부터 나온 것이다. 예술 작품은 **인공물**이며 따라서 인공물로서, 즉 그것이 무엇을 하기 위해 만들어진 것인지와 관련하여 평가받아야 한다.

어쩌면 수용 가치보다 성공 가치가 기본적이라는 가설을 더 진전시키는 또 하나의 방법으로 다음의 유비를 고려해볼 수도 있겠다. 어떤 야구 경기를 생각해보자. 맞붙는 두 팀 모두 공격과 수비 모두에서 최고의 실력을 발휘하고 있다. 또한 모든 선수들도 최정상급 수준에 도달해 있는 능력을 발휘하고 있다고 해보자. 이 경기는 야구 역사상 최고의 경기로 여겨질 것이다.

이제 이와 같은 경기가 두 팀 선수들만이 참여하는 경기라 생각해보자. 말하자면 이 경기에는 관객이 전혀 없는 것이다. 이 이유

* 물론 모든 경우에 그렇다는 것은 아니다. 전사들의 가면과 방패처럼 일부 예술 작품들은 부정적인 경험 — 적들에게 불러일으켜지는 공포감 — 을 이끌어내려는 의도를 가진다. 예를 들어, 겔(Alfred Gell)의 책 *Art and Agency* p. xxiv에 수록된 아스맛(Asmat)족의 방패를 보라.

로 인해 이 경기가 야구로서의 가치를 덜 가지게 되는 것일까? 아마도 그렇지는 않을 것이다. 왜냐하면 경기의 가치는 무엇보다도 선수들이 무엇을 했느냐에 달려 있기 때문이다. 사실 관객이 취하게 되는 야구 경기의 수용 가치는 그 자체로 선수들이 무엇을 달성하느냐에 달려 있다. 만약 야구에서 이와 같다면 예술 작품이라고 해서 달라질 이유가 있을까?

3. 예술가의 의도와 비평적 평가 사이의 관련성 제1부*

비평가는 예술가가 예술 작품을 제작하면서 무슨 일을 했는지 혹은 하고 있는지에 초점을 둔다. 다시 말해, 비평가는 예술가가 한 일을 하나의 행위(action)로 간주한다. 행위는 반사적인 반응이나 발작과는 달리 결국 의도적인 행동이다. 의도는 행위자가 수행하는 행위가 정확하게 어떤 것인지를 결정하는 데 관련된다. 이 사실은 인간이 하는 다른 모든 일에서와 마찬가지로 예술 작품의 창작에 대해서도 적용된다. 비록 예술가가 명시적으로 우연적인 수단을 통해—잭슨 폴록(Jackson Pollock) 식으로 물감을 떨어뜨리거나 존 케이지(John Cage) 식으로 괘(卦)를 던지거나 해서—자신의 작품을 만들어냈다고 하더라도 바로 이러한 결정 절차를 택한 것은 그 자체로 의도적이다.

예술가가 성취한 바를 평가하기 위해 비평가가 해야 하는 일 중 하나는 예술가가 무엇을 하려 했는지를 확인하는 일이다. 즉, 예술가

* 내가 이것을 '제1부'라고 부르는 이유는 예술가의 의도에 대한 또 다른 이슈들이 예술 작품의 해석과 관련하여 나타나기 때문이다. 나는 이들을 다음 장에서 다룰 것이다. 이번 장에서의 우리의 주제는 예술적 의도가 평가와 관련하여 어떤 역할을 수행하는가이다.

가 한 일을 평가하기 위해 비평가에게는 예술가가 무엇을 하고 있었는가에 대한 인식이 요구된다. 예술가가 무엇을 하고 있었는가—예술가가 어떤 행위 혹은 행위들을 수행하고 있었는가—는 물론 예술가가 가진 의도와 연결되어 있고, 따라서 이런 당연한 이유로 그것을 예술적 의도(artistic intention)라고 부르는 것이 마땅하다.

비평을 통해 비평가는 예술가의 작품을 평가한다. 예술가는 자신의 솜씨와 예술적 기교를 통해 예술 작품을 창작한다. 비평가의 관점에서 볼 때 예술 작품은 예술가의 작품이다. 다시 말해, 예술 작품은 자신이 예술가를 대리하는 것(artist's agency)임을 보여주고 있다. 이러한 작품—이러한 행위, 이러한 대리물—의 가치를 평가하기 위해 비평가는 자신이 대면하고 있는 의도적인 기획이 무엇에 상당하는 것인지를 예측해야 한다.

일군의 사람들이 방망이와 공 그리고 가죽 글러브를 가지고 무엇을 성취하는지를 밝히기 위해서는 우선 필수적으로 나는 그들이 럭비 같은 다른 어떤 야외 경기가 아니라 야구를 하려고 의도한다는 것을 알아야 한다. 유사하게 애거사 크리스티(Agatha Christie)의 추리소설을 평가하기 위해 나는 그것이 고전적인 탐정소설이지 심층 심리학적인 성격 연구 소설이 아니라는 것을 인식해야 한다. 예술가가 의도한 바—예술가가 의도한 활동의 영역—를 안다면, 비평가와 감상자에게는 그 작품을 이해하고 따라가는 데 도움을 주는 일단의 예측이 제공되는 셈이다. 그러나 예술가가 무엇을 의도하고 있는가를 알게 되면 우리는 또한 예술가가 달성하고자 한 작품의 목적에도 접근할 수 있게 되는데, 이를 통해서도 비평가에게는 검토되는 작품의 성취를 가늠할 하나의 중요한 잣대가 제공된다.

행위자의 행위 이면에 있는 의도를 지적하는 것은 그것이 어떤 행위인가를 확인하는 데 결정적이다. 체커 게임 판에 말들이 배치되어 있고, 내가 만약 아무 생각 없이 그 판에서 말들을 정리하려 했을 뿐인데, 우연하게도 내가 한 일련의 움직임들이 붉은 말을 가진 쪽이 그 게임을 이기려면 해야 하는 수와 일치한다 하더라도 나는 그 체커 게임(내가 나를 상대로 혼자 하는 체커 게임이라 치자)을 이긴 것이 아니다. 왜냐하면 내가 말들을 움직이려고 의도한 것은 사실이라 해도 그것으로 체커 게임의 수를 두려고 의도한 것은 아니었기 때문이다.

마찬가지로, 탈규범적이며 관습을 깨는 전위적인 영화를 제작했다고 에드 우드를 칭찬하기 전에 우리는 그것이 그가 의도한 바였는가를 재확인할 필요가 있다. 왜냐하면 만약 그가 다른 것을 목표로 삼았다면, 즉 「지구 최후의 날」* 같은 세련된 할리우드 공상과학영화를 만드는 것을 목표로 했다면, 마땅히 따라와야 할 것은 칭찬이 아닐 것이기 때문이다. 즉 만약 그것이 우드의 목표였다면, 「외계로부터의 9호 계획」은 분명히 실패작이기 때문이다.

예술가의 의도와 작품에 대한 평가 사이의 관련성에 대해 내가 여기서 강조하고자 하는 바는 아마도 대부분의 독자들에게는 다소 상식적인 것으로 들릴 것이다. 결국 행위자의 의도에 대한 고려는 우리가 일상생활에서 다른 사람들의 행위를 확인하고 평가하는 데 중요한 부분이 아닌가? 예술가가 행위자가 되고 그의 대리물이 그의 예술적 기교라고 해서 달라질 것이 무엇이 있겠는가? 만약 일상적인 말과 행동을 이해하고 평가할 때 의도가 관련된다면, 그 말과 행동이 예술가의 것일 때에도 의도가 관련되어야 한다는 것이 합당하다.

그러나 소위 "의도주의의 오류(Intentional Fallacy)"라고 총칭되는 강력하고도 영향력 있는 논증들이 있는데, 이 논증들은 예술적 의도가 예술 작품의 평가와는 무관한 것임을 보이도록 고안된 것들이다.[8] 그 첫 번째 부류는 우선 의도가 접근 불가능(inaccessible)하다는

* 「The Day the Earth Stood Still」: 로버트 와이즈 감독의 1951년 작품으로 세련된 시각효과와 반전 메시지가 돋보이는 공상과학영화의 고전 중 하나. 2008년에 같은 제목으로 리메이크되기도 했다.

근거를 들어 예술가의 의도는 비평의 영역 밖에 있는 것으로 선언한다. 이것을 접근 불가능성 논증이라고 부르자. 두 번째 부류는 평가 과정에서 예술가의 의도를 인정하게 되면 일종의 악순환에 빠질 수밖에 없다고 주장한다. 이것이 순환성(circularity) 논증이다. 그리고 세 번째 부류는, 비평적 평가는 예술가가 성취한 것과 관련되어 있지 예술가가 성취하려 시도한(혹은 그렇게 의도한) 것과 관련되어 있지 않기 때문에 예술가의 의도는 비평적 평가와 무관하다고 지적한다. 지옥으로 가는 길은 선한 의도로 포장되어 있다는 말처럼, 즉 사악한 행위도 그 의도만큼은 선한 것일 수 있는 것처럼 보잘것없는 작품도 그 의도만큼은 그럴듯한 것일 수 있기 때문이다. 우리는 이것을 성취(achievement) 논증이라고 이름 붙일 수 있다.

이 논증들에는 서로 겹치는 부분이 있다. 이러한 논증들에 맞서기 전에 이것들을 좀 더 자세히 설명하도록 하겠다.

접근 불가능성 논증은 의도란 예술 작품으로부터 유리된 것이고 비평가가 활용할 수 없는 것임을 전제한다. 우리 앞에는 작품이 있고 의도는 다른 어딘가에, 즉 예술가의 머릿속이건 그 근처건 하여간 어디가 되었든 우리가 도달할 수 없는 곳에 존재한다. 이 전제는 예술가가 살아 있든 죽었든 적용된다. 하지만 죽은 예술가에 대해서는 이것이 특별히 더 문제가 된다.

호머가 의도했던 바를 누가 실제로 아는가? 그는 어디에도 자신의 의도를 기록하지 않았다. 이는 셰익스피어에게도 마찬가지이고, 『길가메시』°나 『베어울프』◆ 등과 같은 작자 미상의 작품들의 경우에는 말할 필요도 없다. 특별히 예술가의 마음속에서 벌어지는 일이 아니더라도 일반적으로 타인의 마음속에서 벌어지고 있는 일에 대해

° 「Gilgamesh」: 세계에서 가장 오래된 고대 메소포타미아의 서사시.

◆ 「Beowulf」: 고대 영어로 된 작자 미상의 영웅 서사시.

우리가 과연 확신을 가지고 알 수 있을까?* 또한, 많은 예술가들은 괴짜들이다. 그들은 자신들이 하고 있는 일에 대해 별의별 믿음을 다 가지고 있다. 이러한 의도는 너무나 불가사의해서 그 누구도 그들의 작품을 근거로 해서는 그 의도를 추측해낼 수 없을 것이다. 내가 알기로 스크랴빈은 「태양에 대한 승리」°의 결말로 세계의 종말을 불러오기를 의도했다고 한다. 제아무리 온정적 해석(interpretive charity)을 그 근거로 삼는다 하더라도 어떤 작곡가에게든 이런 기이한 생각을 귀속시킬 사람은 없을 것이다.

순환성 논증은 접근 불가능성 논증과 무관하지 않다. 순환성 논증 역시 비평가가 예술가의 의도에 직접적으로 접근하는 것이 가능하지 않다고 전제한다. 그러므로 이 전제에 따르면 예술가의 의도를 예측하기 위해 우리는 전적으로 작품에 의존할 수밖에 없다. 결과적으로, 우리는 작품이 곧 예술가가 그 작품을 의도한 방식이라고 추론해야 할 것이다. 예를 들어, 만약 작품이 지루하다면 우리는 그것이 지루하도록 의도되었다고 추론해야 할 것이다. 그런데 만약 우리가 작품의 목적을 가장 근사하게 추정하여 이를 가지고 해당 작품을 평가하는 척도들 중 하나로서 활용하려 한다면, 그 지루한 작품은 지루하게 하려는 예술가의 의도(우리는 이러한 의도를 그 작품이 어떠한지를 보고 추론하였다)를 실현한다는 이유로 성공작이라고 해야 할 것이다.

* 게다가 비평가가 작품의 수용 가치에 관심을 가져야 한다는 생각에 호의적인 사람들은 다음과 같이 덧붙일 것 같다. "궁극적으로 중요한 것은 우리 감상자에게 미치는 영향인데, 우리가 왜 예술가의 의도에 신경을 써야 하는가?"

° 「Victory over the Sun」: 1913년에 초연된 러시아 미래주의 오페라. 캐럴은 여기서 자신이 스크랴빈(Alexander Scriabin)을 거론한 것은 착각이며, 실제로 의도했던 인물은 이 오페라의 프롤로그를 쓴 미래주의 시인 클레브니코프(Velimir Khlebnikov)였음을 역자와의 교신에서 밝혔다.

다시 말해, 만약 작품이 예술가의 의도에 접근하는 유일한 수단이고, 의도는 그 외에 어떤 다른 방식으로도 알 수 없는 것이라면, 작품과 그 작품에 근거해 거기에 귀속시킨 의도 사이에는 소위 충분한 거리가 존재하지 않게 될 것이다. 작품이 지루하기 때문에 이 작품은 지루한 것으로 의도되었다고 할 수 있다. 이것이 함축하는 바는 지루함이 예술가가 생각한 핵심이라고 상정하는 한 이 작품은 최소한 그 자체 기준으로는 성공작으로 보아야 한다는 것이다. 하지만 이것은 분명히 순환적이며, 동시에 불행하게도 이것은 우리가 특히 작품 자체의 기준으로는 어떠한 예술 작품에 대해서도 결코 실패작이라고 선언할 수 없음을 함축하는 것으로 보인다.

연관된 맥락에서, 만약 예술가의 의도가 비평적 평가와 관련된다면 이는 예술가에게 너무 많은 권한을 주는 것이라는 지적이 있을 수 있다. 왜냐하면 비평적 찬사를 듣기 위해서라면 예술가는 단지 자신의 의도를 아주 낮게 설정하기만 하면 되기 때문이다. 무용수가 포스트모던한 야망 같은 것은 전혀 없이 자신의 의도는 단지 몸을 구부려 자동차 열쇠를 주우려는 것이었다고 표명한 경우를 상상해보자. 이 무용수가 그 행동을 완수하기만 하면 그녀는 우리의 상찬을 받을 자격을 가지는 것인가? 이러한 결론을 피하는 유일한 방법이 곧 예술가의 의도와 비평적 평가 사이의 관련성을 부정하는 것인 듯 싶기도 하다.

그러나 내가 보기에 이러한 우려는 두 가지 이유에서 과장된 것이다. 첫째, 예술가들은 대개 매우 전형적으로 범주—장르나 사조 같은—와 연관된 작품들을 창작하므로 몸을 성공적으로 구부리는 정도보다는 더 강력한 야망을 가지는 것이 보통이다. 둘째, 실제로 예술가들이 목표를 낮게 잡는 경우는 드물다. 오히려 예술가들은 낮은 목표보다는 대개 더 높은 목표를 달성하려 한다. 멜 브룩스의 「제작자들」* 같은 상황이 하나의 반례라고 생각될 수도 있겠지만, 이 작품에서 의도적으로 형편없는 작품을 만들고자 하는 사람은 예술가가 아니라 제작자라는 점, 그리고 더 나아가 완전히 실패하도록 의도된 뮤지컬을 만든다는 것은 앞뒤가 맞지 않는다는 점이 바로 이 작품이 코미디가 되는 이유임을 상기해보자.

마지막 논증인 성취 논증도 순환성 논증과 마찬가지로 작품과 예술가의 의도 사이에 거리가 필요하다는 것을 우리에게 상기시켜 준다. 하지만 이 논증은 다른 관점에서 이 문제를 다룬다. 예술가들은 종종 자신들의 작품에 대해 대담한 포부를 품지만 매우 빈번하게 실패한다. 많은 예술가들은 자신들의 의도를 완전히 실현해본 적이 없다고 증언한다. 작품의 제작을 통해 작가들이 달성하려고 의도했던 바와 그들이 실제로 달성한 것 사이에는 간극이 있다. 대부분의 예술 작품은 종종 창작자의 기대에 미치지 못한다.

하지만 예술 작품을 평가할 때 비평가는 예술가들이 하려고 의도했거나 하길 바랐던 것이 아니라 그들이 성공한 것에 주의를 기울여야 한다. 즉, 비평가는 예술가들이 성취하려 시도했던 것이 아니라 성취한 것에 관심이 있다. 비평가는 노력했다고 A 학점을 주지는 않는다. 성취한 것만으로 A 학점을 부여해야 한다.

많은 사람들이 지금까지 살펴본 논증들을 설득력 있는 것으로 여겨왔다. 그러나 내가 보기에는 이 논증들이 통상 여겨지는 것만큼 결정적인 것 같지는 않다.

예술가의 의도가 접근 불가능한 것이라는 주장은 지나치게 과장된 것이다. 비록 우리가 모든 경우에 절대적인 확실성을 가지고 다른 사람들의 의도를 확신할 수는 없다고 해도 일상생활에서 우리는

* 「The Producers」: 코미디언 출신 감독 브룩스(Mel Brooks)의 1968년 코미디 영화(2001년 뮤지컬로도 만들어짐)로, 프로듀서가 재정적인 이익을 위해 일부러 실패하는 쇼를 만들고자 하는 내용을 담고 있다.

실제로 다른 사람들의 의도를 찾아내는 일을 아주 잘한다. 진화심리학자들이 일컫는 바 마음 읽기(mind reading)라고 하는 것은 인간이 자연도태를 통해 물려받게 된 가장 중요한 강점들 중 하나다. 누군가 핫도그 판매대에 줄을 서면 파는 이는 그 사람이 핫도그를 사려는 것을 알아챈다. 내 비서가 문을 두드리면 나는 그녀가 무엇인가에 내 서명을 필요로 한다고 추론한다. 주차장에서 내 자리 뒤에 멈춰선 차가 내가 차를 빼기를 기다리고 있다. 나는 그 운전자가 내가 나간 자리에 주차하고 싶어 하는 것이라고 추측한다.

우리는 밤낮으로 우리와 함께 살아가는 다른 사람들의 마음을 계속해서 읽고 있는데, 놀라우리만치 많은 경우 우리의 추정은 정확하다. 다른 사람들이 무슨 생각을 하는지 전혀 알 수 없는 경우는 드물다. 틀리는 경우도 많이 있지만, 우리 대부분은 맞는 경우가 틀리는 경우보다 훨씬 더 많다. 만약 이렇지 못했더라면, 우리의 삶은 물론이고 인간의 삶 전반이 아마 오래 지속되지 못했을 것이다. 하지만 우리가 일상생활에서 타인의 의도를 그렇게나 잘 이해한다면, 왜 예술에 대해서는 그러지 못한다고 가정하는가?

접근 불가능성 논증의 주장에 따르면, 의도란 타인의 마음속에 존재하는 것으로서 비평가의 조사로는 찾아서 드러낼 수 없는 것이다. 그러나 의도는 일상생활에서 그런 식으로 숨겨져 있지 않다. 오히려 우리는 의도에 쉽게 접근하고 있는 것처럼 보인다. 그렇다면 왜 예술의 경우에는 사정이 달라야 하는가?

접근 불가능성 논증의 옹호자는 우리더러 죽은 저자의 의도 혹은 작자미상 작품의 저자의 의도를 찾아내는 문제를 상기하라고 할 것이다. 하지만 여기서도 마찬가지로 예술에만 어떤 특별한 문제가 있는 것이 아니다. 역사학자, 인류학자, 고고학자 같은 경우에서 보듯이, 우리는 과거의 사람들에 대한 기록되지 않은 의도를 결정하는 일을 자주 하고 있음을 알고 있다. 우리는 이러한 일에 어떤 잘못이 있다고는 생각하지 않는다. 그러므로 기록되지 않은 의도에 대한 역사학자, 인류학자, 고고학자의 연구에는 의심의 눈길을 보내지 않으면서 왜 예술비평가는 그런 학자들이 마주치는 것보다 더 크고 근본적인 난관에 봉착할 것이라 생각하는지 다시 질문을 제기할 수 있다.

우리가 마음을 읽는 데 아주 능숙하다고 주장은 하면서도 그것이 어떻게 일어나는 것인지는 제대로 설명하지 않고 있으므로 여기서 내가 하는 말들은 그저 장광설을 늘어놓는 것이라고 일축할 수도 있겠다. 이것이 신비로운 방식으로 일어난다는 것이 내 생각인가? 만약 이것이 마술과 같이 일어나는 것이라고 생각한다면, 나는 제대로 된 근거를 가지고 있지 않은 셈이 된다.

그러므로 당연히 나는 마음을 읽는다는 것이 작동하는 방식에 어떤 마술적인 것이 있다고는 전혀 생각하지 않는다. 우리가 일상생활에서 함께 살아가는 사람들의 마음을 어떻게 읽는가를 여기서 다룰 수는 없지만, 예술 작품을 만났을 때 예술가의 의도를 어떻게 확인하는가에 대해서는 몇 가지 이야기를 해볼 수 있다.

예술가의 의도에 접근하는 한 가지 중요한 길은 예술가가 이미 알려진 범주에 속하는 작품을 만들어낸다는 것과 관련되어 있다. 다시 말해, 예술 작품은 일반적으로 장르, 양식, 예술 사조, 시대, 한 작가의 전체 작품 등과 같은 범주들에 속해 있으며, 계보와 전통을 가지고 있다. 비평의 대상이 된 작품은 그 작품이 속할 것이라고 추정되는 부류에 드는 다른 작품들과 공유하는 특징들을 가지고 있을 것인데, 다른 방법들도 있겠지만 대개 우리는 그러한 공통점이 몇 개나 되는지, 얼마나 두드러지는지 등을 계산하여 해당 작품이 어떤 유형(혹은 유형들)에 속하는지를 결정할 수 있다.

공공연하게 알려진 특정한 목적들, 예컨대 부르주아들에게 도발하려는 목적이나 기독교적 덕성을 기르려는 목적 같은 것들로 인해 서로 다른 유형의 예술 작품들이 만들어지는 것은 당연하다. 게다가 예술가들이라면 일반적으로 자신의 작품이 감상자들에게 잘 받아들여지기를 원하는데, 이를 위해서는 자신의 작품이 속한 범주 또는 전통을 강조하거나 최소한 불명확하게 만들지는 말 것과 작품이 속한 예술 유형이 가지고 있는 기존 의제(혹은 의제들)를 준수할 필요가 있음을 가정하는 것이 적절해 보인다.

그러므로 만약 예술가가 충분히 인정된 예술 범주나 전통이나 부류의 특징들을 보여주는 작품을 창작한다면, 예술가들은 감상자들에게 다가가고 싶어 하며 연결되길 원하는 사람들이라는 기본 가정에 따라 우리는 그 예술가의 의도는 자신의 작품을 통해 그러한 범주나 전통이나 부류와 관련된 목적을 추구하는 것이라고 추정하게 된다.

인정하다시피 이러한 과정에서 아무런 오류도 발생할 여지가 없다는 것은 아니다. 하지만 오류가 있을 수 있다는 사실이 예술가의 의도가 언제나 접근 불가능하다는 주장을 구제해주기는 어렵다. 때때로, 아니 매우 자주 예술가의 의도는 접근 가능하다. 그리고 앞서 살펴본 과정은 왜 그러한 의도가 생각보다 상당히 많은 경우에 접근 가능한지를 설명해준다.

이런 방식대로라면 예술가들은 전형적으로 최소한 하나의 의도는 가지고 있다는 것이 내가 요청하고 있는 전제임을 아마도 충분히 알아차렸을 것이다. 그 하나의 의도란 감상자들과 접촉하거나 의사소통하거나 그들로부터 이해를 구하고자 하는 의도인데, 내가 이것을 예술가들에게 거의 자동으로 귀속시키는 듯 보였을 것이다. 이러한 의도가 있어 예술가들은 자신들의 작품이 속한 범주나 전통(그리고 그에 따른 자신들의 핵심이나 목적)을 강조하려는 성향을 이미 갖고 있는 것이 된다. 이러한 가정, 즉 대부분의 예술가들이 거의 언제나 감상자들, 특히 비평가들과 관계를 맺고자 한다는 가정이 정말로 그렇게 불합리한 것인가?

물론 전술한 내용이 우리가 예술가의 의도를 알게 되는 유일한 방법인 것은 아니다. 가장 확실하게는 예술가 자신으로부터 작품과 관련된 의도를 들을 수 있고, 이 사실을 포함하여 다른 많은 방법들이 존재한다. 소설의 경우, 19세기 말까지는 저자가 자신의 의도를 진술한 머리말을 쓰는 경우가 자주 있었다. 오늘날에는 인터뷰가 종종 예술 전반에 걸쳐 그와 동일한 기능을 상당 부분 수행하고 있다. 또한 가장 과격한 아방가르드 작품은 일반적으로 선언문 같은 것을 동반한다.

많은 주석가들은 예술가 스스로가 표명한 의도를 일축하는데, 이는 예술가가 자신의 의도를 숨기려 할 수도 있다는 이유에서이다. 하지만 우리의 이해를 돕기 위해 다시 한 번 이 경우를 일상생활에서 벌어지는 일과 비교해볼 필요가 있다.

사람들은 늘 자신들의 의도에 대해 거짓말을 한다. 하지만 많은 경우 우리는 사람들의 거짓말을 꽤나 잘 알아차리는데, 특히 거짓말쟁이가 의도라고 말한 것이 그 자신의 행동과 일치하지 않을 경우에 그렇다. 이와 마찬가지로 표명된 의도가 예술 작품에 나타난 바와 부합하지 않아서 제정신을 가진 사람이라면 누구건 해당 작품은 그러한 의도를 가질 수 없다고 생각하게 되는 경우, 우리는 예술가의 가식을 밝혀낼 수 있다. 이러한 이유에서 과도하게 잔인한 영화를 만든 제작자가 실제로 자신이 의도한 것은 사회에서 행해지는 폭력을 단념케 하려는 것이었다고 주장하는 경우, 우리는 자주 이를 받아들이지 않으며 이는 정당하다.

저자가 표명한 것을 의심하는 근거는 저자가 대놓고 거짓말을 할 수도 있다는 것인데, 이와 관련된 또 다른 우려는 저자가 자기 기만적일 수도 있다는 것이다. 저자는 자신의 의도가 이러저러한 것이라고 말하지만 무의식적인 의도는 그와 다를 수 있다. 그러나 무의식적인 의도도 여전히 의도이고, 그러한 의도를 밝히는 것도 여전히 의도주의의 한 형태이다. 게다가 일상생활에서 우리는 자주 당사자가 부인하는 경우에도 다른 사람의 무의식적인 의도를 매우 잘 밝혀낸다는 것이 분명하다. 아이다호 주 상원의원 래리 크레이그가 미네아

폴리스 공항 화장실에서 저지른 성 추문 사건 같은 경우를 보라.* 왜 예술 작품의 창작과 관련된 무의식적 의도는 원칙적으로 더 밝혀내기 어렵다고 가정하는가?

내가 여기서 예술가의 의도와 관련해 지지하고 있는 입장에 대해 제기될 만한 또 다른 반론은 나의 입장이 예술 작품의 정체성을 규정하는 데 있어 예술가에게 너무 많은 권위를 부여하는 것처럼 보인다는 것이다. 작품이 속하는 범주를 예술가가 결정해서는 안 된다는 것이다. 어쩌면 그러한 결정권은 감상자에게 있어야 한다고 주장할 수도 있다.

그러나 내가 보기에는 예술가로 하여금 자신이 어떤 영역에서 활동하는지를 선택하도록 하는 데는 아무런 문제가 없다. 단, 예술가가 거짓말을 하거나 자기 기만적이거나 혼동하고 있다고 믿을 만한 합당한 이유가 있다면 우리가 예술가 자신의 의도에 대한 명시적 주장을 거부할 수는 있어야 한다. 실제로 예술가의 의도를 확인할 때, 일단 예술가 자신에게 다른 증거가 나올 때까지는 초견적인(*prima facie*) 결정권을 허용하는 것은 내가 보기에 전혀 이상하지 않다. 일상생활에서 동료들이 무엇을 하고 있는 것인지 잘 모르겠다고 느낄 때 그들에게 뭘 하고 있는 거냐고 묻는 일은 바로 최소한 이러한 초견적 결정의 권한은 그들에게 있음을 인정하는 것이 아닌가?

접근 불가능성 논증에 답변하게 된다면, 순환성 논증에 대한 답변도 준비하고 있는 셈이 된다. 순환성 논증에 따르면, 만약 우리가 예술가의 의도에 직접적으로 접근하지 못한다면—말하자면 뇌를 직접 들여다보는 것이 아니라면—예술 작품이 곧 의도에 대한 유일

* 2007년, 공화당 크레이그(Larry Craig) 상원의원이 즉석에서 만난 파트너와 공공장소에서 벌이는 성행위를 단속하기 위해 화장실 칸막이 안에 잠복근무 중이었던 형사에게 바로 그러한 행위를 할 '의사'가 있음을 표시하는 신호(칸막이 안으로 발을 넣는 등)를 하여 체포된 사건.

한 증거이다. 다른 어떤 단서도 없기 때문에 우리는 그 작품이 바로 예술가가 의도한 바라고 추정해야 한다. 하지만 만약 우리가 그 작품이 어떤지를 보고 예술가의 의도가 어떤 내용이었는지를 파악한다면, 작품과 의도를 비교한다는 것은 기본적으로 해당 작품에 근거해 바로 그 작품을 평가하는 것이 된다. 이것은 당연히 순환적이다.

하지만 깨기 어려운 순환은 아니다. 비록 우리가 예술가의 의도에 소위 직접적인 접근은 하지 못한다 해도 우리는 그러한 의도에 대해 수많은 간접 증거들을 가지고 있다. 접근 불가능성 논증에서 보았듯이, 예술 작품들은 양식, 사조, 경향, 한 작가의 전체 작품, 전통 등과 같은 범주들에 속하는 것이기에 우리는 해당 작품을 하나의 적절한 범주에 위치시킴으로써 예술가의 의도를 파악할 수 있기 때문이다.

마찬가지로, 작품 그 자체가 아니더라도 예술가의 의도를 확정하기 위한 외적 증거에는 진실한 인터뷰나 진술, 일기, 선언문 등이 포함된다. 뿐만 아니라 다른 작품들, 즉 해당 예술가의 전체 작품들, 같은 시대의 작품들, 뜻을 같이했던 그룹이나 동료들의 작품들과의 비교도 포함된다. 이러한 요소들을 포함한 많은 것들에 근거하여 우리는 예술가가 가졌음직한 의도를 그려낼 수 있고, 또한 예술가가 작품을 통해 그러한 의도를 충족시켰는지 여부도 확인할 수 있다.

여러 가지 방식으로 예술가의 의도에 대한 가장 중요한 증거가 되는 것은 아마 말할 필요도 없이 작품 그 자체일 것이다. 왜냐하면 예술가의 의도를 결정하기 위해 우리가 수집하는 작품 외적인 증거는 작품에 나타난 증거에 부합해야 하기 때문이다. 당연한 얘기지만 우리가 작품을 특정한 장르에 귀속시키려면 작품은 해당 장르의 특성들을 실제로 가지고 있어야 한다. 또한 의도에 대한 예술가의 증언을 받아들이기 위해서는 그가 말한 것이 해당 작품과 일관적일 것이 요구된다.

그러나 순환성 논증은 작품이 예술가의 의도를 전부 다 정확하게 표현하고 있다고 간주될 때에만 작품이 예술가의 의도에 대한 증거를 제공할 수 있다고 전제하고 있는 듯한데, 이는 잘못된 전제이다. 이는 마치 작품 자체로는 실패한 의도에 대한 증거를 제공할 수 없는 것처럼 말하는 것이다. 하지만 이는 전혀 그럴듯하지 않다. 어떤 행위를 관찰함으로써 행위자가 무엇을 의도하는가와 그가 그 행위를 하는 데 실패하고 있다는 것 둘 모두를 알 수 있는 경우가 자주 있다.

예를 들어 어떤 사람이 십자 나사의 머리 부분에 동전을 가져다 대는 것을 본다고 하자. 나는 그가 동전으로 십자 나사를 돌리려는 의도가 있었다는 것, 그리고 그와 동시에 그 의도대로 하는 데 실패했다는 것을 바로 알게 된다. 또 다른 예로, 공연을 본다고 해보자. 나는 등장인물들이 무슨 소리인지 알 수 없는 대화를 주고받다가 관객을 바라보며 눈을 찡긋거린 후, 다시 한 번 같은 대사를 반복하는 것을 본다. 나는 그때야 비로소 그 말이 안 되는 대사로 관객을 웃기고자 했던 그들의 의도를 인식하게 되지만, 또한 동시에 그것이 제대로 되지 못했다는 것도 알게 된다. 결론적으로, 우리는 앞서 작품 그 자체와는 독립적으로 예술가의 의도를 포착할 수 있게 해주는 작품 외적인 증거가 있음을 보았지만, 그것이 없었다 하더라도 작품 자체만으로 예술가의 의도와 그것의 실패에 대한 증거를 제공하기에 충분하므로 이 사실로써도 순환성 논증은 반박된다.

마지막으로, 비평적 평가가 예술가의 의도에 의존한다는 데 반대하는 사람들은 설령 우리가 예술가의 의도를 밝혀내는 방법들을 가지고 있다고 해도 왜 굳이 그래야 할 필요가 있느냐고 지적한다. 왜냐하면 비평적 평가는 예술가가 시도한 것이 아니라 예술가가 성취한 바를 평가하는 것이기 때문이다. 왜 우리가 예술가의 의도가 고상한 것이었는지 혹은 야심찬 것이었는지에 관심을 가져야 하는가? 비평가는 그러한 의도가 성공적으로 수행되었는지, 즉 그 결과에만 관심을 가져야 한다는 것이다.

이러한 논증, 즉 성취 논증은 예술가의 의도에 대해 비평가가 가지는 관심의 본질적인 부분을 오해하고 있다. 왜냐하면 우리가 여기서 살펴보고 있는 종류의 평가와 관련해서라면, 비평가는 예술가의 의도를 평가하는 것이 아니기 때문이다. 즉, 비평가는 예컨대 "오, 저것은 매우 훌륭한 의도이군." 같은 식으로 말하지 않는다. 오히려 비평가가 관심을 가지는 것은 예술가의 성취, 예술가의 대리물로서의 산출물, 또는 예술가가 해낸 것이다. 그럼에도 불구하고 예술가가 무엇을 했는가를 평가하기 위해서는 그에 대한 개념이 필요하다. 그리고 예술가가 한 것은 일련의 행위들이기 때문에 무엇이 행해졌는지를 기술하려면 이들 행위들을 구성하는 요소인 의도에 대한 언급이 포함되는 것이다.

의도가 비평에 개입하는 것은 예술가가 수행한 것이 무엇인지를 밝히려는 목적에서이다. 여기에는 암묵적이거나 내재적인 목표를 밝히는 것도 포함된다. 이 정보는 작품이 성공한 것인지 아닌지를 작품 자체만으로 판정할 때 사용될 수 있다. 그리고 그 판정은 비평가가 전체적으로 그 작품의 성취를 평가할 때 상당한 정도로 기여하게 될 것이다. 작품에서 무엇이 성취되었는가는 예술가가 무엇을 하였는지, 또는 예술가의 대리물이 얼마나 숙련된 것인지와 관련된 문제이다. 이것을 평가하기 위해서는 기저에 놓인 예술가의 의도를 파악하는 것이 필요하다. 이런 방식으로 예술가의 의도는 평가에 필수적인 요소로 관련을 맺는다.

앞에서 언급했던 사례로 다시 돌아가자면, 나는 에드 우드가 「외계로부터의 9호 계획」을 통해 할리우드 영화제작 규범을 위반했다는 것을 그의 성취의 일부로 추정할 수 없다는 입장이다. 왜냐하면 위반은 의도적 행위로 보아야 하고, 그렇다면 이는 그의 능력 밖에 놓인 일이므로 우드가 수행할 수 있었던 행위가 아니기 때문이다. 만약 한 행위가 누군가의 인식과 동기를 벗어나 있다면, 그것은 그 사람이 할 수 있는 일이 될 수 없다. 그러므로 이 경우 우드의 성취에 대한 특정 주장들을 반박하려면 우드가 가졌음직한, 혹은 실제로 가졌을 수도 있을 의도를 논의하는 것이 필요하다.

나아가 우드가 의도했던 바는 잘 만들어진 할리우드식 공상과학영화 같은 것이었다는 점을 보여주는 설득력 있는 논증이 있다면, 이 역시 「외계로부터의 9호 계획」이 완전한 실패작이라는 점을 확인하는 데 관련이 있게 된다. 많은 사람들이 우드의 치기에 웃어가며 즐거운 저녁시간을 보냈다 하더라도 이 작품이 실패라는 사실에는 변함이 없다. 그는 수준 높은 코미디를 성취한 것이 아니다. 그것을 의도하지 않았기 때문이다. 바보가 희극배우인 것은 아니다. 또한 에드 우드가 **실제로** 공상과학영화 제작을 의도했다는 이유만으로 그가 공상과학영화의 제작이라는 성취를 이루어낸 것도 아니다.

비록 비평가가 초점을 맞춰야 할 것이 예술가가 시도한 것이 아니라 예술가가 성취한 것이라 하더라도 예술가의 의도는 비평적 평가와 관련을 맺는다. 그런데 예술가가 성취한 바의 본질을 파악하기 위해서는 그 예술가가 자신의 행위를 통해 창작하고자 의도한 바에 대한 이해가 요구된다. 어떤 신출내기 추상 표현주의자의 성취를 평가하기 위해 당신은 그가 자신의 캔버스를 페인트 볼 표적이 아니라 회화로 의도했다는 것을 알고자 하는 것이다.

이러한 접근에 대해 이는 예술가가 수행하는 행위가 때로 의도치 않은 결과를 낳는다는 사실을 간과하고 있는 것이라는 반론을 제기할지도 모르겠다. 물론 이 지적은 사실이다. 하지만 예술가의 행위가 낳은 결과가 의도하지 않은 것이었음을 알기 위해서는 비평가는 그 예술가의 의도가 무엇이었는지를 알고 있어야 할 것이다.

이와 관련된 반론으로 다음과 같은 것도 있다. 경우에 따라 비평가는 예술가가 해놓은 것을 기술하거나 분석할 때 해당 작품이 창작될 당시 그 예술가에게는 알려지지 않았던 개념들을 동원하는 것이 적절하다는 생각을 할 수 있다. 예를 들어, 어떤 예술 작품을 성차별적이라고 부르는 것이 적절해 보이지만, 사실 그 작품은 그러한 개념이나 용어가 통용되기 전에 만들어진 것일 수 있다. 의도주의를 주장하게 되면 이렇게 매우 합리적인 비평 관행을 잘못된 것으로 중단시켜야 하는 것은 아닐까?

하지만 나는 그렇게 생각하지 않는다. 왜냐하면 어떤 일을 하는 것으로 기술(description)될 수 있는 일이 다른 기술 방식에 따르면 다른 일을 하는 것이 될 수도 있다는 데에 모순이 없기 때문이다. 이는 비록 그런 기술 방식이 적용 가능하다는 것을 미처 알지 못한 경우라 하더라도 그렇다. 예컨대 1920년대에 의도적으로 시가를 피우던 누군가를 폐암의 위험을 감수하고 있는 사람이라고 기술해도 될 것인데, 이는 이 흡연자가 자신에게 그러한 기술이 적용된다는 것을 몰랐다고 해도 상관없다. 마찬가지로, 오로지 남성 고객의 쾌락을 위해 의도적으로 여성의 벗은 몸을 그리는 과거의 예술가를 성차별주의자라고 기술해도 좋을 것이다. 비록 그 자신은 그 말을 이해할 수 없었겠지만.* 더 나아가 이렇게 성차별주의를 귀속시키는 것 자체가 이 화가의 의도를 어느 정도 인식하고 있다는 것임에 분명한데, 왜냐하면 비평가는 이 화가가 시도하고 있는 것이 아이러니는 아니라는 것을 확신해야만 그렇게 할 수 있을 것이기 때문이다. 이와 더불어 비평가는 이 화가가 음탕한 방식으로 여성의 신체를 보여준 것이 의도적이었다는 점, 그것이 우연이나 기량 부족의 결과가 아니었다는 점도 확신해야 할 것이다.[9]

비평의 대상은 예술가의 성취이다. 예술가의 성취라는 말로 나는 작품의 창작 과정을 통해 예술가에 의해 실행되어 분명하게 드러나게 된 효과적인 예술가의 대리물을 뜻한다. 즉, 성취란 작품이라는

* 더 나아가 이것은 비록 그가 성차별주의에 대해서는 아무것도 모른다고 하더라도 자신의 의도가 여성의 수동적인 신체를 드러냄으로써 남성의 성적 만족을 제공하려는 것이었다는 점은 바로 인정할 것이라는 사실과 완벽하게 일관성 있는 입장이다.

작업 결과를 통해 증빙되고 있는 작업 과정인 것이다. 이렇게 작품이 대리하여 보여주고 있는 예술적인 주체를 상술할 필요가 있으므로 우리는 그것을 관장하고 있는 관련된 의도가 무엇인지를 밝힐 필요가 있는 것이다.

의도에 반대하는 사람들은 이에 대하여 수행이나 과정으로 이해되는 예술가의 성취를 비평의 대상으로 삼는 것은 존재론적인 실수를 범하는 것이라고 불평할 수 있다. 왜냐하면 비평의 대상은 분명히 결과물로서의 작품, 즉 바로 작품 자체이지 예술가가 예술 작품에서 드러낸 과정이 아니기 때문이다.

이에 대해서는 두 가지 관련된 언급이 도움이 될 것 같다.

비록 존재론적으로는 예술 작품이라는 존재는 과정이 아니라 제작된 결과물로 봐야 함을 지지하는 이유도 있지만, 과정이라는 의미에서 예술가가 성취한 것이 비평의 대상이 된다는 내 말은 존재론적으로 어느 한 입장을 지지해야만 할 수 있는 말은 아니다. 비평의 대상을 예술 작품이라고 간주할 필요는 없다.[10] 왜냐하면 예술 작품이 작품을 통해 드러난 예술적 대리물과 같은 작품의 국면을 의미하는 것이 아니라 단순히 예술 작품 그 자체(the artwork *simpliciter*)를 의미하는 것이라면, 논리적으로 볼 때 후자는 오히려 비평의 대상이 아닐 수도 있기 때문이다. 사실 예술 작품을 전자와 같이 보는 것이 다른 견해들보다 우리의 감상 관행에 더 잘 들어맞는 것처럼 보인다. 왜냐하면 우리가 가장 먼저, 그리고 가장 중요하게 감상하는 것이 곧 작품에 들어 있는 예술가의 솜씨(artistry)이기 때문이다.

게다가 과정으로서의 예술과 결과물로서의 예술을 분리하는 것은 지나치게 걱정스러울 정도의 형이상학적 근엄함일 수도 있다. 왜냐하면 비평의 대상이 무엇인지에 대한 최선의 설명은 이상적인 경우 비평의 대상이란 그것의 존재론적인 위상을 어떻게 구성하건 예술 작품이라는 결과물이 보여주고 있는 효과적인 예술적 대리물—예술가의 성취가 드러나는 것—이기 때문이다.

4. 지금까지의 요약

이 장에서 나는 비평의 대상이 작품에 나타난 예술가의 성취라고 주장했다. 이전 장에서는 비평가의 역할이 예술 작품에서 가치 있는 것을 발견하는 것이라는 가정을 세웠다. 이제 이렇게 되면, 예술 작품에서 가치 있는 것이란 곧 예술가의 성취가 된다. 이러한 종류의 가치는 작품에서 예술가가 성취한 바와 불가분하게 연결되어 있으므로 성공 가치라고 불린다.

무엇이 되었건 예술 작품이 감상자에게 제공하는 긍정적인 경험과 직접적인 함수관계에 놓인 것이 예술 작품의 가치라는 주장이 나의 입장과 첨예하게 대조되는 견해이다. 이 접근에 따르면 예술적 가치의 원천으로 널리 인정되고 있는 독창성 같은 것이 가치로 인정되지 못한다. 따라서 그 이유만 가지고도 이 주장은 반박 가능한 것처럼 보인다. 이에 반하여 내가 말하는 성공 가치 접근은 예술 작품의 수용 가치에 대한 우리의 어떠한 논의도 수용할 수 있는데, 예술가가 자신이 목표로 삼는 감상자들에게 긍정적인 경험을 제공하는 작품을 만드는 데 성공했다는 사실도 일반적으로 예술가가 이루어낸 성취의 한 요소가 된다고 할 수 있기 때문이다.

작품의 가치를 작품의 성취를 매개로 해서 결국 예술가가 무엇을 하였는가에 둔다는 것이 함축하는 사실은 다음과 같다. 예술가가 정확히 무엇을 하였는가를 결정하기 위해 비평가는 예술가가 의도한 바에 대한 이해를 필요로 하는데, 바로 그만큼은 예술가의 의도가 예술 작품의 평가에 관련된다는 것이다. 일상적인 사건들에서 우리가 타인의 행위에 접근하는 전형적인 방식을 생각해볼 때, 이는 매우 분명한 사실로 보여야 마땅하다.

그러나 20세기의 대부분 동안, 그리고 오늘날에 이르기까지도 예술 작품을 평가할 때 예술가의 의도에 의존하는 것을 반대하는 논변들이 계속 있었다. 그중에는 접근 불가능성 논증, 순환성 논증, 성취 논증이 포함된다. 그럼에도 불구하고 이러한 논증들은 각각 약점들을 가지고 있다.

접근 불가능성 논증은 너무 과도하다. 이 논증은 삶에서건 예술에서건 의도는 끊임없이 그리고 지속적으로 불분명하다고 추정한다. 하지만 살펴본 바와 같이 삶에서든 예술에서든 의도가 그렇지 않다는 것이 분명하다. 순환성 논증은 주장하기를 만약 우리가 예술 작품의 이면에 있는 의도를 확인하기 위해 예술 작품을 사용하고, 그러고 나서 최소한 부분적으로라도 예술 작품을 평가하기 위한 척도로서 그 의도를 사용하려 한다면, 바로 그렇게 하는 한 우리는 사실상 작품에 근거하여 작품을(즉, 자신으로 자신을) 평가하는 악순환의 고리에 걸려든다는 것이다.

그러나 이 결과는 일단 우리가 다음과 같은 두 가지 사실을 깨닫게 되면 회피할 수 있다. 1) 우리는 예술가의 의도에 대한 외적 증거를 가진다. 2) 작품은 예술가의 의도에 대한 증거 그리고 예술가가 자신의 의도를 실현하지 못한 것에 대한 증거, 이 두 가지 모두를 제공할 수 있다. 이는 마치 농구 선수가 자유투를 넣지 못한 경우를 보면 우리가 그의 의도와 함께 그가 그 의도를 실현하는 데 실패했다는 것까지 바로 알게 되는 것과 마찬가지이다.

성취 논증은 비평가가 평가를 위해 주목해야 할 것은 작품에서 성취된 바이지 작품을 통해 시도되거나 의도된 바가 아니라는 점을 옳게 강조한다. 즉, 비평가는 의도가 아무리 고귀하거나 야심찬 것이라 해도 그러한 의도를 평가하는 것이 아니다. 이 점은 맞다. 하지만 이러한 사실 때문에 비평가의 시야에서 예술가의 의도에 대한 관심을 지워버릴 필요는 없다. 왜냐하면 예술가가 무엇을 했는지, 그리하여 그가 성취한 바가 무엇인지 알아내기 위해서는 비평가가 예술가의 의도를 파악할 필요가 있기 때문이다.

그러므로 예술가의 의도는 비평적 평가와 관련이 있다. 비록 비평가가 평가할 것이 의도 그 자체는 아니라고 하더라도 말이다. 다음 장에서 살펴보겠지만, 예술가의 의도는 예술 작품의 해석과도 관계를 맺는다. 하지만 이 주장에 대해서는 여기서 옹호한 예술가의 의도와 평가 사이의 관련성에 대해서보다 훨씬 더 많은 반대 논변들이 존재한다.

3장
비평의 부분들

1. 서론

"비평의 부분들"이란 한 편의 비평에 포함되는 구성요소들이 하고 있는 작업들을 의미한다. 비록 원칙적으로 이러한 작업들이 서로 완전히 독립적인 것이 아니고 상대가 무엇인지에 따라 서로 변하는 것이지만, 실용적인 구분은 해볼 수 있다. 이전 장에서 말한 대로 이 작업들에는 기술, 분류, 맥락화, 해명, 해석, 분석, 평가 등이 포함된다.

이 책에서 개진되고 있는 비평에 대한 나의 관점에 의하면 앞의 여섯 가지 절차들은 대개 마지막 항목인 평가를 위해 그 근거로서 기능한다.* 하지만 한 편의 비평이 이 모든 작업들을 다 하고 있어야 하는 것은 아니다. 내가 보기에 제대로 된 비평은 이 여섯 가지 작업들 중 최소한 한 가지를 포함하고 있어야 하고, 이와 더불어 물론 어떤 형태의 평가(함축적이든 명시적이든)를 하고 있어야 한다.

* 이 여섯 가지 절차들이 평가를 위한 근거로 기능하지만, 때로는 이들이 수사적 측면에서 평가와 동시에 나타나기도 한다. 가령 작품에 대한 기술이 평가적인 용어들로 이루어질 수도 있다. 예를 들어, "강하고 선명한 인물의 윤곽선을 보세요." 같은 식으로. 또 비평가는 "소나타 알레그로 형식의 훌륭한 전형"이라는 평가적인 용어를 사용하면서 한 음악 작품의 분류를 시도할 수도 있다. 하지만 전체적인 비평의 맥락을 보면 어떤 요소들이 평가에 어떻게 기여하고 있는지는 대체로 명확해진다.

비평이 위에 언급된 여섯 가지 중 최소한 한 가지를 담고 있어야 한다는 요구는 비평이란 **근거를 갖춘**(grounded) 평가라는 생각에서 연유한 것이다. 비평은 비평가의 판정을 지지해주는 기술, 맥락화, 분류 등에 기반을 두고 있다.

나아가 비평가가 작품에 관해 말할 때, 이 작업방식들 중 하나 이상을 동원해 예술 작품을 논의하지 않는다면 그의 언급은 거의 아무런 정보를 담고 있지 않게 될 것이다. 이는 그저 단순히 엄지를 추켜세우거나 아래로 향해 꺾는 제스처에 지나지 않을 것이다. 그렇기 때문에 비평가는 논리적인 이유에서뿐 아니라 수사학적으로 효과적인 커뮤니케이션을 위해서도 예술 작품에 대한 기술, 분석 등을 수행한다.

비록 내가 한 편의 비평이 되기 위해서는 여섯 가지 중 최소한 한 가지는 필요하다는 점을 강조하기는 하였지만, 이는 말할 필요도 없이 비평이 평가와 더불어 이 여섯 가지 작업들 모두를 포함하고 있거나, 이 작업들로 이루어진 어떤 조합들 중 하나에 평가가 덧붙여지는 방식으로도 이루어질 수 있음을 말하는 것이다. 비평에서 본질적인 것은 바로 이유에 의해 지지되는 평가이다. 이때의 이유들이 기술, 맥락화, 분류, 해명, 해석, 분석이라는 수단들을 통해 개진될 수 있다.

이 장의 목적은 (평가를 제외한) 비평의 부분들을 검토하는 것인데, 앞의 여섯 가지 절차들 각각이 무엇을 담고 있는지를 요약하고 각 부분들에서 제기되는 몇몇 특별한 문제와 이슈들을 언급하게 될 것이다.* 평가는 비평에서 필수불가결하며 중심적 위치를 차지하는 것이므로 하나의 장을 할애하여 이 주제만 논의해볼 필요가 있다. 따

* 이들과 함께 3장에서는 예술가의 의도와 해석이 어떤 관련을 맺고 있는지를 추가로 다룰 것이다. 의도의 문제는 예술 작품의 해석에서 가장 빈번하게 등장하는 논쟁적인 이슈이기 때문이다.

라서 이 책의 결론에 해당하는 이어지는 장에서는 평가 및 평가로 인해 제기되는 문제와 전망들을 다룰 것이다.

2. 기술

기술(description)이란 다루고자 하는 예술 작품이 어떤 것인지를 독자나 청자에게 말해주는 것이다.* 기술은 독자가 인지적으로 의존할 만한 구체적인 어떤 것을 제공한다. 예를 들어 만약 작품이 재현적인 시각 예술이라면 비평가는 그 작품이 무엇을 그리고 있는지를 — 예를 들어 새벽녘의 건초더미라고 — 전해주고 이와 함께 색, 사물들의 배치, 칠해진 물감의 형태 등을 언급하면서 이 작품이 어떻게 보이는지를 말해준다. 때로 여기에는 이것에 동반된 미적이고 표현적인 특징들에 대한 관찰도 포함된다. 만일 기술할 작품이 추상적인 시각 예술이라면, 비평가는 그림의 형태(만일 형태라는 것이 있는 작품이라면)를 적절한 항목으로 나타냄과 동시에 그림의 부분들 및 그것들

* 그러므로 기술은 비평가가 예술 작품이 어떤 것인지를 알고 그에 대한 근거를 가지고 있다는 것을 전제로 한다. 최근에 한 비평가가 잡지 「맥심(Maxim)」에 기고한 비평은 이 원칙을 위반하였는데, 그는 아직 발매되지 않아 아무에게도 보내진 적이 없는 음악 그룹 블랙 크로(Black Crow)의 앨범을 부정적으로 리뷰 한 바 있다.
국제적으로 발행되고 있는 남성 잡지 「맥심」은 2008년 3월호에서 블랙 크로의 「Warpaint」 앨범의 수록 곡 일부만 가지고 앨범 전체를 평가하였고, 이 실수에 대해 공개적으로 사과하였다.

간의 관계와 성질도 언급할 것이다. 서사적인 예술 작품의 경우라면 비평가는 대개 작품이 담고 있는 이야기를 요약해 제시하는 것으로 시작하곤 한다.

어떤 예술 형식에서건 비평가가 논의하고 있는 것을 독자나 청자도 알 수 있게 하기 위해서는 기술이 어느 정도 제시되는 것이 보통이다. 왜냐하면 예술 작품에 관한 기술이 전무한 상태라면 독자들이 비평적 평가의 내용을 이해하기 어렵기 때문이다. 독자들은 어쩌면 비평가가 그저 무언가를 열정적으로 칭찬하고 있다는 것, 혹은 무언가에 대해 불평을 하고 있다는 것 정도를 알 수 있을지 모르지만, 그 경우라도 기술이 없다면 그 무언가는 매우 불분명할 것이다.

예술 작품이 누구에게나 잘 알려진 것이어서 그 작품에 대한 기술이 불필요해 보이는 경우가 있을 수도 있다.° 아마도 『햄릿』이 이와 같은 사례가 될 수 있을 것 같다. 하지만 『햄릿』 같은 경우에서조차 기술이 전적으로 배제될 수 있다는 것은 생각하기 어렵다. 평가뿐 아니라 다른 모든 부분에서도 비평은 비평가가 맥락화하거나 해명하거나 해석하거나 분석하고자 하는 작품들의 어떤 면을 특정할 필요가 있으며, 이는 기술을 포함할 것이기 때문이다. 작품 혹은 그 일부, 아니면 작품의 어떤 국면을 분석할 경우 비평가는 비록 감상자가 그 작품을 잘 알고 있다고 해도 보통 자신이 분석하고 있는 것을 기술하기 마련인데, 그래서 독자들의 주목을 자신이 분석하는 대상으로 유도한다. 예를 들어, 비평가는 엘리엇이 프루프록을 다루는 시각◆이 애정 어린 연민임을 분석하는 과정에서 바로 그 사실, 즉 엘리

° 아마도 전문가들끼리 진행하는 학술회의 처럼 논의되고 있는 작품을 참석자 모두가 잘 알고 있는 경우가 이런 경우에 해당할 것이다. 그러나 심지어 이런 경우에도 위에 열거한 이유들로 인해 보통 약간의 기술은 있게 마련이다.

◆ 엘리엇(T. S. Eliot)이 1915년 출간한 시 「앨프리드 프루프록의 연가(The Love

엇이 프루프록을 애정 어린 연민으로 다루고 있다는 점을 —시 구절에 사용된 것과는 다른 말로 내용을 서술하거나 예를 드는 식으로—기술 할 것이다. 마찬가지로 비평가가 작품을 분류하거나 범주화할 때도 그는 자신이 제안하고 있는 범주를 정당화할 만한 작품의 특징들을 기술할 필요가 있을 것이다. 그렇기 때문에 기술이 전혀 없는 비평을 비록 생각해볼 수는 있다고 해도 그런 대단한 일은 논리적인 이유로도 수사법상의 이유로도 거의 가능할 것 같지 않다.

비평적 기술에 대한 어쩌면 다소 경박한 하나의 우려는 비평적 기술이 결코 예술 작품을 제대로 다룰 수 없다는 비난이다. 대부분의 예술 작품은 매우 복잡한 대상이다. 레디메이드조차 여러 부분으로 구성되어 있으며, 어찌되었건 그것의 제도적이고 역사적인 맥락은 복잡하고 풍부할 수 있다. 이러한 복잡성 때문에 예술 작품은 절대로 완전하게 기술될 수 없다고 말할 수 있을지도 모른다. 어떤 관점—형식적, 경제적, 역사적 등—에서건 작품을 바라볼 수 있듯이, 예술 작품에 관해 말할 수 있는 것은 한정하기 어려울 만큼 광범위하여 거의 무한하다. 따라서 기술한다는 것은 본질적으로 비현실적이라는 것이다.

이와 같은 주장은 어쩌면 부분적으로는 사실일지도 모른다. 한 예술 작품에 관한 완전한 기술, 다시 말해 그 작품에 관해 말해지지 않은 것은 아무것도 없는—작품의 부분들 간의 관계들 중 언급되지 않고 지나가는 것이 하나도 없는—기술은 완곡하게 말하더라도 많은 경우 실현 불가능한 것처럼 생각된다. 작품을 들여다볼 수 있는 새로운 관점, 새롭게 덧붙여질 코멘트가 거의 언제나 있게 마련이다.

하지만 작품에 관한 **완전한** 기술의 불가능성으로부터 **충분한**(adequate) 기술의 부재로 옮겨가는 이 논증에는 두드러지는 비약이 있다. 간단히 말해, 소위 완전한 기술은 얻을 수 없다는 것이 명백히

Song of J. Alfred Prufrock)」에 대한 언급.

사실이라 하더라도 예술 작품에 대해 완전하지는 않지만 충분한 기술이 있을 수 있다.

그렇다면 어떻게 완전한 기술이 아니면서 충분한 기술이 가능할까? 그것은 충분한 기술이 선별적이기 때문이다. 충분한 기술은 필요한 것만 선별해낸다. 완전하면서 광범위한 기술을 하는 사람이 있을 수 있을지 의심스러우며, 더욱이 그런 기술을 읽거나 듣고 이해할 수 있는 사람이 있다는 것은 더욱 불가능한 일이다. 또한 그러한 기술은 비평의 중요한 역할—작품에 대한 감상자의 이해를 돕는 것—을 축소시킨다. 비평에서 그와 같은 시도를 한다면 사람들이 더 잘 이해할 수 있는 방식으로 작품을 그려내는 것이 아니기 때문이다.* 오히려 완전한 기술은 감상자들을 인지적 측면에서 압도해버리

* 1960년대와 1970년대 초기에, 특히 연극이나 무용 비평뿐 아니라 영화 비평에서도 기술적 비평가들이라 불리는 사람들의 운동이 있었다. 「드라마 리뷰(The Drama Review)」의 편집장 마이클 커비(Michael Kirby)는 이 운동의 옹호자였다. 기술적 비평은 비평의 대상에 대해 가능한 한 완전히 그리고 냉정하게 기술하고, 전혀 해석적이지 않으며, 또한 평가적이지 않고자 했다. 이런 작업을 관장하는 초자아는 과학적이고 탈가치적인 기술이라는 개념의 모델과 현상학적 환원이라는 모델 위에서 구축되었다. 이들은 잭 웹(Jack Webb)/프라이데이 형사/「드래그넷(Dragnet)」 비평학파인 셈이다. TV 시리즈 「드래그넷」에서 프라이데이 형사 역을 맡았던 잭 웹에 의해 유명해진 캐치프레이즈가 곧 "부인, 딱 사실만입니다(Just the facts ma'am)"였다('만'이라기에는 사실이 너무 많긴 하지만). 그러나 기술적 비평이 안고 있는 많은 문제들 중 하나는 해당 작품을 전혀 접해보지 못한 사람들에게 이 비평은 거의 읽을 수 없는 글이었다는 점이다. (그리고 작품을 접해본 사람들에게는 불필요하다는 점이다.) 즉, 해당 작품을 전혀 접해보지 못한 사람들에게 이와 같은 비평은 지나치게 비체계적인 형식에 담긴 지나치게 많은 정보일 뿐이다. 앞으로 살펴보겠지만, 위계적으로 구성된 비평의 다른 요소들이 하는 기능 중 하나는 작품에 대한 비평적 기술을 인지적으로 처리할 수 있는 형태로 정돈해주는 것이다.

「드래그넷」은 LA의 두 경찰을 주인공으로 한 미국 TV 시리즈이다. 잭 웹이 각본,

게 되고, 감정적 측면에서는 아마도 감상자들을 어리둥절하게까지 할지도 모른다.

게다가 비평 전반에 대해 작품의 기술이 갖는 기능은 비평의 다른 작업들, 특히 그중에서도 평가를 뒷받침하기 위한 것이다. 분명한 것은 작품과 작품의 맥락을 가능한 한 모든 관점에서 면밀하게 검토한 국면들이 전부 이들 다른 작업들과 관련이 있지는 않다는 것이다. 분류, 맥락화, 해명, 해석, 분석 그리고 평가를 위해 감상자의 주목을 이끌어내는 데 중요한 특징들만이 기술될 필요가 있다. 즉, 이러한 작업들의 요구로 인해 말하자면 하나의 틀이 주어지게 되고, 비평가는 그 속에 그 작품에 관한 자신의 묘사에 따라 윤곽선을 그려 넣게 되는 것이다. 이 작업들이 비평가로 하여금 여러 세부 항목들과 그 관계들 중 무엇을 선택해 해당 작품을 기술할지를 안내해준다.

그러나 한편으로, 기술이 위계상 자신보다 상위—예를 들면, 해석과 평가 같은—의 작업에 상대적으로 선택적이라는 것을 인정하게 되면 곧바로 그러한 비평적 기술이라는 것은 유명무실하거나 아니면 오염될 수밖에 없는 것이라는 우려가 생겨나게 된다. 예를 들어, 작품을 해석하거나 평가하는 비평가는 그 해석과 평가에 유리한 방향으로 그 작품을 기술하게 될 것이라고 비난하는 것이다. 다시 말해, 비평가는 자신의 해석이나 평가와 맞아떨어지는 기술만을 제시하게 될 것이며, 비평가의 관점에 반대되거나 최소한 논쟁적일 수 있는 작품의 측면은 외면하게 될 것이다. 기술은 필연적으로 선택적일 뿐 아니라, 그것도 인식적으로 의심스럽고 오염된 방식으로 선택적이라는 것이다. 사람들은 추정하기를, 비평가는 자신이 내리고자 하는 결론에 맞추어 자신이 선택한 세부 항목들과 그 관계들을 주목받고 기술되어야 할 만큼 중요한 것으로 몰아간다는 것이다.

제작과 함께 주연도 맡았다. 1951년에 방영하기 시작하여 1970년까지 그 인기를 이어갔으며, 이후의 경찰 소재 드라마들에 큰 영향을 미쳤다.

앞서와 마찬가지로, 이와 같은 우려에도 어느 정도의 근거는 있다. 능숙한 비평가는 일반적으로 자신의 비평에 가장 잘 맞는 증거를 기술이라는 방식을 통해 내세울 것이다. 그러나 이렇게 한다고 해서 비도덕적이라고 할 수는 없다. 비평가의 기술은 여러 방향에서 도전을 받을 수 있기 때문이다.

우리는 비평가가 작품을 잘못 기술하고 있다는 것을 찾아낼 수 있을 것이다. 비평가가 작품에 없는 어떤 특징이 작품에 있다고 주장할 수도 있다. 혹은 작품에 있는 어떤 특징을 기술하기는 했지만 너무나 모호하고 오해의 소지가 있는 언어를 사용하였기에 말의 애매함에 의존해서야 겨우 관련된 평가나 분석을 뒷받침하는 경우도 있을 것이다. 물론 이러한 방식으로 비평가의 잘못을 지적하는 것이 우리만은 아니다. 비평가 자신도 스스로의 실수를 알아차릴 수 있다.

더 나아가 사람들 모두 — 다른 비평가들이나 보통 사람들 모두 — 그 작품의 중요한 특징으로 인정하고 있는, 따라서 그 작품에 대한 적절한 분석, 해석, 평가 등이 되려면 작품에 대한 기술의 일부로서 의당 그것에 대해 분명히 언급해야 할 것이라는 합의가 있는 그러한 특징들을 비평가가 빼놓고 기술하지 못하는 경우도 있을 수 있다.

예를 들어보자. 어제 저녁의 발레 공연에서 주인공 발레리나를 머리 위로 들어 올리려 할 때마다 남자 무용수가 매번 실패했던 것을 언급하지 않는 발레 비평은 그 공연을 기술할 때 꼭 포함되어야 한다고 누구든 동의할 만한 것을 빼놓은 것이다. 마찬가지로, 오케스트라가 음이 맞지 않았다는 사실을 잊고 기술하지 않은 음악 비평은 어느 모로 보나 할 일을 등한시한 비평이라 할 수 있다.

한마디로, 기술이 다른 비평 작업들에 따라 맞춰지는 것임은 사실이다. 우리는 이를 해석학적 순환(hermeneutical circle)이라는 이름으로 곧 논의하려 한다. 이처럼 기술이 비평의 다른 작업들에 대해 상대적이라는 사실 때문에 편견이 개입할 여지가 생겨난다. 그러나 편견의 개입이 필연적인 것은 아니다. 왜냐하면 비평가는 자신만의 기술을 하는 과정에서 지금 자신이 살펴보고 있는 관점에 잘 맞지는 않지만 그래도 기술될 필요가 있는 중요한 특징들—어쩌면 이 작품에 대한 이전의 모든, 아니면 대다수의 비평들이 알고 있는 특징들—이 작품에 있다는 사실을 깨달을 수도 있을 것이기 때문이다.*
비평가는 이런 식으로 스스로를 바로잡을 수 있다. 그리고 비평가 스스로가 그러지 못하는 경우라면 다른 사람이라도 비평가가 빼놓고 기술하지 않았지만 일반적으로 인정되는 작품의 국면이 있음에 주목하라고 요청할 수 있다.

다른 연구 활동과 마찬가지로 비평도 편견에서 자유로울 수는 없다. 그 이유는 역시 다른 연구 활동과 마찬가지로 비평도 선택을 하기 때문이다. 그렇지만 어떤 예술 작품에 대해 비평가가 제시하는 기술은 우선 비평가 스스로에 의해, 그리고 나중에는 다른 이들에 의해 궁극적으로 교정이 가능하다. 따라서 편견은 통제될 수 있다. 이런 점에서 볼 때, 비평에서 제시되는 기술이라는 과정은 다른 지적 노력들과 더불어 지탱되고 있는 것이다.

편견은 어디서나 가능하지만 수정될 수 없는 것일 경우에만 문제가 될 것이다. 그런데 비평적 기술을 오염시킬 수 있는 편견은 원칙상 언제나 수정될 수 있다. 왜냐하면 우리는 작품에 대한 기술에 대부분의 사람들이 중요하다고 생각하는 것들이 모두 포함되었는지를 비평가의 평가나 해석과 독립적으로 확인할 수 있으며, 그렇지 않은 것으로 확인될 경우 어째서 비평가가 그러한 세부 항목들을 기술하지 않았는지 이유를 알고 싶다고 요청할 수 있기 때문이다.°

* 물론 비평가는 이러한 이전의 관찰들을 거부할 수도 있다. 그러나 그것들을 거부하기 위해서는 그것들이 없어도 되는 이유에 관한 논증이 있어야 할 것이다.

° 대세를 거스르는 비평가가 있어 다른 사람들이 중요하다고 여기는 점들

비평가가 간과한 세부적인 내용들이 중요한 것들인지에 대한 의견의 일치가 없는 경우에도 그러한 누락의 문제점은 지적될 수 있는데, 가령 그 누락된 것들을 기술하면 작품에 대한 더 나은, 그리고 보다 포괄적인 관점으로 이어질 수 있다는 것을 보여주는 경우가 그렇다. 나아가 다른 사람들이 비평가의 기술을 바로 잡는 방법에는 이러한 것들만 있는 것도 아니다. 비평가가 스스로 자기 속으로 논쟁하고 대화하면서 자신의 기술에 대해 검토해보는 것과 평행한 전략을 다른 사람들도 사용한다.

강조했듯이 예술 작품의 비평적 기술은 비평의 다른 부분들이나 다른 작업들이 세워주는 틀 아래 맞춰진다. 그러나 이것이 문제가 될 것은 없다. 비평을 읽는 독자가 단지 한 편의 비평을 아테네 여신의 방패로 삼아◆ 그 한 편의 비평의 시각만을 통해 작품을 보도록 제한되는 것은 아니기 때문이다. 우리는 당연히 같은 작품에 대한 다른 비평을 접할 수 있으며, 해석 및 그에 따른 이른바 특권적인 기술이니 선호된 기술이니 하는 것이 아무것도 붙지 않은 작품 그 자체에도 접근할 수 있기 때문이다.

아마도 기술의 가장 중요한 역할은 다음과 같은 것일 것이다. 기술은 주목을 위해 작품의 부분과 관계들을 분리해낸다. 그리고 대개의 경우라면 기술에 이어 등장하는 비평적 분석이나 해석은 이들 부분과 관계들이 기능적으로 조직된 전체에 속한다는 점, 그래서 이들이 통일성이라는 예술적 성취를 달성했다는 평가를 받을 만하다는

이 사실은 그렇지 않다고 말하는 경우가 가능하다. 그러나 그럴 수 있다 해도 이는 힘겨운 싸움이다. 왜냐하면 이는 종종 시간의 검증을 견뎌낸 명백히 두드러지는 특징들을 낙마시켜야 하는 것일 수도 있기 때문이다.

◆ 직접 바라볼 경우 돌이 되어버리는 메두사의 머리를 베기 위해 그리스 신화의 영웅 페르세우스는 아테네 여신으로부터 받은 방패(aegis)에 비친 모습으로만 메두사를 보았다.

점을 보여주는 일을 한다.

예를 들면, 「한여름 밤의 꿈」을 기술하는 해설자는 그 속에 요정 퍽(Puck)의 개입으로 인해 인물들이 잠에서 깨어나 불가항력적으로 엉뚱한 상대와 사랑에 빠지게 되는—티타니아가 당나귀 머리를 한 보텀에게 빠지는 것 같은—에피소드들을 모두 언급할 것이다. 비평가가 이런 부차적 플롯을 기술하는 이유는 이 희곡이 낭만적인 사랑의 비합리성이라는 주제, 우리의 이해를 초월한 생리화학적 힘(퍽의 묘약)이 초래한 욕구는 우리의 능력을 압도한다는 주제, 즉 사랑은 마약과 같은 것이라는 주제하에 묶일 수 있다는 해석을 수립하기 위해서이다.[1] 이렇게 기술이 해석과 평행을 이룬다면, 이는 이제 셰익스피어의 창조적인 성취가 탁월한 통일성을 가지고 있고 그래서 칭찬받을 만하다는 데 대한 근거로 제시될 수 있다.

물론 기술이 비평의 다른 부분을 위해 하는 역할이 예술가의 성취를 해석적으로 조직하고 그 일관성을 칭찬하는 근거를 제공하는 것만은 아니다. 이에 대해서는 앞으로 더 자세하게 살펴볼 것이다.

3. 분류

당연한 얘기지만, 예술 작품은 항상 어떤 범주에 속한다는 것을 강조할 필요가 있다. 이것이 가장 분명하게 나타나는 것은 예술 형식의 층위에서이다. 예술 작품은 회화, 조각, 음악, 문학, 연극, 무용, 건축, 사진, 영화, 비디오 등의 예술 형식으로 분류된다. 그러나 이들 각각의 예술 형식은 계속해서 더 다양한 종류의 범주로 나뉜다. 예를 들어 장르, 사조, 양식, 한 작가의 전체 작품 등. 비평하고자 하는 예술 작품을 적절한 범주에 포함시키는 일은 기본적인 비평 작업이다. 왜냐하면 예술 작품이 속하는 범주(혹은 한 작품이 여러 범주들에 속할 수도 있다)를 알게 되면 이 작품에서 적절하게 기대할 수 있는 것이 무엇인지에 대한 감을 갖게 되고, 그러한 지식은 결국 작품이 최소한 그 자체 기준으로 성공 혹은 실패했는지 여부를 결정할 수 있는 기반을 제공하게 된다. 즉, 작품을 특정한 종류에 속하는 것으로 보는 것은 동시에 그 대상에 적합한 비평의 유형이 무엇인지도 함축하는 것이 된다.

어떤 독자들에게는 이렇게 범주에 호소하는 것은 반동적이라는 의심이 들 수도 있겠다. 과거를 타파하는 것, 새로운 것을 향해 끊임없는 혁명을 시도하는 것, 모든 것을 새롭게 재창조하는 것이 낭만주의 이후, 최소한 모더니즘 이후의 예술 강령이 아니었던가? "새롭게 하라(Make it new)"는 에즈라 파운드*가 내세운 슬로건이었다. 실제로 극단적인 버전의 모더니즘 체제하에서는 각각의 예술 작품은 그 자체로 하나의 장르—이는 곧 작품이 어느 장르에도 속하지 않는다는 것이다—가 되어야 한다고 여겨졌다. '공통 기준의 부재(Sans commune mesure)'라는 주제하에 2003년 개최된 프랑스의 한 전시회는 통약 불가능성이 모더니티의 특징적 표지라고 상정했다.[2]

또한 새로운 예술 형식들—사진, 영화, 라디오, 비디오, 컴퓨터 영상—이 끊임없이 만들어지고 있고 앞으로 더욱 그렇게 되리란 것은 의심의 여지가 없다. 이러한 예술 형식들이 예술계에 새로이 등장했을 때 비평가들은 어떤 범주적 기대에 의존할 수 있을까? 그 새로운 예술 형식이 속한 범주는 그것과 관련된 기대를 하기에는 너무나 새로운 것이 아닐까?

따라서 비록 예전의 비평가들은 이 절의 첫머리에서 말했던 식으로 범주에 의존했을지 몰라도 최소한 19세기 후반 이후의 진지한 예술은 이와 같은 범주에 대한 의존을 쓸모없게 만들어버렸다. 현대 예술가들이 칸트의 천재론을 휘둘러대며 자연에 규칙을 부여하기를 갈망함에 따라 예술 범주도 사라졌다. 그러므로 동시대의 진지한 예술에 관심을 가지고 있는 비평가는 범주에 기댈 필요가 없게 되었다. 오늘날의 진지한 예술계에는 아마도 우리의 논의와 관련된 종류의 범주는 존재하지 않는다고 보아도 될 것 같기 때문이다.

하지만 예술계의 모습이 이런 식이라는 것은 당연히 너무나 극단적이다. 영화와 TV를 포함한 대부분의 대중 예술은 어떤 범주에 속한다. 그것들 중 어떤 것도 진지한 예술이 아니라고 해야 할까? 소설, 심지어 진지한 소설에도 장르는 있다. 희곡도 마찬가지이다. 대중음악도 그렇다. 심지어 매우 진보된 음악이 오페라 같은 오래된 형식으로 작곡되기도 한다.

* Ezra Pound(1885~1972): 미국의 모더니즘 시인.

어떤 이들은 이러한 반론에 대해, 유일하게 "진지한" 예술은 아방가르드 예술뿐이라고 할 수도 있겠다. 물론 많은 아방가르드 예술이 새로움의 예술이며 어떤 범주화도 완전히 거부하는 예술이라 할 만하다. 그러나 우리끼리 하는 이야기지만 사실은 꼭 그렇지도 않다. 누가 더 독창적인가를 겨루는 게임 속에서도 앞선 무엇의 위반이니 무엇의 반영이니 하는 식으로 분명히 장르가 존재하며 심지어 전통도 존재한다. 단순히 보는 것만으로는 어떤 장르에 속하는 것인지 말할 수 없는 시각 예술이 많은 것은 사실이지만, 그것들의 분류를 위해 맥락이나 관례에서 오는 단서들을 사용하지 못할 이유가 없다. 예술 작품을 범주화할 때 그러한 정보는 더할 나위 없이 합당한 것들이다. 게다가 대부분의 아방가르드 예술은 큐비즘이나 포토리얼리즘, 팝 아트, 미니멀리즘, 포스트모더니즘 등과 같은 사조로 분류될 수 있다.

대단히 용감하고 자극적인 명령이긴 하지만, 모든 예술 작품이 전통으로부터 떨어져 나와 자신만의 예술 형식을 재창조해야 한다는 것은 실제로는 소망이 가미된 환상에 지나지 않는다. 누구도 자신의 전통과 단절된 작품을 만들 수 없을뿐더러 그런 작품은 누구도 이해할 수 없다. 생산과 수용의 측면 모두에서 인간의 마음은 절대 그런 방식으로 작동하지 않는다.° 예술에서의 멈추지 않는 혁명을 부르짖는 야망 그 자체가 하나의 전통, 즉 새로움에 관한 전통이다. 이 전통은 150년 정도의 흐름을 가진 것인데, 영리한 비평가들은 새로운 작품들이 등장하더라도 아방가르드 예술가들이나 그들이 속한 갤러리에서 기꺼이 제공한 그들의 선언문과 인터뷰 자료를 참고

° 부분적으로 이는 우리가 인간의 행위들을 내러티브 — 과거로부터 현재가 어떻게 나오는지에 대한 설명. 흔히 다른 이름으로 '전통'이라고 불리는 것 — 속에 위치시킴으로써 이해할 수 있는 것으로 만드는 경향이 있기 때문이다.

하여 이들을 이 전통의 하위 장르 속으로 아주 능숙하게 포섭시켜버린다.*

유사한 이유로 우리는 새로운 매체—사진이나 영화 같이—가 범주에 대한 예측을 동반하지 않은 채 예술 형식이 되었다고는 생각하지 말아야 한다. 왜냐하면 초창기에 야심적으로 이러한 새로운 예술 형식에 참여한 사람들은 사진가가 화가를 모방하고 영화 제작자가 극작가를 모방하는 것처럼 인접한 그리고 이미 확립된 예술 형식의 영향력을 흉내 내는 경향이 있기 때문이다. 이와 같은 경우 비평가들은 아무 어려움 없이 그러한 작품들을 이전에 있었던 범주에 집어 넣을 수 있다.

나아가 이 새로운 예술 형식이 다른 예술의 뮤즈들로부터 독립을 선언할 준비가 될 즈음에는 그 예술 형식이 취하고 있는 새로운 방향이 이미 많이 공표되어서—이때도 역시 선언문과 여러 종류의 제도적 통로 혹은 예술계에서 오가는 말들이 역할을 한다—작은 진동이라도 놓치지 않고자 귀를 땅에 바짝 붙이고 있는 민감한 비평가라면 새롭게 출현하고 있는 범주들 및 그에 따른 기대 범위에 대해 감을 갖기에 충분하다.

비평가가 수행하는 주된 역할 중 하나는 일반 사람들을 위해 예술 작품이 속한 범주를 알려주는 것이다. 이것이 바로 비평가의 전문지식이 발휘되는 가장 중요한 부분이다. 비평가는 예술 범주에 관해서는 전문가이다. 최소한 자신의 관할 구역이라고 할 영역의 예술 범

* 이에 더하여 비평가는 하나의 예술 형식의 발전과정을 살펴보면서 그에 따라 다른 예술 형식에도 새로운 장르의 존재를 확인하기도 한다. 하나의 예술 형식에서 일어나는 일이 다른 예술 형식에서 일어나는 일에 의미를 불어넣는 것이다. 예를 들면, 아방가르드 영화비평가는 구조주의 영화를 그에 앞서 있던 미니멀리즘 회화 및 조각의 영역에 비추어봄으로써 구조주의 영화가 무엇이고 여기서 기대할 수 있는 기획이 어떤 종류인지에 대한 감을 잡을 수 있다.

주에 관해서는 그렇다. 동시대를 살고 있는 비평가라면 새롭게 등장하는 장르, 사조, 양식을 훤히 알고 있으며, 동시에 자신이 비평하는 예술 형식의 역사와 과거 번성했던 관련 범주들에 관한 지식도 갖추고 있다. 일반적으로 비평가는 평범한 독자들에 비해 자신의 머릿속에 예술 범주에 관한 레퍼토리를 더 풍부하게 가지고 있는 사람이다. 따라서 이상적인 경우라면 비평가는 그러한 범주를 적용하고 예술 작품들을 분류해내는 능력을 비전문가 이상으로 가지고 있다.

비평가는 처음에는 무엇인지 알 수 없는 예술 작품을 한 범주에 위치시키고, 그러한 예술 유형은 어떤 목적과 원리를 가졌는지 설명함으로써 독자들을 안내한다. 이런 방식으로 비평가는 우리에게 해당 예술가가 이루고자 한 성취가 무엇인지를 알려준다. 그러고 나서 비평가는 다시 작품으로 돌아가 그 작품이 예술 작품으로서 어느 정도 성공했는지 가늠하기 위해 그것들을 기술하고 해석하고 분석한다. 이 책의 마지막 장에서 논의할 것이지만, 이와 같은 판단이 비평가가 제기하는 작품에 대한 평가의 유일한 유형은 아니더라도 언제나 적절한 유형인 것은 사실이다.

비평가가 범하는 오류의 주된 근원은 분류에 있다. 즉, 잘못 분류를 하는 것이다. 이는 비평가가 한 범주에 속하는 예술 작품을 이보다 덜 적합하거나 전혀 적합하지 않은 다른 범주에 속한 것으로 볼 때 발생한다. 이와 같은 일은 한 종류의 예술에만 익숙한 비평가가 범주가 다른 새로운 어떤 것과 마주쳤을 때 흔히 일어난다. 새뮤얼 존슨°이 워즈워스를 심하게 평가절하했던 것은 아마도 이러한 이

° Samuel Johnson(1709~1784): 영국의 시인, 평론가. 7년에 걸친 작업 끝에 1755년에 혼자 힘으로 『영어사전(A Dictionary of English Language)』을 출간하여 현대 영어에 큰 영향을 미쳤다. 또 다른 대표작은 『영국시인전(Lives of the Most Eminent English Poets)』으로 17~18세기 영국 시인 52명의 일대기와 그들의 시에 대한 비평을 담고 있다.

유 때문이었을 것이다. 그는 신고전주의적 기대를 가지고 그와는 매우 다른 종류의 시에 접근했다. 마찬가지로 등장인물들의 심리에 깊이가 없다는 이유로 애거사 크리스티를 조롱하는 문학비평가는 크리스티 부인의 소설이 속한 장르를 오인하고 있는 것이다.

이러한 오류는 꽤나 자주 있는 일이라 생각한다. 모험 영화가 르누아르 감독의 「게임의 규칙」*만큼 훌륭하지 못하다는 이유로 형편없다고 불평하는 영화평론가나 브로드웨이 뮤지컬이 오페라 「파르지팔」 같지 않다는 이유로 비난하는 비평가는 범주화의 오류를 범하고 있는 것이다. 그저 그들이 잘난 척하기 때문이 아니라 범주의 오류이다.

한편, 비평의 주요 기능 중 하나는 앞선 시대의 오류를 수정하는 것이다. 케너(Hugh Kenner)와 대번포트(Guy Davenport)가 "루이스 주콥스키°는 결코 표의문자(ideogram) 시인이 아니었다. 오히려 그의 시는 소리와 음절의 정교한 반복에 기반을 두고 있는 구어 음악(verbal music)이자 제약 기반 시(constraint-based poetry)이다. 따라서 이 시의 숨겨진 동음이의어(puns), 말놀이(paragrams), 복잡한 문학적 암시를 이해하기 위해서는 다른 종류의 읽기가 요구된다"[3]고 한 것이 그런 예의 하나이다. 이와 같은 경우에 비평가는 이전 비평가가 저지른 잘못된 분류를 거부하고, 이전의 범주 오류 때문에 발생한 혼동과 펴즐 그리고 불만족 등을 말끔히 정리한다. 이것은 마치 잘못 맞춰진 안경의 도수를 후대의 비평가가 제대로 된 것으로 바꿔줌으로써 감상자가 작품을 제대로, 새롭게 볼 수 있도록 해주는 것과 같다.

많은 경우 예술 작품이 속하는 범주는 너무나 확고한 것이어서

* 「La Règle du jeu」: 인상주의 화가 르누아르의 아들 장 르누아르(Jean Renoir)가 감독한 1939년 프랑스 코미디 영화.

° Louis Zukofsky(1904~1978): 미국의 시인.

비평가가 감상자에게 해당 범주를 일러줄 필요가 없을 수도 있다. 그레이(Zane Gray)나 라무르(Louis L'Amour)의 소설은 명백히 웨스턴 소설인데, 어떤 것을 웨스턴 소설이라 하는지에 관해서는 이미 알려진 것들이 많고, 또한 쉽게 알 수 있다. 비평가는 단지 그 소설이 웨스턴 소설이라는 것만 말하면 된다.

하지만 비평가가 해당 예술이 어디에 속하는지를 독자들에게 공들여 설명해야 할 때도 있다. 예를 들면 허스트(Damien Hirst)의 「천 년(A Thousand Years)」—유리 상자 안에 썩어가는 소머리가 들어 있는 것—이 메멘토 모리 장르에 속하는 것임을 지적하는 것은 그 작품이 단지 예술계에서 벌어진 또 한 번의 어처구니없는 장난이 아니라, 정신을 차려 인간의 유한성에 대해 명상해보라는 초대라는 점을 생각해볼 수 있게 한다. 마찬가지로, 말러(Gustav Mahler)가 선율을 중시한 작곡가라기보다는 대위법적 전통에 속한다고 말한다면 이는 감상자들의 기대를 재조정하는 데 도움을 준다.

비평가가 작품을 어떤 장르에 속한다고 말할 때—예를 들어, 『해리 포터』 시리즈를 성장 소설로 분류할 때—그는 해당 작품과 그 작품이 속할 것이라고 생각되는 장르의 작품들 간의 여러 유사성을 독자에게 기술해주는 방식을 쓴다. 그리고 이것은 기술이 동시에 평가의 역할까지 수행하는 방식 중 하나이다.◆ 왜냐하면 어떤 예술작품이 어느 범주—예를 들어 색채주의(colorism)—에 속한다는 식으로 기술한다는 것은 그 대상의 평가에 적절한 기준을 암묵적으로 드러내는 것이기 때문이다.

물론 기술과 분류의 관계에 대한 언급은 다음과 같은 궁금증을 낳을 수도 있다. 만약 작품에서 어떤 것이 기술되어야 할 것인지를 알기 위해서는 그 작품이 속한 범주를 알고 있어야 한다고 하지

◆ 물론 다른 방법들도 있는데, 작품을 기술하면서 평가적 용어("탁월한 플롯의 전환")나 정서적 언어("가슴 뛰는 피날레")를 사용하는 방법도 있다.

만 이와 동시에 우리가 작품을 범주에 놓는 방식이 바로 그 범주에 속하는 다른 작품들과 해당 작품의 유사성을 기술하는 것이라면, 이것은 닭이 먼저냐 달걀이 먼저냐 하는 문제가 아닐까? 다시 말해, 작품을 정확하게 기술하기 위해서는 그 작품이 예시하고 있는 범주를 말할 필요가 있는데, 우리는 오직 우리가 한 기술에 근거해서만 작품의 범주를 알 수 있는 것이 아닌가 하는 문제이다. 이제 우리는 19세기 철학자 딜타이(Wilhelm Dilthey)가 "해석학적 순환(hermeneutical circle)"이라고 명명했던 문제와 처음으로 맞닥뜨리게 된다.

우리 앞에 놓인 해석학적 순환이란 이것이다. 우리는 어떤 예술 작품이건 선별적으로 기술할 수밖에 없다. 작품에 대해 가장 많이 알려주는 기술이란 예술 작품의 유형—즉, 작품이 속한 범주(들)—을 잘 인식하고 있는 기술이다. 이것을 어떤 식으로 얻을 수 있는가? 그 범주에 속한 다른 작품들과의 유사성을 기술함으로써 얻을 수 있다. 이렇게 기술은 범주에 대한 선행지식을 요구한다. 하지만 작품에 대한 딱 들어맞는 기술을 하기 이전에 어떻게 범주를 미리 알 수 있을까?

더 나아가 이 문제에 대한 논평자들은 비평가가 잘 알지 못한 채 어떤 범주를 그저 추측했을 경우 더 깊은 문제에 빠지게 될 것이라는 우려도 가지고 있다. 비평가의 범주 선택이 처음부터 잘못되어 있음에도 불구하고 그에 따른 비평가의 기술은 이러한 잘못된 분류를 확정하는 방향으로 인도될 것이기에 문제라는 것이다.

우선, 작품이 어떤 특정 범주에 속한다고 상정하게 되면 선택한 범주에 부합하지 않는 작품 기술에는 눈을 돌리지 못하게 될 것이라는 우려부터 다뤄보도록 하자. 우리가 앞에 있는 그림이 범주 B의 사례라는 추정을 가지고 시작했다고 해보자. 이 그림은 실제로는 범주 Z의 사례이다. 그러나 우리는 범주 Z*에 적절한 기술들(Catego-

* 문맥상 여기의 Z와 다음 문단의 Z는 B의 오타일 가능성이 있어 보인다는 역자의

ry-Z-pertinent descriptions)만을 만들어내면서 즐겁게 진행하기에 절대로 스스로를 바로잡을 수 없으리라는 것이 추정이다.

하지만 이는 아주 납득하기 어려운 시나리오이다. 왜냐하면 범주 Z에 적절하지 않은(non-Category-Z-pertinent) 그 회화의 모든 특징이 갑자기 사라지거나 우리 시야에서 보이지 않게 되는 것은 아니기 때문이다. 하나의 범주를 채택하게 되면 그 그림의 세부적인 것들에 대해 "눈이 멀게" 된다고 주장할지 모른다. 그러나 이는 분명히 은유이다. 그것도 매혹적이면서 위험한 은유이다. 이 사이렌의 유혹에 대항해서 우리는 이 주장을 문자 그대로 받아들이는 것은 말이 되지 않는다고 스스로에게 되뇌어야 할 것이다.

후광과 날개가 있는 남자가 그림의 왼쪽에 두드러지게 나타나 있다면, 이 그림을 사실주의 회화의 범주에 넣는 것은 어울리지 않는다. 하지만 그렇게 해도 그림 속의 남자가 사라져버리지는 않는다. 우리는 계속해서 그 인물을 볼 것인데, 그러면서 어쩌면 그 남자가 설명되지 않는 성가신 존재임을 발견하고, 이 그림에 대한 다른 분류를 고려하도록 압박을 받을 수 있다. 과학 이론이 그 속에 들어 있는 예외적인 사례들을 없애버리지 못하는 것처럼 예술 작품이 분류되었다고 해서 그러한 범주화와 관련 없는 특징들이 완전히 다 가려져 버리는 것은 아니다. 특히 그 예외적인 세부 사항들이 두드러지거나 수가 많다면 더욱 그렇다. 실제로 그러한 특징들이 눈에 잘 띄는 것이거나 다수로 존재한다면, 비평가는 불안해져서 그 예술 작품을 다시 분류해야 한다는 생각을 할 것이다.

해석학적 순환론이 말하고 있는 것처럼 우리는 작품을 범주화하는 것과 작품을 기술하는 것 사이에서 상호 조정을 위해 왔다 갔다 하는데, 이는 심리학적으로 맞는 말이다. 이것은 반성적 평형(reflective equilibrium)의 과정으로, 우리는 이 과정을 통해 우리가 상정

질문에 대해 캐럴교수는 "자신이 의도한 대로 쓰여졌다."는 답변을 보내왔다.

한 작품 분류에다 기술을 맞추려 함과 동시에 기술되기를 요구하는 작품의 다양한 특징들에 맞추어 범주를 수정한다. 작품의 분류는 하나의 가설이다. 그러나 앞에서 살펴본 것처럼 그 가설로부터 한 발 물러서서 그에 도전하지 못할 이유는 없다는 것이 핵심이다.

이에 더하여 해석학적 순환론이 발견의 심리와 확정의 논리를 혼동하고 있는 것은 아닌지도 의심스럽다. 비평가가 자신 앞에 놓인 작품에 대해 숙고할 때에는 그의 마음이 작품의 범주와 자신이 하고 있는 작품에 대한 기술 사이에서 순환적으로 왔다 갔다 한다는 것이 사실일 것이다. 하지만 일단 그가 하나의 분류에 도달하면 비평가는 이를 작품 자체와 비교할 수 있으며, 또 그 작품에 대한 다른 경쟁적 범주와도 비교할 수 있다. 두 경우의 결과들을 검토하면서 비평가는 자신이 도달한 분류가 작품의 중요한 특징들과 충분히 상응하는지, 또한 자신의 판단이 다른 범주화에 비해 더 정확한지를 결정하게 되는 것이다.

4. 맥락화

우리는 비평에서 기술이 하는 역할을 이미 다루었다. 그러나 우리가 지금껏 논해온 비평은 예술 작품 자체에 대한 기술이다. 이를 '내적 비평'이라 할 수 있으며, 우리가 앞서 보아온 기술이 이런 종류의 비평이다. 그러나 비평가는 이와는 다른 종류의 기술도 사용한다. 이것을 '외적 기술'이라 부를 수 있으며, 이는 곧 예술 작품이 생산을 둘러싼 환경—예술사적, 제도적, 그리고 보다 넓게 사회·문화적 환경—에 관한 기술이다. 비평의 이러한 부분을 보다 간략하게 부르는 이름이 맥락화(contextualization)이다.

흔히 비평가는 예술 작품이 생산된 맥락을 밝힘으로써 감상자가 작품을 이해하는 것을 더 잘 도울 수 있을 뿐만 아니라 비평가가 내린 작품에 대한 평가를 이해시키는 데도 도움을 줄 수 있다. 거칠게 말하자면, 비평가는 작품을 역사적 맥락—예술사이거나 보다 광범위한 사회사이거나—속에 놓음으로써 예술가가 작품을 통해 이루려 했던 바의 본질을 더 정교하게 이해할 수 있고, 이를 통해 최소한 나름대로는 작가가 성공했는지 실패했는지를 가늠해볼 수 있는 방법을 제안한다. 예를 들어, 해결되어야 할 어떤 문제의식의 측면에서 작품의 맥락이 기술된다면, 작품에 대한 비평적 평가의 중요한 양상은 그 문제가 해결되었는지, 만약 아니라면 해결을 위한 방향으로 무언가 진척을 보여주었는지에 관심을 기울일 것이다.

비평가가 다룰 수 있는 맥락은 다양하다. 일부는 예술사적인 맥락인데, 어떤 예술사적 맥락은 앞서 살펴본 범주화 속에 섞여 들어가기도 한다. 비평가는 특히 작품이 어떤 포부를 가지고 있었는지를 꿰뚫어보기 위해 살아있는 문제의식을 가진 전통 속에 작품을 위치시키려 할 수도 있다.

예를 들면, 비평가 그린버그(Clement Greenberg)는 모더니즘 회화라는 범주—이 경우에는 하나의 전통—를 제안했다. 그는 이 범주의 문제의식을 자기 정의(self-definition) 혹은 재귀적 정의라 보았다. 여기서 정의가 재귀적이라는 의미는 예술 작품 자체가 예술의 정의라고 할 만한 것을 제시한다는 것이다. 예술가는 자신이 회화의 본질이라고 생각하고 있는 것에 감상자도 주목하게 만듦으로써 자기 정의를 추구하였다. 그린버그는 회화의 본질적 혹은 정의적 특징이 평면성 혹은 이차원성이라 생각했다.

그린버그는 입체파(Cubism) 화가들이 화면을 압축했던 것과 같이 회화의 본질적인 평면성을 그 자체로 인정하려는 시도가 보이는 경우, 그것을 모더니스트 회화의 후보라고 보았다. 나아가 이러한 모더니스트의 문제의식은 그린버그에게 회화를 평가하는 방식도 제공하였다. 폴록(Jackson Pollock)의 드립 페인팅의 경우처럼 자신의 본성이 물감임을 확인하는 모더니스트 회화는 자기 정의라는 문제의식을 새로운 차원으로 진전시켰기에 좋은 회화이다. 베일을 그린 모리스 루이스(Morris Louis)의 회화들 또한 이러한 측면에서 보면 아주 좋은 회화이다. 캔버스를 물감에 완전히 적시는 그의 방식에서는 물감과 캔버스가 융합되어 분리 불가능한 하나의 표면이 되기 때문이다.

그린버그는 특정 작품들을 어떤 예술사적 맥락—이 경우에는 하나의 역사적 범주인 모더니즘—에 위치시킴으로써 감상자들의 이해를 돕는다. 그는 이러한 종류의 회화들이 성취하려 한 것이 무엇인지를 감상자에게 말해준다. 이는 감상자가 그 그림의 핵심을 파악할 수 있도록 도와준다. 또한 그린버그는 회화의 어느 국면이 예술사적 맥락에 놓인 문제의식에 대한 해답이 되는지를 기술하고, 이를 통해 그 그림에 대한 자신의 평가를 지지하게 된다. 이러한 방식으로 그린버그는 감상자들이 자신과 같은 평가를 내리려면 필요한 것—범주, 문제의식, 기술—을 그들에게 제공하여 감상자들과 평가를 공유하려 한다. 또한 이는 어쩌면 감상자들에게 그린버그의 평가로부터 출발하여 그것을 확장시킬 수 있는 수단을 제공하는 것일 수도 있다.

물론 예술사적 맥락화가 범주화의 유일한 형태는 아니다. 비평가는 예술가가 특별한 기관의 임무를 받아 작업하고 있었음을 지적하고, 그래서 그 예술가가 생산한 작품이 그러한 임무를 어떻게 수행했는지를 지적할 수도 있다. 예를 들면, 라파엘은 명시적으로 교황 율리우스 2세의 도서관을 장식하라는 주문을 받았다. 그가 제작한 프레스코 벽화 「아테네 학당」은 율리우스의 도서관에서 고대 이교도의 철학에 할당된 쪽에 그려져 있다. 라파엘의 임무는 고대의 철학을 찬양하는 것이었다. 따라서 비평가는 이러한 라파엘의 포부를 감상자에게 알려주고 그림의 스케일, 선, 균형, 색, 비례, 그리고 위엄이 있지만 동시에 생기발랄한 인물들의 배치까지 이 모든 것이 어떻게 철학에 관한 흥분을 불러일으키는 데 기여하는지를 설명한다. 이 그림에서 철학은 살아있는 대화이자 생각들이 교환되는 진정한 시장(marketplace)의 모습으로 그려져 있다.

혹은 비평가는 어떤 예술사적 상황을 극복될 필요가 있는 교착상태로 기술할 수도 있다. 예를 들면, 비평가들은 대개 해프닝—그리고 이와 관련된 행위예술 계열—의 출현을 젊은 예술가들이 추상표현주의에 의해 그들에게 설정되었다고 믿었던 어떤 한계에 저항하는 것으로 나타난 반응이라고 설명한다. 젊은 작가들은 추상 표현주의의 규율로 인해 그들에게 막혀 있었던 영역들을 탐구하길 원했고, 문자 그대로 더 넓은 행동반경에 자신들의 에너지를 쏟아냈다.

또한 종종 비평가는 주어진 지배적인 상태에서라면 예술가가 무엇을 해야만 했는지를 스스로 깨달아가는 상황에 대하여 기술하기도 한다. 예를 들어 영화 제작에 관한 구성주의 입장에 선 비평가의 글은 다음과 같은 식으로 시작될 수 있다. 민중의 눈(민중의 마음이었으면 더 좋았겠지만, 최소한 눈이라도)을 정치적으로 참여시키기에 적절한 대중적 예술 형식을 창안해야 한다는 책임감을 느끼고 있던 1920년대 초기 소비에트 영화제작들은 몽타주 기법이라는 편집 양식을 실험했는데, 그들은 이것을 화면에서 눈을 뗄 수 없게 만드는 빠르게 전환되는 쇼트를 이용해 관객의 주의를 이끌어내고 유지시키는 매우 강력한 수단으로 보았다. 이런 식으로 특정 영화, 예를 들어 에이젠슈타인의 「포템킨」* 같은 영화에 대한 비평적 담론이 맥락(감상자들이 영화 속의 액션에 주의를 집중할 수 있게 하는 수단을 잘 활용해 그들을 움직이게 하려는 목표라는 맥락) 속에 놓이게 되는 것이다. 실제로 「포템킨」은 이러한 맥락하에서는 매우 잘 만들어진 영화이다.

즉 비평가는 「포템킨」의 다양한 전략들, 특히나 빠른 편집 기법이 어떻게 감상자들을 사로잡았고 동시에 그들을 1905년 러시아 혁명에 찬동하도록 만들었는지, 그래서 결국 어떻게 당시 갓 출범한 소비에트 영화산업에 레닌이 부여한 지침이 이행되었는지를 언급하며 이 작품에 대한 기술을 할 것이다. 여기서 비평가가 하고 있는 것은 상황의 논리를 추적하는 것이고, 그래서 그 맥락에서 예술가의 선택이 자신들이 시대적 소명이라 확신하고 있었던 현안을 실현하려는

* 「The Battleship Potemkin」: 에이젠스타인의 1925년 장편 무성영화. 전제 러시아에 대항하여 전함 포템킨호의 수병들이 일으킨 반란을 각색하여 공산주의 선전용으로 만든 영화이다. 에이젠스타인 감독은 이 영화에서 몽타주 기법을 효과적으로 사용하였다.

의도에서 나온 것임을 보여주는 것이다.

가다머(Hans-Georg Gadamer)는 콜링우드(R. G. Collingwood)의 주장을 차용하여 예술 작품이란 어떤 질문—예술가가 자신을 둘러싼 환경에 대해 생각하는 것으로부터 생겨나는—에 대한 대답이라 했다.[4] 그렇다면 비평가는 감상자가 그러한 질문을 이해하는 데 도움을 주는 사람이다. 먼저 그러한 질문 자체를 명료하게 해주고, 그러고 나서 예술가의 선택이 그 질문에 어떤 방식으로 대답하고 있는지를 기술하고 설명한다.

앞의 예에서도 알 수 있듯이, 비평가가 예술가의 시도에 부여하는 맥락은 좁은 의미로서의 예술적인 것에만 국한될 필요가 없다. 「포템킨」의 비평가는 영화가 만들어진 맥락을 이해할 수 있는, 그래서 그 영화가 성취하고자 한 바를 파악할 수 있는 열쇠로 폭넓은 사회적 관심사들을 인용하고 있다. 그럼에도 불구하고 어떤 독자들은 내가 여기서 제안하고 있는 정도로만 맥락화가 예술 작품의 평가와 관련을 맺고 있다는 것은 너무 제한적일 수 있다고 우려할지도 모른다. 왜냐하면 비록 나의 제안이 작품을 둘러싼 폭넓은 사회적·역사적 맥락이 예술가에게 어떤 지침이나 책임을 부여한다는 것을 인정하고 있기는 해도 내가 평가를 위해 고려하는 것은 단지 그러한 지침이 예술적으로 어떻게 수행되는지일 뿐, 예컨대 그 지침의 내용이 그럴만한 가치가 있는지에 대해서는 고려하지 않는 것처럼 보이기 때문이다. 그리고 그렇게 한다면 내 제안은 일종의 형식주의처럼 들린다는 것이다.

이는 다음 장이자 이 책의 마지막 장에서 중요하게 다루게 될 매우 복잡한 문제의 한 국면이다. 하지만 간략하게나마 여기서 몇 가지를 언급하는 것도 좋을 것이다. 우선 나의 입장은 작품 평가가 오로지 만들어진 작품에만 초점이 모아진다는 것이 아니다. 왜냐하면 무엇을 성취하고자 했는지에 따라 예술로서의 작품의 가치가 단순히 작품의 목적(혹은 복수의 목적들)이 그 작품의 형식 속에 어떻게 구현되는가에만 달린 문제가 아닐 수 있기 때문이다. 작품의 목적—즉, 그것이 무엇을 말하려고 하는지—도 평가의 목표가 될 수 있다.

예를 들어보자. 드라마의 인물에 관해 연구해보면 인간 심리에 대한 통찰을 얻을 수 있다. 만약 어떤 희곡이 참된 인간의 가능성을 드러내기를 의도했다고 하면서도 실제로는 있을법하지 않은 인간상을 그려내고 있다면, 그것이 아무리 인물을 생생하게 묘사하고 있다 해도 실패한 것이 된다. 날카롭게 치고받는 대사가 아무리 훌륭하고 그 연기가 명쾌하다 해도 심리적인 핍진성을 결여하고 있기 때문이다.

즉 그 작품이 심리적으로 거짓이고—이 점은 확실히 단순한 형식적 고려가 아니다—그렇게 보는 이유가 심리적인 정확성을 요구하는 맥락에서 나온 것이라면, 비평가는 그 작품이 자신이 이루려는 바에 미치지 못했다고 말할 근거를 갖게 된다.

마찬가지로, 관찰한 것들을 적절한 플롯 구조 속에 구현하기만 하면 리얼리즘 소설이 되는 것은 아니다. 리얼리즘 소설 글쓰기의 맥락에서는 사회에 대한 관찰이 실제와 일치할 것도 요구된다. 리얼리즘 소설가는 글을 잘 써야 할 뿐만 아니라 정확하게 관찰해야 한다. 그리고 비평가는 현실 왜곡이 있는 리얼리즘 소설가를 정당하게 비판할 수 있다. 이 경우 현실 왜곡이란 다시 강조하지만, 결코 예술 작품의 형식적 속성일 수 없다.

결론적으로, 내 입장은 적법한 비평적 검토의 중점이 형식적인 것—다시 말해 예술가가 작품의 내용을 그것에 적절한 형식으로 구현하는 방식—뿐이라는 것이 아니다. 작품의 내용—예를 들면 작품의 주제, 작품이 하고 있는 심리적·사회적 관찰—도 경우에 따라서는 비평가의 논평 대상으로 적합하다.

한편 다른 경우에는 주로 형식적 관점에서 예술 작품을 살펴보는 것이 제대로 된 일일 수 있다. 그럼에도 불구하고 이 질문에 대해서는 마지막 장에서 다시 살펴볼 것인데, 거기서는 예술 작품의 목적이 갖는 가치—그 목적이 실제로 얻어졌는지와는 별개인 가치—에 관해 논의할 것이다.

하지만 어찌되었든 지금까지 이 절에서의 논의를 간략하게 요약해보자. 예술 작품을 맥락화하는 일은 비평에서 반복적으로 나타나는 특징이다. 왜냐하면 맥락화는 작품을 맥락—예술사적, 제도적, 그리고 보다 넓게는 사회적 맥락*—에 놓음으로써 비평가에게 작품의 목적이나 의도를 명확하게 하는 방법을 제공하기 때문이다. 그 맥락을 통해 예술가가 직면했던 선택의 논리가 설명되고, 그에 따라 작품에 대한 기술, 즉 지배적인 환경의 요구를 지각하고 그에 응답하기 위해 작품이 어떤 식으로 형성되었는지에 대한 서술이 유도되어 나온다. 작품의 목적에 대한 이러한 지식과 그 목적을 이행하는 작품의 특징에 관한 기술은 어떻게 그러한 주목을 끄는 특징들이 예술가의 목적과 연계되는지를 보여주는 분석과 더불어 비평적 평가를 위한 근거로 쓰이게 된다.

* 비평가는 작품의 사회적 맥락을 그려내면서 때로 작품이 여성에 대한 지배 같은 억압적인 사회적 프로젝트에 기여하고 있다는 것을 알게 되는 경우가 있다. 이 경우 비평가는 비록 그 목적에 기여하는 작품의 전략들을 뽑아내는 일을 하면서도 당연히 그러한 목적의 부정의함을 지적할 수 있다. 사실 비평가가 예술 작품의 취지나 목적이 부정의한지 여부에 대해 침묵한다면, 특히나 성차별주의 같은 현상이 여전히 널리 퍼져 있는 상황에서는 비평가도 그러한 부정의에 동조하고 있다는 비난을 받을 수 있다. 페기 브랜트(Peggy Zeglin Brand)와 캐럴라인 콜스마이어(Carolyn Korsmeyer)가 편집한 책 *Feminism and Tradition in Aesthetics* (University Park, PA: Pennsylvania State University Press, 1995)에 실려 있는 수전 피건(Susan Feagin)의 논문 "Feminist Art History and De Facto Significance"를 참고하라.

5. 막간: 용어 설명

다음에 이어지는 두 부분은 해명, 해석, 분석과 관련된 것이다. 이 용어들은 사람들마다 다르게 사용할 수 있기 때문에 이들을 어떻게 사용할지에 대한 간략한 설명과 함께 논의를 시작하는 것이 현명할 것이다. 어떤 논평자들은 이 세 부분을 하나의 용어로 고려할지 모른다. 아마도 해석으로 부르거나 드물게는 분석이라는 용어로 묶어버릴 것이다.* 하지만 이제 나는 서로 연관되어 있긴 해도 구별되는 이 세 인접한 비평의 작업들을 분리하는 것이 더 정확하다고 생각한다. 뿐만 아니라 이를 통해 해석에 관한 논쟁에서 발생하는 의견 차이를 완화시킬 수도 있을 것 같다.

내가 생각하고 있는 해명(elucidation)은 예술 작품에 들어 있는 상징들의 의미를 확인하는 비평적 작업인데, 이때 의미의 확인이란

* 나 역시 그런 잘못을 범했던 사람 중의 하나이다. 나의 이전 책 *Interpreting the Moving Image* (Cambridge: Cambridge University Press, 1988)의 서문이나 볼체트(Donald M. Borchet)가 편집한 철학 사전 *The Encyclopedia of Philosophy* (Framingham Hills, MI: Thomson Gale Publishers, 2006)의 "예술의 해석(Interpretation of Art)" 항목을 쓰면서 나도 이와 같은 구분을 하지 않았다.

문자 그대로 좁게 이해된 것이다. 이것들은 언어로 된 예술 작품에서의 낱말과 문장처럼, 혹은 시각 예술 작품에 나타나는 시각적 연상처럼 관례적이거나 자의적인 상징일 수 있다. 가령 떡갈나무 잎으로 만든 화환은 교황 율리우스 2세의 엠블럼이며, 바니타스 회화°에서 사자(死者)의 머리는 생명의 유한성을 암시한다. 이렇게 이미 확립된 연상 관계를 해명하는 일을 예술 연구 분야에서는 '도상학(iconography)'이라 부르기도 한다.[5]

주로 회화적 재현에서 두드러지는 도상적 상징(iconic symbol) 또한 해명의 영역에 포함된다. 비평에서 볼 수 있는 해명의 사례로 벨로리(Giovanni Pietro Bellori)가 바자리(Vasari)의 잘못을 수정한 것을 들 수 있다. 바자리는 라파엘의 「아테네 학당」 속 한 인물을 마태로 보았는데, 벨로리는 그 인물이 사실은 피타고라스라고 정정했다.[6]

내가 말하는 해명은 이미 고정된 관례적 상징 및 도상적 상징들과 그들이 상징하는 것들 간의 연계를 결정하는 것이다. 그 연계는 연상에 의한 것일 수도 있고 자연 발생적(회화에서 대상을 재인하는 것처럼)인 것일 수도 있다.[7] 어떤 낱말이나 문장의 의미를 결정하는 것 역시 해명의 영역에 속한다. 예를 들어 어떤 시 구절의 잃어버린 의미를 복원하는 것은 평범한 독자들을 위한 비평가의 해명 작업에서 중요한 요소가 될 수 있다.

물론 어떤 낱말이나 문장의 문자 그대로의 의미가 맥락과 관계없이 독립적이라 주장하려는 것은 아니다. 축자적인 의미는 그 배경이 되는 전제와 맥락에 상대적이다.[8] 혹은 하나의 언어적 단위의 축자적 의미는 배경에 놓인 유관한 **관례적** 전제들과 해당 담화의 맥락에 상대적이라고 하는 편이 좋겠다.

° '바니타스(vanitas)'란 라틴어로 허무함을 뜻하는 말로, 상징적인 정물들을 통해 세속적인 삶의 무상함과 물질의 무의미함을 보여주는 회화를 말한다. 특히 16~17세기 네덜란드와 플랑드르 지역에서 유행하였다.

해명이 단지 언어적인 것들에만 일어나는 것은 아니다. 르네 클레르의 「막간」에 등장하는 배우들 중 누가 사티이고, 누가 만 레이이며, 누가 뒤샹인지를 지목해주는 것 역시 해명의 사례이다.* 어떤 의미에서 해명은 예술가에 의해 직접적으로 우리에게 주어진 것이 무엇인지를 확립하는 일이다.°

한편, 해석(interpretation)은 주어진 것의 의의(significance)를 확립하기 위해 주어진 것 이상으로 나아가는 것이다. 해석은 의의(예를 들어 작품의 주제적 의의나 서사적 의의, 허구 속 인물의 행동이 갖는 의의)를 찾는 것, 부분적이건 작품 전체에 관한 것이건 메타포의 함의를 찾는 것 등과 관련이 있다.

전형적인 경우 해석은 귀추(abduction)의 과정을 포함한다. 이 과

* 「막간(Entr'acte)」은 프랑스의 영화감독 르네 클레르(Rene Clair)가 1924년, 작곡가 에릭 사티(Erik Satie)의 발레 작품 「금일휴관(Relâche)」 공연의 막간에 상영하기 위해 제작한 22분짜리 영화이다. 다다이즘의 영향을 받아 초현실적이고 부조리한 이미지들로 이루어져 있으며, 다다이즘 예술가들인 화가 피카비아(Francis Picabia), 뒤샹(Marcel Duchamp), 사진가 만 레이(Man Ray) 등이 출연하였다.

° 나는 해석과 마찬가지로 해명도 의도주의적인 견지에서 다뤄야 한다고 생각한다. 올바른 해명이란 작가가 의도한 의미를 따라야 하는데, 이때 의도는 작품에 의해 지지되거나 작품과 일관적인 것이다. 따라서 우리는 작가 벅 헨리(Buck Henry)가 닥터 스트레인지러브(Dr. Strangelove)는 키신저(Henry Kissinger)가 아닌 폰 브라운(Werner von Braun)을 암시하는 인물이라고 한 것을 받아들여야 한다.
닥터 스트레인지러브는 스탠리 큐브릭감독의 1964년 작 영화 「닥터 스트레인지러브(Dr. Strangelove or How I Learned to Stop Worrying and Love the Bomb)」에 등장하는 허구적 인물이고, 키신저는 냉전시대 미국의 닉슨 정부 및 포드 정부에서 국무장관을 지낸 인물이며, 폰 브라운 박사는 로켓 과학자이다. (캐럴 교수가 이 영화의 작가로 벅 헨리를 언급한 것은 착각이었으며, 테리 서던(Terry Southern)으로 수정해주길 원했다. 서던은 큐브릭 감독 및 피터 조지와 공동으로 이 영화의 극본을 썼다.)

정은 한 예술 작품의 다양한 부분들로부터 출발하여 왜 그들의 집합이 하나의 전체로서 일관성을 갖는지를 가장 잘 설명해주는—즉 어떤 주제와 메시지가 그들을 통합하고 있는지를 가장 잘 설명해주는—그런 주제나 메시지, 아이디어나 개념을 가설화하는 과정을 말한다. 해석은 또한 작품에 표면적으로 드러난 변칙성이나 모순이 있을 경우, 그것을 해결할 수 있는 것이 무엇이고 그 이유는 무엇인지를 발견하려는 시도를 통해 작품의 기저에 깔린 통일성을 파악하고자 하는 작업이다.

해석은 작품의 의미(sense)를 캐내는 것을 목표로 한다. 특히 무엇이 작품 전체 혹은 작품의 두드러진 어느 한 부분을 소통이 가능한 방식으로 한데 묶어주는가의 측면에서 본 작품의 의미에 주목한다. 즉 예술가가 어떤 주제나 아이디어나 개념을 감상자와 소통하기로 한 경우, 그는 관련된 주제를 강화하는 일련의 선택들을 하게 된다. 그러면 비평가의 해석은 예술가가 "말하고 있는 것"을 명료하게 함으로써 감상자들에게 도움을 주는데, 이때 비평가는 관련된 예술적 선택들이 왜 그러한 해석을 낳을 수밖에 없는지에 대한 설명을 기반으로 삼아 자신의 해석을 제시한다. 그리고 이런 해석은 해석과 동시에 왜 선택된 특징들이 한데 묶일 수 있는지 그 이유도 보여준다.

그런데 해석은 내가 분석이라고 부르는, 보다 넓은 부류의 비평적 작업에 포함되는 사례이다. 예술 작품에 대한 비평적 분석은 작품이 어떻게 작동하는지—작품의 부분들이 작품의 핵심이나 목적을 실현하기 위해 서로 어떻게 기능하는지—에 대한 설명이다. 어떤 주제나 아이디어, 메시지나 개념, 혹은 넓게 보아 이들 외의 다른 어떤 의미이건 그런 것들을 전달하는 것이 예술 작품의 취지나 목적이라는 점은 두말할 나위가 없다. 바로 이러한 이유로 해석이 분석의 한 사례가 되는 것이다. 즉 해석은 예술 작품의 부분들이 한데 모여 소통을 위해, 혹은 어떤 주제나 생각을 개진하기 위해 어떻게 작동하고 있는지를 보여주는 데 입각한 일이다.

하지만 한편으로는 작품의 취지나 목적을 조직하는 일이 반드시 의미의 소통이나 주제의 전달에만 관련될 필요가 있는 것은 아니다. 작품의 주된 목표가 분노 같은 어떤 감정적 상태를 유발하거나 슬픔 같은 어떤 표현적 속성을 투사하기 위한 것일 수도 있고, 혹은 단순히 감각을 만족시키는 것, 눈과 귀를 유쾌하게 자극하는 것일 수도 있다. 예술가가 추구한 것이 오로지 아름다움뿐일 수도 있다. 이 경우, 작품이 어떻게 그와 같은 목적들을 달성하는지 — 예를 들어, 매혹적인 색을 다루는 특정한 방식에 주목하도록 함으로써 그렇게 하는지 — 를 설명하는 일은 곧 예술가가 자신의 의도를 달성하는 방식에 대한 분석이 된다. 하지만 그러한 의도는 의미의 소통과는 무관한데, 이러한 경우가 곧 해석은 아니면서 분석에는 해당되는 경우이다.

따라서 이 책에서 규정하는 바에 따른다면, 모든 해석이 분석일 수는 있어도 모든 분석이 해석인 것은 아니다. 해석이 아닌 분석이란 우리의 세심한 비평적 작업이 작품에 깔려 있는 주제, 아이디어, 메시지를 파악하는 일과는 다른 방식으로, 한 편의 예술 작품이 어떻게 일관되게 짜여 있고 작동하는지를 설명하는 것이다. 분석은 작품이 그것의 실현에 필요한 특징들을 가지고 있음을 보여준다. 즉 작품이 가진 두드러진 특징들 중에 작품이 제시하는 취지나 목적에 무관하거나 모순되는 것이 없으며, 그들 중요한 작품의 특징들이 모여 작품의 목적을 확보하고 있다는 사실, 다시 말하자면 작품의 부분들이 예술가가 목표로 한 바에 부합하도록 배열되어 있다는 사실을 보여준다.

해석은 해명과 부정할 수 없는 관련성을 갖게 되는데, 그 이유는 해명이 좁은 의미에서의 의미와 관련이 있는 반면, 해석은 좀 더 넓은 의미에서의 의미와 관련이 있기 때문이다. 하나의 해석은 작품이 말하고자 하는 바가 의미의 차원에서 어떻게 구현되었는지 보여줌으로써 그 작품이 무엇에 관한 것인지 말해줄 것이다. 해명 또한 내용에 초점을 맞추게 되는데, 예를 들면 예술 작품에서 나타나는 관례적 기호가 무엇을 상징하는지에 집중하는 것이 보통이다.

일단 이 정도의 임시적인 구분을 가지고 이 세 작업 및 그들이 불러일으키는 문제들을 좀 더 자세히 살펴보기로 하자.

6. 해명과 해석

해명과 해석은 모두 의미를 다룬다. 하지만 전형적인 경우, 그 의미의 층위나 두께가 다르다고 말할 수 있다. 나의 제안에 따르면 해명은 대부분의 경우 작품에 나타나는 의미론적·도상학적·도상적 기호들의 지시적 의미(denotation)에만 좁게 집중한다. 해명은 그러한 기호들이 축자적으로 혹은 고정된 관례에 의해 지시하는 바가 무엇인지를 결정하려는 시도이다. 예를 들어, 안토니오 데 페레다의 「기사의 꿈」*이라는 작품 속의 양초는 그 작품이 속한 예술적 관행의 맥락에서 볼 때, 삶이 가차 없이 흘러가버림을 경고하기 위한 코드라는 것을 지적하는 것이 해명의 작업이다. 같은 방식으로, 비평가가 독자들에게 20세기가 도래하기 한참 전에 쓰인 아켄사이드의 시 「상상의 즐거움」°에 나오는 구절 "plastic arm"은 "flexible arm"을 가리키는 것이지 합성수지를 가리키지 않는다는 사실을 상기시켜주는 것도 그

* 스페인 화가 안토니오 데 페레다(Antonio de Pereda)의 1655년 작품.

° 「The Pleasures of the Imagination」: 영국의 시인이자 의사였던 아켄사이드(Mark Akenside)가 1744년에 출판한 장편 시. 애디슨이 「스펙테이터」 지에 기고한 상상력에 대한 글과 샤프츠버리 경(Lord Saftesbury)으로부터 영향을 받은 것으로 알려져 있다.

시에 대한 해명 작업이다.

이와 같은 사례들에서 알 수 있듯이, 해명은 기호의 본래적 의미나 연속된 기호들의 내적인 의미 관계로 생각될 수 있는 것을 넘어서야 한다. 또한 해명 작업은 애초에 그러한 기호들이 제시되었던 맥락, 거기서 배경으로 작동하고 있는 전제들과 관련된 화용론적 의미 구성요소에도 주의를 기울여야 한다. 다시 말해, 문학 작품에 나타나는 어떤 문장에 대한 해명이란 단순히 그 낱말들이 갖는—낱말 하나하나가 갖는, 그리고 통사적인 조합이 갖는—의미에 대한 몰역사적이고 무맥락적인 설명을 제공하는 문제가 아니라, 오히려 비평가가 작품과 연관하여 적절한 것으로 지정하거나 설정한 맥락 속에서 그 기호들이 가질 수 있는 의미의 범위를 밝혀내는 작업이다.

따라서 해명은 주로 작품이나 그것의 부분들이 상징적인(다시 말해, 지시적인) 내용을 갖고 있을 경우에 한해 그런 식으로 맥락 속에 놓인 작품과 그 부분들이 갖는 문자 그대로의 의미에 가까운 무언가를 찾아 전달하는 데 전념하는 작업이다.◆ 물론 그렇다고 해서 해명이란 언제나 명백한 것이어서 어떤 논란거리도 없다는 뜻은 아니다. 라파엘의 「아테네 학당」을 다시 보자. 어떤 해명에 따르면 각도기를 들고 있는 사람이 아르키메데스라고 하는 반면, 그 인물이 유클리드라고 하는 해명도 있다. 한편, 이러한 논란이 해결 불가능한 것일 필요도 없다. 라파엘의 그림에서 얻을 수 있는 데이터에 근거한 가장 포괄적인 해명에 따르면 그 인물이 유클리드라는 가설이 훨씬

◆ "주로"라고 한정한 것은 어떤 경우 해명을 통해 작중 인물들이 해명되기도 하는데, 그것을 포함시킬 가능성을 열어두고자 하는 의도에서이다. 작중 인물들은 자신들이 가진 믿음의 측면에서 해명될 수 있다. 또 특정 역사적 맥락에서 자신늘이 한 행위의 의미심장함과 관련되어 해명될 수도 있다. 유령이 악마일지 모른다는 햄릿의 의심이 그 예인데, 이 절의 뒷부분에서 더 논의될 것이다.

더 설득력 있다고 볼 수 있다.

해명과 해석을 거칠게 대비시켜본다면, 해석은 단순한 언어적 의미나 기호적 의미, 회화적 의미, 연상적 의미보다는 그 폭이 넓다고 생각되는 의미들을 다룬다. 예를 들어, 보통의 경우 우리는 행위들이 의미를 갖는다고 말한다. 당신의 연인이 갑작스레 일어나 문을 쾅 닫고 나가버리게 되면, 다음날 당신이 "무슨 의미로 그런 거야?"라고 묻는 것이 매우 자연스럽다. (물론 당신이 이미 그 의미를 알고 있을 가능성이 높겠지만.)

따라서 이런 의미에서, 특히 서사적인 예술 작품과 관련하여 인물들의 행위(혹은 행위 하지 않음)가 갖는 의미를 발견하는 것이 해석의 한 차원이 된다. 특히나 햄릿의 우유부단함이나 시민 케인*의 로즈버드(Rosebud)에 대한 집착과 같이 정합적이지 않거나 수수께끼 같거나 투명하지 않은 행위에 대해서는 더욱 그러하다.° 이와 같은 경우에 비평가는 해석자로서 인물의 행위가 갖는 의미를 풀어내려 한다. 즉, 무엇이 그 인물을 행위 하도록 하는지에 관해 어떤 특정 행위 패턴이 있는지를 밝히고자 하는 것이다.

그러나 행위의 해석과 관련하여 해석은 인물의 행동 양식이 갖는 의미나 의의뿐만 아니라 작품의 창조 과정에서 예술가가 수행한 행위들의 의미까지 검토한다. 즉, 해석은 작가가 작품이나 작품의 일부분으로 무엇을 의도 혹은 의미하려 하는지 ― 가령 작품의 주제나

* 오슨 웰스가 감독하고 주연한 1941년 영화 「시민 케인(Citizen Kane)」의 주인공인 찰스 케인. 영화는 저명한 언론인 케인의 일대기를 추리물 형식으로 그리고 있고, 다섯 명의 화자가 각각의 시점에서 케인을 회상하는 방식으로 전개된다.

° 해명과 해석의 대략적인 구분의 관점에서 볼 때, 영화 「시민 케인」의 후반부에서 "로즈버드"가 무엇을 가리키는지를 지적해주고, 그것이 영화의 앞부분 어디에서 나왔는지를 말해주는 것은 해명의 예가 될 것이다. 반면 영화의 주제와 관련되어 썰매가 가진 의미는 케인의 잃어버린 어린 시절을 압축해 보여주는 것이라고 하는 것은 해석을 하고 있는 것이 된다.

요지가 무엇인지—에 관한 의문들을 탐구해나가는 것이다.

플라톤은 『국가』의 시작을 피레우스로 **내려가는** 소크라테스의 대화로 열고 있다. 나중에 '동굴의 신화'를 다루는 우화에서 실재의 본성을 이해하게 된 죄수도 역시 아직 사슬에 묶여 있는 그의 형제들에게 자신이 본 것을 말하려고 동굴로 다시 **내려간다**. 그는 그들을 계몽하고 그들의 무지를 없애주는 것이 자신의 의무라 믿는다. 그리고 역사상 소크라테스가 그랬던 것처럼 그 역시 노력한 보람 없이 죽게 된다. 플라톤이 이 미묘한 병치를 통해 전달하려 한 의도 혹은 의미가 무엇인지를 말하는 것이 해석의 과제이다.

이 사례가 시사하고 있는 것처럼 해석은 인물의 행위와 직결된 의미만을 찾는 것이 아니다. 직접적인 기술이 보여주는 것보다 더 일반적인 혹은 신비적인 함의를 가진 우화나 이야기 속의 등장인물의 경우에는 보다 확장된 의미에서 인물들의 행위와 성향이 갖는 의미 또한 탐구한다. 예를 들어 만(Thomas Mann)의 『마의 산』에서 셉템브리니와 나프타는 젊은 한스 카스토르프가 따라가 볼까 생각하는 가능한 인생행로의 상징이다. 또한 무질의 『특성 없는 남자』◆에 나오는 울리히와 아른하임은 두드러지게 대조되는 세계의 두 존재 방식을 대변한다.

이와 같은 유형의 우의적인 형태에는 해명보다는 해석이 요구된다. 왜냐하면 이 경우 인물들과 그들이 재현하는 것 사이의 관계는 전형적인 도상학적 상관관계처럼 고정된 것이 아니기 때문이다. 오히려 이와 같은 형태에서 가령 셉템브리니가 진보적인 역사관을 가

◆ 로베르트 무질(Robert Musil, 1880~1942): 오스트리아의 작가. 그의 미완성 소설 『특성 없는 남자(Der Mann ohne Eigenschaften)』는 20세기 모더니즘의 걸작으로 꼽힌다. 이 소설은 제1차 세계대전 직전의 빈을 배경으로 하며, 주인공 울리히의 눈에 비친 당시 오스트리아-헝가리 제국의 도덕적·지성적 몰락을 다루고 있다.

진 계몽된 합리주의자의 삶을 보여주고 있다고 제안하기 위해서는 어느 정도의 가설과 추측이 요청된다.*

물론 인물들뿐만 아니라 작품 전체도 해석이 요구되는 일종의 신비적인 의미를 가질 수 있다. 읽기 능력을 갖춘 독자들은 카프카의 『성』을 읽으면서 — 읽기 과정에 동반되는 전의식적인(sub-personal) 처리 절차를 가진 덕에 — 모든 단어와 문장의 언어적 의미를 이해한다. 뿐만 아니라 소설의 순간마다, 또 에피소드마다 요제프 카(Joseph K.)에게 무슨 일이 일어났는지를 서사적 관점에서 이해할 수도 있을 것이다. 그럼에도 불구하고 여전히 남아 있는 질문은 이 모든 것을 통해 의미하고 있는 주제는 무엇인가, 이 모든 것이 다 무엇을 위한 것인가 하는 것이다. 다른 말로 표현해서 '이 소설은 인간의 조건에 관해 신비적인 예화를 시도하고 있는 것인가?' 비평가는 이 과제를 떠안아야 한다. 그래야 통찰의 표현이라는 카프카의 목적에 부합하도록 소설 속의 사건들이 잘 선택되었는지, 그것들이 분명하게 다듬어졌으며 잘 통합되어 있는지와 같은 측면에 주목하면서 부분적으로라도 『성』에 대한 긍정적 평가의 기반을 찾을 수 있기 때문이다.

요제프 카의 불행과 그것이 인간 존재에 관한 징후일지도 모른다는 사실 사이에 확립된 상관관계가 없듯이, 제대로 된 은유의 경우에도 그것이 언어적이든 회화적이든 간에 그 은유의 근원 영역

* 라파엘의 「아테네 학당」에서 『티마에우스』를 들고 있는 사람이 플라톤이고 『니코마코스 윤리학』을 들고 있는 사람이 아리스토텔레스라고 말하는 것은 해명의 작업이다. 위를 가리키고 있는 플라톤의 손은 그가 "저 위" 이데아의 세계에 주로 관심을 가지고 있다는 것을 암시하는 것인 반면, 앞으로 내뻗은 아리스토텔레스의 팔은 바로 이 세계에 대한 그의 헌신을 보여준다고 주장하는 것은 해석의 문제이다. 전자는 비록 어느 정도의 정보가 필요하긴 해도 일상적인 연상의 문제이지만, 후자는 상상적 도약이나 귀추법적 추론(abductive inference)을 요한다. 철학자의 팔 자세가 형이상학적 성향과 상응한다고 말해주는 사전이나 알고리즘은 없다.

(source domain)을 목적 영역(target domain)에 적용시킬 수 있는 기계적인 법칙이 존재하지 않는 한 여기에도 해석이 개입하게 된다. 가령 로미오가 "줄리엣은 태양이다"라고 말하는 경우, "태양"의 어떤 속성을 "줄리엣"에게서 상상적으로 추론해내야 할지를 알고리즘적으로 알 수 있는 방법은 없다. 이 경우 어떤 확립된 규약이나 은유 사전(이런 것은 있지도, 있을 수도 없지만)에 따라 그 은유를 해석하려 하기보다는 작품의 맥락에서 두 항 사이의 관계가 가장 어울리도록 만드는 방법을 찾아야 할 것이다. 죽은 은유의 경우라면 해명이 적절하겠지만, 은유가 진정 생생하게 살아있는 것이라면 그것은 해석의 영역에 속한다.

해석이 개입하는 영역은 다양하다. 거기에는 은유뿐만 아니라 인물들의 행위, 모티프들의 반복과 병치 같은 서사 구조, 회화적 배열, 주도동기(leitmotifs)를 비롯한 여러 음악적 요소들, 어떤 형식의 알레고리, 교훈적 일화로서의 예술 작품 등이 포함된다. 예술 작품 혹은 작품의 일부를 해석이 필요한 것으로 만들어주는 특징은 해당 요소들 혹은 그 조합들의 의미가 신비롭거나, 혼란스럽거나, 잘 파악되지 않거나 하여간 최소한 명백하지는 않다는 사실이다.[9] 해석에 적절한 대상이란 직접적으로 주어진 것 혹은 전면에서 두드러지게 드러나 보이는 것을 넘어서는 어떤 것이다.

해석이란 의미나 의의의 측면에서 해석자나 어떤 잠재적 감상자에게 즉각적으로 분명하게 다가오지는 않는 작품의 요소들 혹은 요소의 조합들이 있을 경우, 이를 설명하기 위한 하나의 가설이다. 명백하지 않다는 데는 여러 가지 이유가 있을 수 있는데, 이해할 수 없는 내용이거나 모순적으로 보여서, 일탈적이어서, 아니면 그저 신비스러운 것이어서 그럴 수도 있고, 기호나 우화나 비유가 열린 구조를 가졌기 때문에 그럴 수도 있으며, 서술이 불충분하거나 힌트를 거의 주지 않거나 그냥 암시만 하거나 하여간 무언가가 부족해서 그럴 수도 있다.

예컨대, 마네의 그림 「풀밭 위의 점심 식사」에는 빅토린 뫼렁(Victorine Meurend)의 모습이 이상화되지 않은 누드로 그려져 있는데, 그녀는 아무 부끄러움 없이 관람자를 향해 시선을 던지고 있다. 그녀는 아카데미가 승인한, 완벽한 비례를 가진 얌전한 미녀가 절대 아니다. 이렇게 비정상적이며 탈장르적인 이미지를 통해 마네가 "말하고자" 하는 것은 무엇인가?

네하마스*는 빅토린의 모습이 아카데미 회화의 전통과 그 감상자들에 대한 모욕이나 마찬가지라고 해석함으로써 이 질문에 대한 하나의 대답을 내놓고 있다. 그는 다음과 같이 말하고 있다. "빅토린의 불완전함(여기서의 불완전함이란 아카데미의 모범에 견주었을 때에만 드러나는 상대적인 것이다)은 감상자, 특히 그들 중 남성들에게 가슴 철렁한 느낌을 주기 위한 것이다. 이 느낌은 감상자들이 그동안 자신들이 즐거이 감상해왔던 것이 색칠된 캔버스나 의식을 고양시키는 메시지를 담고 있는 이상화된 인물이 아니라 자신만의 장소와 시간에 즐길 수 있는 벌거벗은 여성이었다는 것을 인정하는 데서 오는 것이다. 그들의 즐거움은 그들이 생각하고 싶었던 것만큼 순수하지 않았다."[10]

비평에서 해석의 목적은 감상자가 작품에 대해 이해하도록 돕고 그 작품을 감상하는 능력을 향상시키는 것이다. 비평가의 해석은 한 예술 작품의 요소들이 그 작품의 의미에 어떻게 기여하는가를 보여줌으로써 해당 작품에 그러한 요소들이 존재하는 이유를 설명한다. 많은 경우, 예술 작품에는 그 존재 이유가 불분명한 요소들이 있다. 다시 말해, 작품—그 감상자가 누구냐에 따라 상대적이겠지만—에는 불분명하고, 애매하고, 표면적으로 볼 때 비일관적이며, 비정상적이고, 예상에서 벗어나 있고, 쉽게 접근할 수 없고, 숨어 있는

* Alexander Nehamas(1946~): 미국, 프린스턴 대학 철학교수. 고대 철학, 미학, 문학 이론 분야에서 활동하였고 니체와 푸코의 연구자로도 알려져 있다.

무언가가 있다. 이들은 밝혀지기를 요한다. 즉, 작품에는 "왜 그게 거기 있지?"라는 좀처럼 사라지지 않는 물음을 촉발하는 어떤 요소가 있다. 해석의 목표는 이러한 당혹감을 누그러뜨리는 것, 즉 골칫거리로 여겨지는 이런 요소들이 넓은 의미에서 작품의 의미에 보탬이 됨을 보임으로써 이 요소들이 존재하는 이유를 설명하는 것이다.

물론, 예술 작품 혹은 그것의 일부가 가지는 의미가 명백히 드러났는지 여부는 "누구에게 명백한가?"라는 문제를 일으킨다. 이런 면에서 비평가의 해석은 특정한 감상자 — 해석자 자신이 그중 하나일 수도 있고 아닐 수도 있다 — 를 상정하고 수행된다. 그런 감상자에게 작품 혹은 그것의 일부가 가지는 의미는 쉽게 포착되지 않거나 혼란스럽거나 이해하기 어렵거나 분명치 않거나 초점이 맞지 않거나 하여간 즉각적으로 감지할 수 없는 그런 것이다. 그러므로 이상적으로 말해서 해석은 목표가 된 감상자가 작품을 이해할 때 느끼는 당혹감이나 작품과의 간극을 줄여주는 역할을 한다.

예술 작품의 모든 요소가 해석을 요하는 것은 아니다. 타고난 대상 인식 능력을 가진 덕에 우리는 엘 그레코(El Greco)의 그림 「목자들의 경배」에서 묘사된 대상이 한 여인과 한 아이 그리고 두 남자임을 본다. 그렇다면 "이 그림은 한 여인과 한 아이 그리고 두 남자를 재현하고 있다"는 진술은 해석이 아니라 기술이다. 다른 한편으로, 이 인물들이 성서에 등장하는 누구누구인지를 식별하는 것은 해석이 아니라 해명일 것이다. 그럼에도 불구하고 그리고 아마 두말할 필요도 없이 기술과 해명은 해석과 관련되어 있다. 정확한 해석은 정확한 기술과 해명에 의존해야 하기 때문이다.

이미 살펴본 바와 같이, 문학 작품에서 많은 단어들과 문장들이 가지는 문자 그대로의 의미는 해당 작품에서 제시된 언어를 이해하는 독자들에게는 무의식적인 처리 절차를 통해 파악된다. 그러므로 카프카의 『성』을 시작하는 문장 — "요제프 카가 도착한 것은 늦은 저녁이었다" — 의 문자 그대로의 의미는 준비된 독자에게는 그 의미가 분명하므로 해석을 요구하지는 않는다. 하지만 해석을 요하는 것일 수 있는 것은 이 소설의 더 넓은 맥락에서 그 문장이 가지는 의의이다. 예컨대 카프카가 이 특정 이야기를 밤으로부터 시작하는 것은 비유적으로 무엇을 "의미"하고 어떤 "의의"가 있는가? 무엇이 암시되고 있는가?

종종 해석은 예술 작품의 내러티브적·극적·상징적 구성요소들을 관통하는 주요 의미나 의의를 발견하여 그 작품이 가진 통일성을 보여줌으로써 평가에 기여한다. 왜냐하면 의미 — 지배적인 주제나 논제 또는 개념이라는 뜻에서 — 는 예술 작품에 통일성을 부여하는 방식들 중 가장 자주 쓰는 것의 하나이기 때문이다. 예를 들어, 전쟁의 비인간성은 『서부전선 이상 없다』의 지배적인 주제이다. 해석자는 이 소설의 부분들(즉, 이 소설의 여러 에피소드들)을 살펴보면서 이러한 주제를 가정한 뒤, 이 개념이 독자들에게 들려주려고 레마르크(Remarque)가 선택한 사건들과 어떻게 연결되거나 부합하는지를 보여준다. 다시 말해, 해석은 이처럼 이 소설에 배치된 세부 사항들이 유기적으로 정합적인 전체를 이루도록 하는 선택의 원칙 — 이 경우에는 한 개념 — 을 골라낸다.

지금까지 해석과 해명을 대강이나마 구분하려 했지만, 때로는 그것들 사이의 경계선이 매우 엷어서 아마도 심지어 투명하기까지 한 경우도 있음을 인정해야 한다. 예를 들어, 인물이 한 행위의 "의미"에 대해 맥락적인 정보를 포함한 설명을 제공하는 경우 그런 일이 일어날 수 있다.

이를테면 『햄릿』에 등장하는 유령에 대해 그가 악령일지도 모른다는 햄릿의 걱정을 생각해보자. 셰익스피어의 동시대 사람들이 진짜로 진지하게 이러한 믿음을 가지고 있었다는 것을 보임으로써 햄릿의 고민이 그럴만한 이유가 있는 것이었다고 간주하는 비평가가 있다면, 그가 하는 것은 해명으로 보인다. 하지만 분명히 이것은 햄릿이 아버지의 죽음에 대해 복수하기를 망설이는 이유들 중 어느 것이 그럴듯한가를 판단하는 것과 아주 긴밀히 관련되어 있다. 이때의 판단은 해석의 범주에 속하는 것 같다. 그러므로 때때로 해명과 해석이 한데 모일 수 있는 가능성은 열어두어야 한다. 하지만 동시에 그것들 사이에 보통은 구별 가능한 차이가 있다는 것도 여전히 사실이다.*

해석을 하나의 독자적인 비평 활동으로 구별하는 것에 대한 한 가지 반론은 앞서 논의된 해석학적 순환의 문제와 관련된다. 문제를 상기시켜보자. 예술 작품의 부분들에 대한 비평가의 기술은 선택적이어야 한다. 우리가 충분한 세계와 시간을 가진 것은 아니니 말이다.° 하지만 어떻게 기술할 만한 가치가 있다고 간주되는 작품의 부분들을 선택할 것인가? 그것은 아마도 부분들이 해당 작품을 제대로 기능을 하게 하는 데 기여하는지 여부에 따라서일 것이다. 그런데 만약 작품의 기능이 어떤 주제나 논제를 전달하는 것이라면, 무엇이 기술되어야 하는지를 결정하는 것은 작품에 대한 해석일 것이다. 즉 해석에 맞춰 그 작품의 메시지나 아이디어를 제시하는 것을 기술해야 할 것이다. 하지만 해석의 근거를 제시하는 것이 작품에 대한 기술이

* 해명과 해석이 가끔씩 겹치게 되는 또 다른 이유는 해석이 감상자에 상대적이라는 점이다. 감상자는 예술 작품에 등장하는 명백한 요소들에 대해서는 해석할 아무런 동기를 가지고 있지 않다. 하지만 무엇이 명백한 것인가는 감상자들에 따라 다르다. 연인들이 껴안고 있는 장면에 이어 절벽에 파도가 치는 장면이 나오면, 영화 전문가들로 이루어진 감상자들에게 이는 틀림없이 그 연인들이 사랑을 나누었다는 상징이다. 따라서 영화 전문가가 자신의 동료들에게 강연하면서 이를 언급했다면, 이는 기껏해야 해명에 불과했을 것이다. 하지만 그가 이 비유를 완전히 초보적인 영화 관람객에게 말하려 했다면, 그가 어떻게 말하느냐에 따라 그것은 해석에 해당할 수도 있을 것이다.

° 마블(Andrew Marvell, 1621~1678)의 시 「수줍은 연인에게(To His Coy Mistress)」의 첫 행은 '충분한 세계와 시간을 가졌다면(Had we but world enough, and time)'으로 시작한다.

므로 무엇을 기술할 것인가에 대한 우리의 선택이 작품 전체에 대한 우리의 해석에 의해 사실상 예정되어 있다고 한다면, 우리는 순환에 빠지게 된다.

다시 말해, 이런 경우 작품의 부분들에 대한 기술을 시작하기 전에 우리는 작품 전체의 의미나 의의에 대한 어떤 이해—다른 말로, 해석—를 필요로 한다. 하지만 그렇게 되면 우리의 기술은 이미 언제나 우리의 해석에 호의적인 방향으로 편향되어 해석이 진짜로 기술에 의해 뒷받침된다고 할 수 없다. 더욱 안 좋은 것은 만약 우리가 잘못 인도된 해석을 가지고 시작한다면, 그것에 반하는 어떠한 기술들로부터도 인식적으로 차단될 것이므로 결코 그 잘못된 해석에서 발을 뺄 수 없게 될 것이라는 점이다.

그러므로 해석과 기술은 분리될 수 없는 하나이고, 그것들이 하나가 아니라 둘이라는 제안은 무력하다는 결론이 따라 나온다.

하지만 비록 해석학적 순환론자가 예술 작품을 기술하는 우리의 전형적인 방식에서 나타나는 현상에 대해 올바르게 설명했다 해도 우리가 해석을 테스트하는 방식을 작품의 기술 방식과 동일하게 상상하는 것은 설득력이 없다. 우리가 작품에 대한 설명들을 모아감에 따라 해석과 기술은 짝을 이루며 함께 진행될 수 있다. 하지만 그러한 설명을 확인하는 때(혹은 거부할 때)에 이르면, 이 두 과정은 별개로 갈라질 수 있다.

우리가 기술하지 않은 작품의 세부 사항이 있는지를 찾고 있는 동안에도 해석은 변하지 않은 채로 유지될 수 있다. 특히 우리의 해석과 경합하는 해석들을 포함해서 대부분의 다른 해석들은 어떤 사항을 기술하고 있는 데 반해, 추정컨대 우리의 해석이 가진 편향성으로 인해 우리는 그 사항을 기술하지 않고 있는 경우가 있는지를 찾을 때에도 그렇다. 즉, 우리는 해석에 오염되지 않은 기술에 접근할 수 있고, 그 누락된 기술의 세부 사항들이 가진 경중을 우리의 해석이 적절한지와 견주어 따져볼 수 있으며, 이를 통해 우리는 심지어 우리의 해석이 근거가 불충분하다는 점까지도 알아낼 수 있다. 우리는 예술 작품을 뭔가 의미를 가진 것으로 만들어 이해해보려는 일상적이고 심리적인 경향을 가지고 있는데, 이를 인식적으로 가책을 느낄 일로 오해해서는 안 된다. 물론 일부 비평가들은 경우를 불문하고 고집스럽게 자신의 해석에 집착할 수도 있다. 하지만 우리는 그러한 일부의 고집불통을 모든 이들의 인식적 실패로 잘못 파악해서는 안 된다.

게다가 비록 무엇이 기술될 필요가 있는가에 대한 결정이 작품 전체에 대한 해석에 의해 이미 영향 받은 것임은 사실이라 해도 이 일을 주도하는 것이 오직 우리 자신만의 해석이라는 주장은 사실이 아니다. 어떤 해석이 시도된다 해도 간과해서는 안 되는, 주목할 만한 정도의 현저한 특징을 가진 부분들이 작품에는 있다. 시트콤 「프레이저」*에 대한 해석이 다프네와 나일스 사이에 반복적으로 나타나는 확연한 성적 긴장에 주목하지 못한다면, 이는 적절하지 못할 것이다. 왜냐하면 그런 해석은 그 작품이 가진 너무도 명백하고 분명한 사실들에 부합하지 못하기 때문이다.

해석이 아무리 우리의 주의를 이쪽저쪽으로 기울게 하는 경향을 가지고 있다 해도 해석이 빛을 던져주는 것 말고는 우리가 아무것도 볼 수 없는 것은 아니다. 당연히 기술과 해석은 긴밀하게 관련되어 있다. 하지만 그럼에도 불구하고 그들이 쌍둥이인 것은 아니다.

내가 활용하려 시도하지는 않았지만, 기술과 해석을 구분하는 최신의 방식으로 다음과 같은 주장이 있다. 기술은 (그리고 해명까지도) 참(true)인 기술일 수 있으나 해석은 결코 그럴듯한(plausible)

* 「Frasier」: 1993년부터 11시즌 동안 미국 NBC에서 방영된 시트콤. 시애틀을 배경으로 라디오 프로그램을 진행하는 정신과 의사 프레이저 크레인이 겪는 이야기들을 그렸다. 다프네는 프레이저가 아버지를 위해 고용한 간병인이고, 나일스는 프레이저의 동생이다.

해석 이상일 수 없다. 즉 해석에 대해서는 결코 참이라고 할 수 있는 경우가 없다는 것이다. 해석이 거짓이라고는 할 수 있을지 모르지만.

인식론적으로 말할 때 해석은 최대한 좋게 말해봤자 체질적으로 약하다. 해석은 단지 개연적이거나 그럴듯할 수만 있을 뿐 결코 참은 아니다. 반면에 마티스의 「블루 누드」가 여인 한 사람의 이미지를 포함하고 있다고 주장하는 기술이나 마네의 「올랭피아」에 그려진 여러 가지 중에 검은 고양이도 있다고 하는 기술은 복잡한 조건 없이 그저 딱 부러지게 참일 것이다. 또한 비평가가 시를 해명하면서 "대탕녀 바빌론(whore of Babylon)", "짐승" 그리고 숫자 666에 대한 언급들이 적그리스도를 지칭한다고 했다면, 그의 진술은 이견의 여지없이 완전히 참일 것이다.

이와는 대조적으로 해석은 결코 참이 될 수 없으며, 이것이 해석과 기술(그리고 해명)을 구별하는 것이라는 생각이 있다.[11] 하지만 정말로 이러한 가정에 의해 해석과 기술이 구분되는가?

나는 이러한 제안에 반대하는데, 왜냐하면 해석은 결코 참이 될 수 없다는 주장을 믿지 않기 때문이다. 『동물농장』이 전체주의에 **관한**(about) 것이라는 해석이 참이 아니라면 무엇인가?[12] 『동물농장』의 주제 혹은 그 소설을 구성하는 아이디어는 전체주의이다. 이것은 확실히 거짓이 아니다. 내가 보기에 이러한 해석의 참은 어떤 경우이건 이 소설에 나폴레옹이라는 이름을 가진 돼지가 등장한다는 기술적인 진술이 참이라는 것과 정확하게 동일한 의미에서 참이다. 왜 차이가 있다고 가정해야 하는가?*

* 어쩌면 『동물농장』에서 전체주의라는 주제는 너무 뻔한 것이어서 그것을 분명히 하는 것 정도는 해석으로 간주되기 어렵다는 주장이 있을지 모른다. 하지만 내가 고등학교 시절 처음 이 책을 읽었을 때, 이 해석은 나에게 새로운 사실이었다. 그것은 등대처럼 이 작품을 비춰주었고, 내가 해석가로서의 일을 시작하도록 도와주었다. 내 생각으로는 『해리 포터』를 읽고 청소년기 해리의 영향력을 받고 자란 많은 아이들에게 이 시리즈는 해

이에 대해 흔히 제시되는 대답은 『동물농장』을 전체주의에 대한 우화로서 해석한다 해도 이것이 『동물농장』에 대해 언급할 만한 모든 것을 말해주는 것은 아니라는 지적이다. 예를 들어, 『동물농장』은 그저 막연하게 반전체주의적인 것이 아니라 보다 구체적으로 반스탈린주의적인데, 위 해석은 이 점을 말해주지 않고 있다는 것이다. 이런 지적은 맞다. 하지만 그 이유로 해석이 참일 수 없다고 한다면 우리는 지금 참(truth)이라는 개념을 매우 특별한, 그리고 내가 보기에는 과장되어 있고 궁극적으로는 신뢰할 가치가 없는 개념으로 다루고 있는 것이다. 이 개념을 "참이란 최종 진술(the final word)이라는 생각"이라고 하자. 이에 따르면 어떤 사태 x에 대한 명제는 그 명제가 x에 대해 더 말할 것이 아무것도 남지 않을 정도까지 말하고 있을 때, 오직 그 경우에만 참이다. 즉, 우리가 "최종 진술"을 했을 때에만 참이다.

하지만 "참이란 최종 진술이라는 생각"은 애초에 가망이 없는 생각이다. 완곡하게 말하더라도 이 개념은 공상적이다. 왜냐하면 어떤 관찰이 반드시 더 이상의 어떠한 코멘트도 배제하는 최종적인 진술이라고 간주되는 그런 경우는 없기 때문이다. 기술의 경우, 이는 의심의 여지없는 사실이다. 어떤 풍경에 대해 모든 것을 다 기술할 수는 없다. 알파 켄타우루스 별로부터의 관점이 되었건 뭐가 되었건 그 풍경을 보는 준비된 다른 관점들이 수도 없이 많다. 해석은 결코 참이 될 수 없다는 제안이 신뢰를 얻는 유일한 이유는 이렇게 참에 대한 잘못된 생각에 근거했기 때문이다.

리가 가족을 찾아가는 것에 중심을 맞춰 구성되어 있다는 해석이 유사한 역할을 할 수 있을지도 모르겠다. 어떤 경우이건 비평가가 『동물농장』의 한 주제가 전체주의라고 지적하는 일이 해석이 아니라 해명이라고 한다면 이는 해명이라는 개념을 너무 무리해서 사용하는 것이 된다. 왜냐하면 농장과 특정 정치체제 사이에 이미 수립된 연상이란 아무것도 없기 때문이다.

어쩌면 "참이란 최종 진술이라는 생각"을 옹호하는 사람들은 우리가 때때로 한 예술 작품의 해석에 정관사 'the'를 붙여 이야기한다는 사실 때문에 오도된 것일 수 있다. 여기서 정관사 'the'는 그 작품에 대한 "단 하나의 그리고 유일한" 해석을 암시하는 것처럼 들릴 수 있다. 그러나 일반적으로 우리는 작품에 대한 **하나의**(an) 해석에 대해 이야기하고 있고—따라서 이 해석은 다른 것들에 의해 완성되거나 보완되거나 확장될 수도 있다—이를 깨닫게 되면, "최종 진술" 논증을 강요하고자 하는 유혹은 내가 보기에 틀림없이 덜 매력적인 것이 된다.

해석이 단지 그럴듯한 것일 뿐이지 결코 참은 아니라는 제안을 하는 또 다른 동기는 우리가 두 개의 상충되는 해석들 중 어느 것이 참인가를 결정할 수 없는 경우를 만날 수 있기 때문이다. 그래서 우리는 그중 하나가 참이라고 하는 대신 두 해석 모두 그럴듯하다고 말하는 것이다. 나는 이런 상황이 있을 수 있다는 데는 이견이 없다. 하지만 이런 경우 우리가 이야기하고 있는 것은 우리가 무엇을 아는가에 관한 것이지 무엇이 사실인가에 관한 것이 아니다. 우리가 둘 중 어느 것이 참인지를 알지 못한다고 해도 그중 하나가 참일 수 있기 때문이다. 즉, 그럴듯함이라는 개념은 인식론적인 반면, 우리가 알든 모르든 무엇이 사실인가에 관련된 문제인 참은 그럴듯함과는 상이한 평가의 차원에 속하며, **그럴듯함**이라는 개념 자체가 거기에 의존하는 것으로 볼 수 있다. (그럴듯함이란 "아마도 참(probably true)"을 의미하기 때문이다.)이러한 이유로 '모든 해석이 단지 그럴듯할 뿐'이라는 주장이 '일부 해석들은 참'이라는 주장에 직접적인 도전이 되는지조차 분명하지 않다.

이미 인정한 바대로 해소될 수 없는 해석적 충돌이 있어서 각각의 입장들을 그럴듯하다고 부르는 데 동의하는 사례들이 있을 수 있다. 하지만 그러한 사례를 일반화할 이유는 전혀 없다. 왜냐하면 하나의 해석이 경쟁하는 해석들이 아니라 단지 상호보완적인 해석들만을 가지는 경우들도 있을 수 있기 때문이다. 사실 나는 앞서 언급한 『동물농장』에 대한 해석이 그러한 경우라고 주장한다.

이에 대해 "『동물농장』은 전체주의에 대한 것이다"라는 명제가 해석이 아니라 기술이라는 주장이 제기될 수 있다. 그 진술이 참이라고 말하는 것이 맞게 들려도 이상하지 않은 이유는 바로 이것이 기술이기 때문이라는 것이다. 하지만 이것은 억지이다. 일례로, 동물 이야기는 독자들에게 잘 팔리지 않을 것이라는 이유로 유명한 미국의 출판사 노프(Knopf)의 심사위원들은 『동물농장』의 출간을 거절한 바 있다. 이는 최소한 그들에게 이 책의 실제 주제가 명백한 것이 아니었다는 점을 암시한다.*

요약해보자. 『동물농장』은 전체주의에 대한 것이다. 즉, 전체주의는 이 책의 주제들 중 하나이다. 이것이 『동물농장』에 대한 **하나의** 해석임에는 의심의 여지가 없으며, 더 나아가 이것은 **참**이다.

* 해석이 결코 참이 아니며 기껏해야 단지 그럴듯할 뿐이라는 견해를 옹호하는 사람은 위의 『동물농장』에 대한 해석과 같이 추정적인 하나의 해석이 참이 된다면, 이는 사실은 기술이지 해석이 아니라고 할지 모르겠다. 하지만 그렇게 된다면 이것은 선결문제 요구의 오류이다.

7. 분석

분석(Analysis)은 예술 작품이 어떻게 기능하는가를 설명하는 넓은 부류의 비평 활동—해석이 이러한 부류의 활동에서 대표적이지만, 해석만이 유일한 사례는 아니다—에 내가 붙이고자 하는 이름이다. 실제로, 현재는 해석—해석은 의의나 의미에 기대고 있다—이 예술 작품을 설명하는 가장 흔한 방식일 수 있다. 왜냐하면 우리는 말이 많은 시대에 살고 있기 때문이다. 그러나 해당 작품에 귀속시킨 의미에 의존하지 않는 설명도 예술 작품에는 적용되므로 해석은 분석의 전부가 아니라 단지 분석의 비교적 두드러진 사례들 중 하나일 뿐이다.

예술 작품을 분석할 때 해석이 전부가 아님을 아는 한 방법은 "해석할 만한 대상이 되지 못한다(beneath interpretation)"고 주장될 법한 예술 작품들이 있음을 상기해보는 것이다. 예를 들어, 어떤 예술은 순수하게 장식적이다. 이를테면 아미시(Amish) 사람들*이 만든 격자무늬 퀼트에 대해서는 아무 할 말이 없을 수 있다. 그것은 단

* 스위스에서 유래한 개신교의 한 분파로, 펜실베이니아 지역을 비롯한 미국 중서부 지역에 독자적인 공동체를 이루어 살고 있으며 문명의 이기들을 거부한 채 소박하고 전통적인 삶을 영위하는 것으로 알려져 있다.

순히 아름다움의 대상이며, 침실의 분위기를 밝게 하고 집안을 좀 더 살기 좋은 곳으로 만들려는 의도로 제작된 것이다. 하지만 이런 작품은 무언가를 의사소통하려는 일에는 관련되지 않기에 아무런 해석할 거리를 남기지 않는다.

비록 이런 작품을 해석한다는 것은 말이 안 된다고 하더라도 그럼에도 불구하고 비평가는 여전히 이 작품을 분석할 수 있다. 즉, 이 작품의 색과 감촉과 패턴이 어떻게 눈길을 모으고 몰입시키고 눈을 즐겁게 하는지, 그래서 어떻게 마음을 진정시키는 편안한 환경이 만들어지는지를 설명할 수 있다. 이 작품에 해석을 부여하기 위해 의미라는 말의 뜻을 확대하여 이해해보자고 할 수 있는데, 심지어 그런 경우에도 이 작품은 아무런 의의나 의미를 가지지 않는다고 해야 할 것이다. 하지만 그럼에도 불구하고 여전히 어떤 목적은 가지고 있다. 그러한 목적이 이 작품의 구성요소들에 의해 실현되는 방식들을 설명하는 것이 분석에 주어진 임무이다.

물론 해석은 분석의 한 종류이다. 왜냐하면 많은 경우 작품의 목적이나 요지란 결국 감상자에게 어떤 주제나 논제를 전달하는 것과 관련되어 있기 때문이다. 이러한 작품들을 분석하려면, 작품을 통해 예술가가 전달하고자 한 의도가 무엇이었는지를 분명히 해준 후 예술가가 그것을 어떻게 해냈는가를 설명해주는 일, 즉 해석을 필요로 한다. 예컨대 영화 「선셋 대로」°가 전달하고자 한 한 가지 생각은 할리우드가 사람들—스타들—을 괴물로 변화시킨다는 것이다. 비평가는 영화 내에서 공포영화를 암시하거나 공포영화의 테크닉을 채택한 다양한 세부들로 우리의 주목을 이끌면서 이러한 주제—「선셋 대로」의 의미—에 다가간다.

° 「Sunset Boulevard」: 빌리 와일더 감독의 1950년 영화. 무성영화 시절의 스타 여배우 노마 데스먼드의 화려한 과거에 대한 집착과 광기를 통해 할리우드의 이면을 표현했다.

여주인공 노마 데스먼드는 처음 등장할 때, 마치 뱀파이어를 연상하게 하는 모습으로 그림자 속에서 모습을 드러내며, 손을 보면 언제나 갈고리 모양이다. 또한 죽은 원숭이, 한밤중에 그 원숭이의 장례식을 치르는 등의 으스스한 영상도 있다. 노마의 커다란 집은 버려진 집처럼 보인다. 그 집이 귀신들렸을지도 모른다는 생각이 대사 속에서 노골적으로 드러나기도 한다. '오페라의 유령'이 좋아했던 장치인 오르간도 한몫한다. 집사 맥스는 마치 미친 과학자의 모습으로 오르간을 치는데, 때로 그가 연주하지 않을 때에도 오르간은 배경에서 불길하게 바람 소리를 낸다.

노마의 오래된 영화판 친구들은 "밀랍인형들(Waxworks)"이라고 불리는데, 이것은 무성영화 시대의 유명한 공포영화의 제목이다. 또한 노마는 살로메 역으로 복귀를 준비하면서 육체적으로 몹시 힘든 과정을 거치는데, 그 과정의 몽타주는 어떤 불경한 피조물이 부활하거나 재생되는 괴물영화의 실험 장면들을 연상시킨다. 이러한 암시들을 언급함으로써 비평가는 「선셋 대로」의 주제를 정확하게 드러낼 수 있는 한편, 동시에 이 영화가 어떻게 그러한 생각을 전달하는가를 보여줄 수 있다.

그러나 쉽게 생각할 수 있듯이 주제나 논제의 전달이 언제나 작품의 목적이나 요점인 것은 아니기 때문에 비평가의 모든 분석이 해석의 형태를 취하는 것은 아니다. 예술 작품의 목적이나 요점이 슬픔 같은 감정적 상태를 유발하는 것인 경우도 있다. 이런 경우, 비평가의 과제는 그 작품이 촉발하고자 목표로 한 상태가 무엇인지 밝히고, 예술가가 자신이 의도했던 효과를 어떻게 설계했는가를 설명하는 것이다.

예를 들어, 예수의 십자가 책형 그림을 감상할 때, 비평가는 자기 자신의 경험을 근거로 그 그림이 불러일으키는 감정을 깊은 슬픔으로 분류하고, 이러한 반응을 촉발하는 주요 요인이 화가가 죽어가는 예수 곁에 애절한 성모 마리아를 포함하여 울부짖는 제자들을 배치했기 때문이며, 가장 두드러지면서 애정 어린 모습으로 눈물을 흘리고 있는 성모 마리아는 보통의 감상자들이 이러한 배치로부터 슬픔의 반응을 형성하도록 도움을 준다고 설명할 수 있다.

유사하게, 때때로 작품은 우리에게 어떤 메시지를 보내기보다는 특정한 표현적 특성들을 투사하는 것일 수도 있다. 발란쉰이 안무를 짠 발레 「네 가지 기질」*은 전통적인 네 가지 심적 태도들, 즉 우울질, 쾌활한 다혈질, 무기력한 점액질, 화 잘 내는 담즙질의 특성을 포착하여 디자인된 일련의 춤들을 보여주려 한다. 분석과 관련해서 비평가가 할 일은 발란쉰이 네 가지 서로 다른 분위기가 의인화나 표현적 분위기를 통해 보는 이에게 지각될 수 있게 하려고 예리하게 서로 대조되는 움직임들을 이용해 어떤 구성을 창안해냈는지를 주목하게 하는 것이다.

예컨대, 관찰력 있는 비평가는 이 춤이 다혈질적 기분과 점액질적 기분 사이에 질적인 차이가 있음을 드러내기 위해 하나의 기분에서 다음 기분으로 넘어가면 그 부분에서 춤과 공간이 결부되는 방식에 변화를 주고 있다는 것을 지적할 것이다. 예를 들어, 다혈질을 보여주는 도입부에서는 무용수들이 무대의 공간을 적극적으로 차지함으로써 정경이 활짝 열려 있게 된다. 반면 점액질 부분에서 정경은 한정된 부분에 국한되고 폐소공포증을 느끼는 것처럼 변화하며, 움직임의 범위는 더욱 제한적이 된다.

다혈질 부분의 바리아시옹(獨舞)에서 지배적인 것은 반쯤 높이로 생기 있게 뛰어오르는 동작의 반복이다. 반면 점액질 부분의 바리아시옹에서는 보다 지면으로 향하는, 마룻바닥 가까이 밀착되어 맴

* 「The Four Temperaments」: 미국의 무용가 발란쉰(George Balanchine)이 안무하고, 독일의 작곡가 힌데미트(Paul Hindemith)가 작곡한 1946년 작 발레 작품. 인간의 성질이 네 가지 체액의 배합에 기초하여 다혈질, 점액질, 담즙질, 우울질로 결정된다는 고대의 관념을 음악과 춤으로 표현했다.

도는 동작이 지배적이다. 다혈질 부분의 발레리나는 빠른 알레그로를 잘 추는 무용수이며, 점액질에 등장하는 남자 솔로는 느리고 무심해서 마치 보이지 않는 짐을 천천히 들어 올리는 것 같은 인상을 남긴다.[13] 이러한 움직임의 선택은 특히나 그러한 선택이 서로 분명하게 대조적인 방식을 보이기 때문에 각 부분의 춤에 서로 구별되는 표현적인 특성—하나는 쾌활함이고 다른 하나는 무기력함—을 제공한다. 비평가는 감상자들이 이러한 특성을 감지할 수 있게 해줄 뿐 아니라, 이들이 어떤 방식을 통해 성취되었는지에 대해서도 생각해볼 수 있게 한다.

짐 자무쉬의 영화 「브로큰 플라워」*를 지배하는 표현적 특성은 실존의 마비(existential paralysis)이다. 자무쉬가 이러한 기분에 대해 무언가 할 말이 있는 것처럼 보이지는 않는다. 예를 들어, 이 기분이 어떻게 나타나는지에 대해 할 말이 있는 것이 아니다. 오히려 그는 마치 이 기분을 질적으로 압축할 수 있다면 만족할 것처럼 보인다. 그는 이러한 목적을 위해 많은 영화적 전략들을 채택하는데, 감상자들을 위해 이 전략들을 골라내고 분석하는 것이 비평가의 소임이다.

예를 들어, 명민한 비평가라면 이 영화를 구성하는 많은 부분에서 보이는 극단적인 움직임의 부재, 그것도 다차원에 걸쳐 일어나는 이러한 부재를 강조할 것이다. 카메라는 종종 스크린 중앙에서 무덤덤하게 거의 얼어 있는 듯이 자리 잡은 주인공 돈 존스턴에 고정된 채 움직임이 없다. 이런 장면은 누군가 다른 사람이 존스턴의 영역에 들어오거나 거기에서 어떤 일이 벌어질 때까지 유달리 오랜 시간 동안 유지된다. 또한 사람들이 떠나거나 움직임이 잦아들더라도 카메

* 「Broken Flowers」: 짐 자무쉬(Jim Jarmusch) 감독이 2005년 제작한 로맨틱 코미디 영화. 홀로 무기력하게 지내던 중년의 주인공 돈이 자신에게 익명의 편지를 보낸 사람이 누구인지 찾기 위해 옛 연인들을 찾아다니며 과거를 회상하는 내용을 로드무비 형식으로 담았다.

라는 여전히 남아서 남겨진 정적을 담는다. 마찬가지로, 말을 할 때 존스턴은 한 박자 기다렸다가 대개는 짧은 몇 마디를 던질 뿐이어서 이 역시 망설임—시작하기를 꺼려함—의 아우라를 강조한다. 전반적으로 냉랭한 이 느낌은 영화적 및 극적 기교들에 의해 배가되는데, 비평가는 이 기교들을 강조하면서 설명한다. 실제로 그 기교들은 '실존의 마비'라는 작품의 주제가 시청각적으로 그에 상응하는 표현적인 앙상블로 나타나도록 하는 역할을 한다.

이와 마찬가지로, 앨리스 맥더못의 『결혼식과 경야에서』°를 분석하는 비평가는 이 소설에서 가장 두드러진 표현적인 효과들 중 하나—무심함이라는 지배적인 아우라—에 초점을 맞출 것이다. 이는 그러한 효과를 야기하는 이 책의 국면들을 발견하고 분석하기 위해서이다. 비평가는 과거가 맥더못이라는 필터에 의해 걸러진 채 제시되고 있는 작품의 특이한 서사적 관점을 지적할 수 있다. 그 관점은 어느 한 등장인물의 관점이 아니라, 오히려 모든 아이들의 관점인 것처럼 보인다. 이렇게 관점이 한 개인으로부터 분리됨으로써 다소 몰개성적인 말투를 가지게 된다.

예술 작품들은 특정한 표현적 특성들을 제시하는 것과 같은 목적들을 가지며, 비평가의 분석은 그러한 목적들이 성취되는(혹은 성취되지 못하는) 방식들을 보여준다. 이 점에서 비평가는 작품 전체 및 그 작품의 각 부분들이 어떻게 함께 기능하는가를 이해하도록 도와줌으로써 감상자들이 작품을 감상할 수 있게 해준다.

분석은 「네 가지 기질」에서 다혈질의 바리아시옹 부분처럼 작품의 부분에 초점을 맞출 수도 있고, 실존의 마비라는 표현적인 그늘을

° 『At Weddings and Wakes』: 퓰리처상 후보에 올랐던 앨리스 맥더못(Alice McDermott)의 1992년 소설. 1960년대 초 뉴욕을 배경으로, 아일랜드-가톨릭 가계의 가난한 한 가족이 겪는 비극적인 사건을 세 명의 아이의 시점에서 담담하게 그려낸 소설이다.

체계적으로 투사한다는 「브로큰 플라워」의 목적처럼 전체적인 작품의 목적에 주목할 수도 있다. 비평적 분석은 예술가가 작품을 구성하는 요소들을 선택한 것이 어떻게 작품의 목표를 성공적으로 성취하도록 하는지를 보여주는 방식으로(또는 이러한 선택이 왜 실패했는가를 설명함으로써) 작품에 대한 평가를 뒷받침한다.

작품의 한 부분에 주목하든 전체로서의 작품에 주목하든 분석의 전반적인 방향은 대체로 전체론적(holistic)이다. 즉, 분석은 작품 전체 혹은 전체의 한 구성요소 속에 들어 있는 의도나 생각 또는 디자인이 통일성을 가지고 있음을 수립하는 데 바쳐진다. 이러한 경향은 분석의 두 가지 핵심적인 기능에서 유래한다. 하나는 작품에 대한 감상자의 이해와 감상을 촉진하는 것이고, 다른 하나는 작품의 평가를 정당화하는 것이다. 이해를 위해서는 정합성 — 비평가의 도움으로 우리가 작품에서 발견할 수 있는 어떤 것 — 이 요구되기 때문이며, 통일성, 높은 정도의 조직적 체계성 그리고 충만함은, 변화의 부족이 천편일률적인 단조로움을 초래하지 않는 경우라면 일반적으로 작품을 가치 있게 만들어주는 특성들이기 때문이다.

이 마지막 주장은 아방가르드 예술을 열렬히 지지하는 사람들을 노엽게 할 수도 있다. 그들은 내가 주장하는 통일성이 퇴행적인 감상주의에 불과하다고 생각할 것이다. 그들은 존재의 불합리나 인간 정신의 분열이나 사회의 모순이나 언어의 무능력을, 어쩌면 이 모든 것의 존재를 모두 인정한다면 예술은 통일성과 체계성의 파괴, 돌이킬 수 없는 파편화와 비일관성을 긍정해야 한다고 주장할 수 있다. 아방가르드 작품들은 자주 의미와 일관성을 어지럽히고자 의도하며, 또한 자주 그러한 의도의 실현에 성공하는 것처럼 보인다.

이러한 전통에서 모범적 전형으로 간주되는 한 작품 — 「안달루시아의 개」* — 에서 루이스 브뉘엘 감독과 살바도르 달리는 작정을

* 「Un Chien Andalou」: 1929년 브뉘엘 감독이 초현실주의 화가 달리와 함께 만

하고 작품에서 어떠한 이해 가능성이라도 보이기 시작하면 바로 그 것을 전복시켜버렸다. 만약 한 시퀀스와 다음 시퀀스 사이의 연결이 이해 가능하게 보이기 시작하면, 그들은 붙여놓았던 두 부분의 필름을 떼어내고 거기에다 전혀 다른 것에 관한 장면을 붙였다. 그리하여 그 결과 실제로 보이는 모든 것은 서로 아무 관련 없는 파편들의 퍼레이드이다.

달리와 브뉘엘 — 그리고 일반적으로, 다다와 초현실주의 — 의 시대 이후로 통일성의 해체와 분열, 파편화를 찬양하는 예술 작품들이 많아졌다. 예술 작품에서 의도의 통일성을 찾으려는 전체론적인 탐색이 곧 비평적 분석의 특징이라고 생각하는 것은 확실히 현대 예술의 흐름에 역행하는 것이다. 분명히 나의 설명은 퇴물까지는 아니라고 해도 비평에서의 분석에 대한 구식 설명이다.

하지만 정말 그런가? 「안달루시아의 개」 같은 아방가르드 영화는 일련의 말도 안 되는 것처럼 보이는 내러티브를 통해 끊임없이 우리의 기대를 벗어나고 있지만, 이 영화조차 초현실주의의 목적에 맞게 비정합적인 사건 시퀀스들을 일관성 있게 선택하였기 때문에 일종의 이차적 통일성(second-order unity)을 보여준다고도 분석할 수 있다. 일련의 비정합적인 사건들에 대한 표상을 통해 마음의 비정합성을 확증하려는 의도는 모순어법으로 말해서 하나의 정합적인 목적이다. 무작위로 선택된 해프닝들의 연쇄처럼 보이는 것을 동원해서 이를 구현할 경우, 이는 이해될 수 있는 목적이다. 무작위적 선택으로 보이더라도 이러한 이질적인 것들은 존재 이유를 가지고 있고, 비평가는 분열을 중시한다는 예술가의 의도가 가진 통일성을 이용

든 영화. 논리적인 플롯은 물론이고, 이성적으로 설명할 수 있는 모든 요소를 제거할 의도로 만들어진 실험적인 작품이다. 17분이라는 짧은 상영시간과 충격적인 내용에도 불구하고 당시 파리의 초현실주의자 그룹의 전폭적인 지지를 받았다.

해 그들의 존재 이유를 설명할 수 있다.

(단지 사례 하나를 논의했을 뿐임은 인정한다. 그렇지만 나는 위에서 도입한 이차적 통일성이라는 개념이 아방가르드적 괴리가 일어난 사례들 중 우리의 관심을 끄는 거의 모든 사례들을 다룰 수 있다고 생각한다.)

그러나 비록 분석이 전체론적이라고 하더라도 분석은 또한 작품이 통일성을 결여하고 있음을 드러내는 데도 어떤 역할을 할 수 있다. 비평가는 소설의 의도된 효과가 감상자에게 미스터리한 느낌을 불러일으키려는 것임을 밝힌 후, 하지만 소설의 살인자(늘 그렇듯이 이번에도 집사)가 처음 등장한 이후로 줄곧 그에게 죄가 있다는 표시를 하는 식의 뻔한 진행으로 인해 그러한 목적이 잘 달성되지 않았음을 분석을 통해 지적할 수도 있기 때문이다.

8. 매우 간단한 요약

이 장에서 우리는 (평가를 제외한) 비평의 구성요소들을 살펴보았다. 구체적으로 기술, 분류, 맥락화, 해명, 해석 그리고 분석에 대해 논의하였는데, 이들 각각의 비평적 작업에서 발생할 수 있을법한 몇 가지 문제들을 언급할 목적을 가지고 그렇게 하였다. 이들 사이의 구별은 엄밀하다기보다는 대략적이고 실용적인 방식으로 이루어졌다. 예를 들어, 분류는 때로 예술사적 맥락화와 겹치는 부분이 있을 수 있고, 어떤 경우 해명과 해석의 경계는 지나치게 모호하기도 하다. 하지만 나는 비록 우리가 이들을 엄밀히 구분지어 밀봉된 범주에 넣어 분류하지는 못했다 하더라도 이 장에서 그것들을 검토한 것은 문제에 대한 해답을 우리 스스로 발견해나가도록 한다는 점에서 가치가 있었다고 생각한다. 왜냐하면 이름이야 어떻게 불리건 이러한 작업들은 비평가에게 이유를 통해 자신의 평가에 근거를 제시할 수 있는 방편을 마련해주기 때문이다.

9. 예술가의 의도
제2부: 의도와 해석

비평에서 예술가의 의도가 어떤 역할을 하는지, 하는 역할이 있기는 한지에 대한 문제보다 해석에서 더 많이 논쟁거리가 되고 있는 이슈는 없다. 이것은 매우 중요한 문제여서 해석과 관련하여 제기되는 가장 성가시고 문제가 많은 이 이슈를 둘러싼 논쟁을 살펴보기 위해 이 마지막 절을 특별히 남겨두었다.

해석이 예술 작품의 의미를 찾아내는 활동인 것으로 간주되는 한 많은 논평자들이 해석을 이해하는 모델로 언어적 의미를 제안하는 경향을 보이는 것은 이해할 만하다. 그렇게 하는 주된 이유는 언어적 의미가 다른 어떤 종류의 추정된 의미보다 더 잘 이해되는 것이기 때문이다.

물론 언어적 의미는 의미론과 구문론의 관례에 따라 고도로 구조화되어 있다. 그러므로 해석이란 해당 예술 형식의 규칙을 적용하여 작품의 의미를 발견하기만 하면 되는 것이라고 생각하기 쉽다. 예를 들어, 시의 경우 우리는 시의 의미를 결정하기 위해 단지 공적으로 확립된 단어의 의미와 문법 규칙들, 그리고 비유법 규칙에 호소하기만 하면 된다고 생각할 수도 있다. 시인의 의도에 의존할 필요는 없다. 이러한 견해를 반의도주의(anti-intentionalism)라고 하며, 20세기 중반 이후 문학 이론과 철학의 논쟁에서 가장 영향력 있는 입장으로

자리매김하여왔다.[14]

반의도주의는 작품 해석의 모델을 관례에 기초한 언어적 의미의 이해에 의존하고 있는 한 예술 전반으로 일반화될 수 없다. 왜냐하면 대부분의 예술은 언어가 가지고 있는 고도로 구조화된 의미의 관례들을 가지고 있지 않기 때문이다. 무대감독이 「한여름 밤의 꿈」 연극의 무대에 수영장을 집어넣기로 선택한 것은 분명히 그러한 제작을 해석할 때 고려할 만한 결정이지만("이렇게 함으로써 감독이 무엇을 제시하고자 하는 것인가?"), 무대에 등장한 수영장은 어떠한 고정된 공적인 의미도 가지고 있지 않다.*

실제로 문학에서조차 해석에 대한 많은 전통적인 관심들은 반의도주의자가 지지하는 언어 모델에 호의적이지 않다. 예컨대 해석자들은 종종 플롯에서 생략된 부분의 중요성에 주목하거나 왜 한 인물이 겉보기에 상충되는 특성들을 가지는가에 의문을 제기한다. 하지만 이러한 자주 제기되는 해석적 관심들뿐 아니라 무수히 많은 다른 해석적 관심들 역시 기존의 해석 코드나 관례를 참조하여 결정될

* 비평을 구성하는 작업들을 이 장의 앞에서 했던 식으로 항목화한 데 따르면, 반의도주의자들이 꼽는 가장 좋은 사례들은 해석이 아니라 해명의 범주에 속하는 것들이다. 왜냐하면 반의도주의적 직관을 가장 잘 공급하는 것은 언어의 의미론과 구문론을 통해 저자의 언어 행위를 이해하는 것이기 때문이다. 하지만 이런 사례들에서 일차적으로 일어나는 것이 해석이 아니라는 점이 인정될수록 반의도주의는 점점 더 설득력을 잃는 것처럼 보일 것이다.
그럼에도 불구하고 해명 작업이 예술가의 의도와 무관하다고 말하는 것으로 이해되지는 않았으면 좋겠다. 최소한 소위 부재의도주의(negative intentionalism)라는 것이 예술가의 발화 의미를 결정하는 데 적합한 것임은 틀림없다. "부재의도주의"란 예술가가 실제로 가졌을 믿음이나 욕구의 범위를 벗어난 해명이 주어져서는 안 된다는 것이다. 해명은 해석과 마찬가지로 예술가가 의도할 수 있거나 의도할 수 있었던 바에 의해 제한되어야 한다.

수 없는 경우가 있다.

또한 문학작품은 종종 반어와 암시를 활용한다. 언어의 관례라고 하는 것은 극단적인 반어의 경우에는 쓸모가 없다. 왜냐하면 이런 경우 작가는 언어의 규칙이 함축하는 바와 정확하게 반대되는 것을 말하려 하기 때문이다. 또한 기존 작품의 한 구절을 생각나게 하는 표현이 있을 때 그것이 그 작품에 대한 암시인지 아니면 그저 우연한 표현상의 유사성인지를 관례로는 구별할 수 없다. 심지어 은유를 해석하는 작업에서도 어떤 식으로 진행해야 할지를 말해주는 아무런 법칙—비유의 규칙—이 없다. 수많은 비유의 형식들에 대해서도 비유에 대한 우리의 탐색을 안내할 은유 사전 같은 것은 존재하지 않는다. 그러므로 반의도주의나 관례주의 입장을 적용하는 것이 가장 환영할 만한 분야일 것처럼 보이는 언어 예술에서조차 이 입장이 온전한 설명을 제공할 수 있는가는 논쟁적이다.

아마도 반의도주의자나 관례주의자가 채택하고 있는 언어 모델의 보다 심각한 문제는 다음일 것이다. 이 모델은 해석의 대상이 언제나 언어적 의미와 평행한 어떤 방식으로—즉, 명제나 발화나 개념으로—이해 가능하다는 추정을 하고 있는 것처럼 보인다. 하지만 살펴본 바와 같이 해석의 대상이 좁은 의미로 이해된 언어적 의미가 아닌 경우가 자주(어쩌면 매우 자주) 있다.

실제 일반적으로 해석의 대상은 예술가가 말한 것이 아니라 행한 것이다. 예를 들어, 미술사학자는 학생들에게 화가가 왜 십자가에 못 박힌 예수를 그림의 소실점에 위치시켰을까를 설명하면서 이를테면 십자가 옆에서 주사위놀이를 하는 로마 군인들이 아니라 예수의 죽음이 이 그림의 주제임을 강조하려는 화가의 의도를 언급할 수 있다. 지적되기 전까지는 많은 관람자들에게 명백하지 않을 수 있기 때문에 이것은 수사로서 혹은 연출로서의 의의를 갖는 것으로 해석적 주목을 받을 만하다.

그럼에도 불구하고 여기에는 언어적으로 이해된 의미가 포함되어 있지 않다. 이것은 "여기를 보라"라고 '말'하고 있지 않다. 대신 이것은 통상적인 감상자의 시선을 그 방향으로 향하게 하는 효과를 낳는다. 그러나 작품 전체의 디자인에서 이러한 장치의 의의를 설명하는 것은 해석적 작업이다. 왜냐하면 이것이 작품이 통일된 의도를 가졌음을 드러내는 데 기여하기 때문이다. 다시 말해, 이것이 반드시 볼 수밖에 없게끔 작품의 내용을 우리 눈앞에 펼쳐놓는 전략을 써서 작품의 계획과 요지와 목적을 강조하고 있다는 점을 설명하는 데 기여하기 때문이다.

관례주의 모델이 한계가 있기에 우리는 해석을 이해하는 방식을 다른 곳에서 찾아야겠다는 생각을 하게 된다. 게다가 멀리 갈 필요도 없다. 왜냐하면 우리에게 해석이란 예술 작품처럼 얼마 안 되는 대상들을 통해서만 충족될 수 있는 이상한 활동이 아니기 때문이다. 일상생활은 해석으로 가득 차 있다.

우리는 우리 동료 인간의 말과 행동을 해석하는 데 관여하지 않고서는 채 1시간도 보내기 어렵다. 타인의 마음을 읽는 능력은 사회적 존재의 필수불가결한 한 부분이며, 자폐증을 앓고 있는 사람처럼 그런 능력이 심각하게 결핍된 사람들은 통상 장애를 가진 것으로 여겨진다. 예술 작품들에 대한 해석은 인간에게 주어진 이러한 자연적 능력을 단지 특별히 연장한 것으로, 그 종류에 있어서는 매일 우리를 둘러싸고 있는 가족과 친구, 모르는 이와 적의 언어적 비언어적 행위를 해석하는 것과 다르지 않다.

그러므로 우리의 일상적인 해석의 관행은 예술 작품의 해석을 이해하는 데 빛을 던져줄 것으로 기대된다. 일상생활에서 해석은 보통 다른 사람들의 의도를 이해하는 데 그 목적이 있다. 우리는 비언어적 행위를 포함해서 동료들의 말과 행동을 면밀히 살펴보는데, 이는 그러한 말이나 행동을 유발한 의도를 추론함으로써 그 말과 행동을 이해하기 위함이다. 만약 행동도 말과 마찬가지로 관례라는 배경에 기대어 나타난다면, 우리는 그러한 관례도 고려한다.

그러나 언표 행위를 포함하여 한 행위에 대한 해석에 도달하는 길은 관례적인 규칙들을 그 행위에 기계적으로 적용하는 것과는 거의 관련이 없다. 우리는 해석에 이르기 위해 행위자에 대해 우리가 알고 있는 것, 행위자의 믿음이나 욕구에 대해 알고 있는 것, 그러한 행위의 맥락 및 관련된 관례에 대해 우리가 알고 있는 것을 활용한다. 해석은 다른 어느 것보다 화용론의 문제인 것이다.

일상생활에서 다른 사람들을 해석하는 것과 동일한 방식으로 예술 작품을 해석하면 안 될 이유가 있는가? 해석을 하는 경향, 즉 우리와 같은 사회적 존재에게 도움을 주는 적응 방식의 하나로서 자연선택을 통해 우리 속에 배양되었던 바로 이 경향의 연장선상에 예술 작품에 대한 해석도 그 자리를 차지하고 있을 확률이 매우 높지 않은가?

이러한 물음들에 긍정적으로 대답하는 것이 그럴듯하다면, 반의도주의적 성향을 가진 관례주의자가 옹호하는 좁은 의미의 언어적 의미 모델은 우리가 행위를 이해하고자 할 때 동원하는 보다 넓은 개념을 받아들이는 쪽으로 바뀔 수 있다. 이때 행위를 말이 되게, 혹은 이해 가능하게 만드는 데 기여하는 것은 그러한 행위의 이면에 있는 일관된 의도의 확인이다. 한 예술 작품을 이해할 수 있게 만드는 것이 하나의 행위를 이해할 수 있게 만드는 것과 같은 종류라고 상정하는 것이 왜 안 되겠는가? 이 경우 예술 작품을 이해할 수 있게 만드는 것은 결국 예술가가 예술 작품을 창작하는 과정에서 의도를 가지고 행한 일을 이해할 수 있게 만드는 것이다. 앞서 설명한 반의도주의와 대조해서 이러한 견해가 갖는 장점은 해석에 대한 의도주의적인 이해하에서는 의미론과 구문론의 규칙들만큼 엄격한 규칙들에 의해 지배받지 않는 예술 형식들도 매우 수월하게 해석 가능하다는 점이다.

예술 작품은 의사소통의 차원을 가진다. 따라서 다른 조건들이 같다고 한다면, 우리가 동료 인간이 의사소통을 위해 하는 다른 행위들을 대할 때 하는 것과 마찬가지 방식으로 예술 작품에 관여하도록 노력해야 할 것이다. 즉, 예술 작품이건 의사소통 행위건 모두 사람들의 의도와 관련된 정보의 출처로 대해야 하는 것이다. 논쟁의 여지는 있겠지만, 해석이 개입될 경우 그 요체는 작품의 창작자가 가진 의사소통의 의도를 구별해내는 것이라 주장할 수 있다.* 그러므로 의도주의자는 예술가의 의도를 찾아낸 정도가 높고 그렇게 찾아낸 것을 작품의 의미로 제시하는 가설의 구성요소로 사용한 정도가 높을수록 해석은 성공적이라고 주장한다.

의도주의가 종종 거부되는 이유는 이 입장의 옹호자들은 다음과 같은 난센스를 받아들여야 하는 것으로 생각되기 때문이다. 즉, 의도주의는 해석에 대해 작품은 무엇이 되었건 작품의 창작자가 말하는 의미나 기능을 가진다는 주장을 선호하는 입장이라는 것이다. 그래서 만약 시인 자신의 시에 등장하는 "파랑"이라는 단어가 "빨강"을 의미한다고 말한다면, "파랑"은 "빨강"을 의미한다는 것이다. 하지만 이는 말이 되지 않는 소리이다.

물론 이와 같은 경우 우리는 그 시인이 자신의 진정한 의도를 속이고 있는 것은 아닌지 의심해볼 수 있다. 일상적인 경우에도 우리는 발화자가 언제나 그 자신의 의도에 대해 최종적인 결정을 내린다고는 생각하지 않는다. 그러므로 의도주의는 예술 작품은 무엇이 되었든 그저 작가가 말한 바를 의미한다는 견해를 주장하는 것이 아니라는 점을 강조할 필요가 있다. 오히려 의도주의는 예술가가 말한 의도가 아니라 실제 가졌던 의도를 따르는 것이다.°

하지만 이제 우리가 그 시인이 실제로 "파랑"으로 "빨강"을 의미

* 여기서 "의사소통의 의도"가 의미하는 것은 예술가가 의사소통하고자 의도한 내용이 무엇인지뿐만 아니라 예술가는 의사소통하기를 의도한다는 사실도 포함한다.

° 예술가의 실제 의도는 무의식적인 의도가 될 수도 있다.

하도록 의도했다는 것을 어떤 식으로든 확인할 수 있었다고 상상해 보자. 분명한 것은 우리가 이것을 그 단어의 의미라고 받아들이지는 않을 것이다. 왜냐하면 그랬다가는 험프티덤프티(Humpty-Dumpty)* 를 만나게 될 것이기 때문이다. 반의도주의는 우리가 왜 "파랑"의 의미를 결정하려는 그 시인의 의도를 허용하지 않으려 하는지 그 이유를 말해줄 수 있다고 할 것이다. 왜냐하면 그 시인이 마음에 두고 있는 것은 언어의 법칙을 위반하기 때문이라는 것이다.°

이 반론은 가장 급진적인 부류의 실제의도주의에 치명타이다.[15] 하지만 이 반론을 피할 수 있는 좀 더 온건한 형태의 실제의도주의가 있을 수 있다. 이 측면에서 시도할 수 있는 하나의 전략은 예술 작품이 그 자체로 — 이 경우 단어들과 그것들의 관례적인 의미들을 포함

* 원래는 영국 동요에 등장하는 달걀 모양의 사람이지만, 여기서는 루이스 캐럴의 『이상한 나라의 앨리스』의 속편인 「거울나라의 앨리스(Through the Looking-Glass)」(1872)에 등장하는 인물. 발화된 문장은 무엇이 되었건 발화자 자신이 그 의미라고 선택한 것을 의미한다고 주장한다.

° 공평하게 말하자면, 반의도주의도 나름대로의 어려움이 있다는 점이 지적되어야 한다. 반의도주의는 온갖 종류의 시대착오적인 것들을 의미로 허용하게 된다. 예를 들어, 이 입장은 전에 언급한 아켄사이드의 시에 나오는 "plastic arm"에 대해 석유를 재료로 한 플라스틱 팔이라는 독해를 받아들인다. 하지만 시인은 차치하고서라도 시가 당시에 아직 존재하지 않았던, 당시 사람들이 전혀 알지 못했던 어떤 물질을 지칭할 수 있다고 생각하는 것은 완전히 말도 안 되는 소리로 들린다. 내가 이 책에서 사용하는 모든 명사도 미래에는 현재의 내가 알지 못하는 의미를 추가로 가질 수 있을 것이다. 내가 지금 여기서 그러한 것을 의미하고 있는가? 어떻게 내가 그럴 수 있는가? 내가 앞서 부재의도주의라고 부른 것이 해석에 대한 하나의 제약인 것은 최소한 분명하다. 이는 의미 부여의 기본 원칙 중 하나를 잘 파악하고 있는 것이다. 아켄사이드의 텍스트가 정말로 석유 부산물을 지칭한다고 생각하는 반의도주의자의 사례에 대해서는 비어즐리(Monroe Beardsley)의 책, *The Possibility of Criticism* (Detroit: Wayne State University Press, 1970), pp. 19-20을 보라.

하여—예술가의 의도로 추정된 것을 뒷받침할 수 있는 경우에만 작품의 창작자가 가진 의도가 예술 작품의 해석에 적합하다고 간주하는 것이다. 여기서 의도주의는 뒷받침되지 않는 의도가 있는 경우에는 고립된 예술가의 의도만으로는 작품에 대한 성공적인 해석이 얻어지지 않을 것이라는 점을 수긍하고 있다.[16] 이런 식으로 온건한 실제의도주의는 해석에서 관례적인 의미의 역할과 의도의 역할 모두를 인정한다.[17]

그럼에도 불구하고 온건한 실제의도주의가 극복해야 하는 도전들은 더 있다. 그중 하나는 어떤 형태의 의도주의건 의도주의는 해석자가 주목해야 하는 것은 보지 않고 대신 다른 것을 보도록 한다는 혐의이다. 작품에 주목하는 대신, 해석자는 예술가의 의도라는 작품 외부의 어떤 것에 초점을 둔다는 것이다. 하지만 온건한 실제의도주의자는 이에 대한 대답으로 예술가의 의도를 위한 증거의 일차적인 출처가 곧 예술 작품임에 주목하라고 할 것이다. 예컨대 일단 우리가 벌가코프가 소설을 쓴 정치적 맥락을 이해하게 되면, 악마를 예수의 심부름꾼으로 만들어서 작품의 전복적인 내용을 가리려는 그의 의도를 깨닫게 되는 것은 일차적으로 그가 쓴 『거장과 마가리타』*의 텍스트를 통해서이다. 이런 경우 의도주의는 우리로 하여금 작품을 등지게 하는 것이 아니라 훨씬 더 면밀하게 살펴보도록 한다.

더 나아가 의도주의자는 예술 작품에 대한 우리의 관심이 예술 작품을 마치 자연 속의 대상인 것처럼—마치 잘 빚어진 항아리가 요행수로 화산에서 마법처럼 튀어나온 것처럼—보는 것이라면 이

* 「The Master and the Margarita」: 러시아 작가인 벌가코프(Mikhail Bulgakov, 1891~1940)의 장편소설로, 작가가 죽은 후 26년 만에야 출판되었다. 초자연적인 인물들이 등장하고, 근대 모스크바와 고대 예루살렘에서 진행되는 두 개의 내러티브로 구성되는 등 환상소설의 면모를 지니면서도 이러한 공상적인 내용을 통해 당시 소련의 상황을 풍자하고 있다.

는 잘못이라고 주장한다. 분명한 것은 우리가 예술 작품에다 갖다 붙이는 비평적 언급들 중 많은 것들이 성취라는 개념을 전제하고 있기에 작품에서 의도가 실현된 방식(혹은 실현되지 못한 방식)에 관심을 갖는다는 것이다. 하지만 이미 주장한 것처럼 이 방식을 감상하려면 작품을 낳게 한 의도를 먼저 파악할 필요가 있다. 왜냐하면 예술가의 성취란 작품의 창작에서 예술가가 수행한 행위를 말하며, 의도는 아마도 단지 그것만으로는 아니겠으나 행위의 의미를 결정하는 데 관련을 맺고 있기 때문이다. 그러므로 우리가 실천하고 있는 비평적 감상은 의도주의에 의해 실질적으로 뒷받침되는 것으로 보인다.

게다가 만약 우리가 예술 작품에 대해 어떤 식으로 이야기하는지를 잘 들어본다면, 우리가 얼마나 자주 예술품을 의인화하여 말하는지 분명히 놀라게 될 것이다. 우리는 그림이 이러저러한 일을 행하고 있다거나 시가 이러저러한 것을 말하고 있다고 말한다. 그러나 문자 그대로라면 그림과 시는 행하지도 않고 말하지도 않는다. 그럼에도 이런 식으로 말하는 것은 자연스러워 보이는데, 왜냐하면 예술품에서 우리가 관심을 가지는 것이 바로 **예술가**가 행한 것 — 즉, 예술가가 성취한 것 — 이기 때문이다. 이때의 예술가의 행위란 의도에 대한 기술을 통해 가장 잘 포착되고, 우리는 이것을 비유적으로 예술 작품에까지 연장하는 것이다.

의도주의자는 예술 작품의 해석이 우리가 매일 하는 다른 사람들에 대한 해석과 연장선상에 있다고 주장한다. 하지만 의도주의를 비판하는 사람들은 예술 영역에 들어오게 되면 상황이 변한다고 주장한다. 그들은 다음과 같이 말한다. 비록 표준적인 경우 우리가 해석을 하는 목적은 다른 사람들의 말과 행동 그 이면의 의도를 알기 위해서라 하더라도 예술은 그와 같지 않다. 예술은 다른 사람들로부터 정보를 모으는 것과 관련된 실용적인 관심을 뛰어넘는 목적들을 가진다. 예술의 본질적인 기능 중 하나는 읽는 이나 듣는 이나 보는 이의 상상력을 자극하여 활발하게 해석적 놀이(play)에 참여하도록 함으로써 이를 통해 미적 경험—그 자체로 가치 있는 경험—을 제공하는 것이라고도 할 수 있다. 제대로 된 해석의 목적이 예술가의 의도를 파악하는 것이라는 주장은 바로 이러한 예술의 핵심적인 기능(논쟁의 여지가 있긴 하지만)에 위배되는 것일 수 있다. 그러므로 예술 작품과 적절한 관계를 맺기 위해서라면, 의도를 찾아 해석하려는 우리의 일상적인 성향은 유보되어야 한다.

그러나 예술의 핵심적인 기능, 즉 다른 모든 기능들보다 우선시되는 그러한 기능이 상상적인 해석의 유희를 증진시킴으로써 미적 경험을 촉발하는 것이라는 견해는 백 번 양보해도 논쟁적이다. 자격을 갖춘 예술계 구성원들이 보여주는 행태가 이것이 정설임을 보여주고 있다면 선결문제 요구의 오류를 피하면서 이 견해를 지지할 수 있겠지만, 사실은 그럴 수도 없다. 왜냐하면 실제로 예술계에서 자격을 갖춘 구성원들은 상당히 빈번하게 의도주의적인 해석을 유통시키고 있기 때문이다.

다른 한편으로, 예술 작품이 최소한 의사소통적 차원을 가진다는 점을 부정하기는 어렵다. 이 말은 예술 작품이 생각이나 느낌을 표현하는 것, 또는 어떤 내적 구상을 감상자가 관조할 수 있게 투사하는 것으로 간주된다는 뜻이며, 그것이 아니더라도 하여간 간주관적으로(intersubjectively) 알 수 있는 어떤 다른 효과를 가진다는 것이다. 나아가 일단 우리가 다른 어떤 것과 의사소통 관계에 들어가면, 우리는 어떤 도덕적 책임에 묶이게 된다는 주장이 있을 수 있다.*

* 마찬가지로 예술가가 자신이 하고 있는 것에 대한 자신의 의도를 진술하였고, 또한 그가 만든 것이 그 진술에 부합하는 경우인데도 해석자가 이를 무시하고 그러한 진술과는 다른 해석을 제안한다면 이 역시 거의 바보 같은 짓으로 보일 것이다. 제화공이 자신은 신발을 만든다고 주장하고 있고 사람들이 그가 만든 물건을 신발로 사용할 수 있는 경우라면, 우리가 그의 말을 부정하고 그 대신 그가 실제로는 다른 어떤 것을 하고 있다고

다시 말해, 우리는 타인이 하는 말을 공정하고 정확하게, 말하는 이의 입장에 서서 너그럽게 다루어야 한다. 즉, 우리는 상대방의 말에 정당하게 관여하고 그 사람이 의사소통하고자 의도하는 바를 이해하려 노력해야 한다. 이러한 도덕적 책무가 있음에 대한 아마도 최선의 증거는 다른 이들이 "내가 하지도 않은 말을 했다고 하는 경우" 우리가 느끼는 불공정함을 들 수 있다. 이런 일이 발생할 때 우리가 불쾌함을 경험한다는 것은 우리가 "부당한 취급을 당하고 있다"고 느끼고 있음을 가리킨다. 따라서 우리가 예술가가 무엇을 의도하는가를 거의 가늠하고 있거나 심지어 안다고까지 할 수 있는 경우, 게다가 예술가가 만든 것이 의도한 바와 일관적임을 인정하는 경우, 그럼에도 불구하고 여전히 그 예술가를 반대로 해석하고자 한다면 마찬가지로 우리는 그 예술가를 부당하게 취급하고 있는 것이다.*

나아가 만약 이러한 도덕적 고려사항들이 해석에 해당되는 것이라면, 자유로운(최소한 의도라는 측면과는 독립적인) 해석의 놀이를 통해 미적 경험을 추구한다고 하는 것이 예술 작품에 대한 우리의 적법한 모든 관심들보다 우선시되는 것처럼 보이지 않는다. 오히려 받아들일 수 있는 해석의 범위가 작품의 창작자가 무엇을 의도하였는지에 관한 우리의 최선의 가설에 의해 도덕적으로 제한될 것이다.

예술가가 스스로 자기가 하려고 한 것을 진술한 것보다 예술가의 의도에 대한 비평가의 논의가 훨씬 더 분명하다는 점 때문에 비평가가 과연 주장처럼 예술가의 의도를 드러내고 있는지 의혹이 생기

할 수 있을 것인가? 만약 이것이 제화공에 대해 바보 같은 짓이라면, 예술가에 관해 덜 바보 같을 이유가 있는가?

* 왜냐하면 말한 이의 의미에 참되어야 한다는 것을 포함하는 참의 개념은 대화를 규제하는 이상(ideal)으로서 진정한 의사소통에 근본적인 것이고, 또한 말한 이들을 진짜로 존중하기 위해 반드시 있어야 할 특징이기 때문이다.

는 경우가 있다. 하지만 예술가는 유화나 동판으로 작업하는 반면, 비평가는 말을 통해 작업하는 것이 전문이므로 이 점은 예상되는 바이다. 예술가는 자신의 예술 형식을 통해 자신을 표현하는데, 그러한 예술 형식은 (심지어 그것이 문학이라고 할지라도) 설명적이거나 분석적이지는 않다. 그러므로 비평가가 예술가가 가진 의도의 특성을 밝혀놓은 것이 예술가가 인터뷰에서 말할법한 것보다 더 정교하고 미묘하다고 해서 놀랄 것은 없다.

하지만 예술가의 의도에 대한 비평가의 설명이 예술가의 말보다 더 분명할 수 있다는 사실이 비평가는 예술가의 의도를 진술할 수 없음을 함축하지는 않는다. 비평가는 예술가의 의도를 더 명시적이고 명확하게 진술할 수도 있다는 것뿐이다. 나아가 예술가가 하지도 않은 말을 하고 있는 것이 아니라는 점을 확실히 하려면, 비평가는 예술가도 이해하는 데 별다른 부담이 없어서 그것이 자신의 견해라고 승인할 만한 용어를 사용하여 예술가의 의도에 대한 가설을 진술하도록 노력해야 한다.

많은, 아마도 대부분의 예술가들은 자신들의 의도를 전문적인 비평가가 글을 쓰는 식으로 공들여 명료하게 표현하지는 않을 것이다. 그럼에도 불구하고 이것이 그러한 예술가들이 의도를 가지고 행동한 것이 아님을 함축하지는 않는다. 오히려 그들이 의도를 가진다는 데 대한 증거는 예컨대 "이런 식의 붓질이 맞다(right)", "저건 잘못된 것이다", "작품이 마무리된 느낌이다" 같은 표현에서 드러나는 것처럼 그들의 기획이 일종의 목적을 가졌다는 사실에 의해 뒷받침된다. 따라서 예술가들이라고 해서 자신들이 계획에 만족하고 있는지, 그것을 승인하는지 등을 명료하게 표현하지 않는 것은 아니다. 비록 다른 사람들을 위해 그 계획을 일일이 말로 설명하는 것은 비평가를 통해서일지라도 말이다. 작곡가는 노래가 바로 여기에서 끝나야 할 것 같은 느낌이라고 선언한다. 비평가는 그가 어떻게 의도적으로 완결을 목표로 했고, 어떻게 그것을 성취했는가를 설명한다.

몬드리안의 그림들에 대한 엑스레이를 통해 우리는 그가 작품을 만들 때 종종 서로 다른 비율의 사각형들을 가지고 실험했다는 사실을 알게 되었다. 비록 최종적으로 화랑에 보낸 그림에 나타난 배치가 왜 그렇게 확정되었는가를 몬드리안 자신은 말할 수 없다 해도 그렇다고 그가 의도(이를 나중에 비평가가 설명하게 될지도 모른다)를 가지고 행동한 것이 아니라고 생각할 이유는 없다. 도형들의 최종 배치를 승인한 사람은 바로 그 자신인 것이다.

때때로 반의도주의자는 의도주의 입장을 가진 비평가가 고려하는 의도에 대해 너무 편협한 견해를 가진 것처럼 보인다. 예를 들어, 반의도주의자는 몬드리안의 사례 같은 경우들을 가리키면서 이런 경우에서 보듯이 예술가는 어떤 "선행적인 의도(fore-intention)"를 구현하고 있는 것이 아니라는 점을 지적할지도 모른다. 몬드리안은 작품이 완성되기 전까지는 자신이 원하는 것이 무엇인지를 몰랐다는 것이다. 하지만 예술가의 의도란 작품의 창작 과정을 통해 명료해질 수도 있는 것이다. 의도주의 비평가가 말하는 의도는 자주 바로 그러한 종류의 의도를 가리키고 있는 것이라고 생각하지 못할 이유는 없다.

예를 들어, 영화 「다즐링 주식회사」*의 제작자들이 애초부터 수하물(baggage)이라는 모티프를 심리적 의미에서의 "마음속의 응어리"로 해석되도록 기획한 것은 아니었지만, 영화 제작이 진행되면서 이러한 가능성을 인식하고 받아들였다. 그래서 영화가 마지막으로 진행되면서 주인공 형제들이 수하물(그러니까 심리적인 의미에서의 응어리)을 잃어버리는 부분에서 결국 이것을 활용하였다. 이것이 이 영화의 원래 구상의 일부가 아니었다는 사실 때문에 이것을 제작자

* 「The Darjeeling Limited」: 웨스 앤더슨 감독이 2007년에 만든 코미디 영화. 사이 나쁜 삼형제가 아버지의 사망소식을 전하기 위해 모여 인도에 있는 어머니를 찾아가는 과정을 그렸다.

의 의도로 간주하지 말아야 하는 것은 아니다. 왜냐하면 예술가의 의도는 작품의 제작 과정에서 나타나 즉석에서 승인될 수도 있는 것이기 때문이다.

온건한 의도주의도 포함하여 의도주의에 대해 제기된 한 가지 불만은 '작품에는 예술가가 의도하지는 않았지만 가치 있는 것이 있을 수 있다는 것을 이 입장이 부정하는 것처럼 보인다'는 것이다. 확실히 예술가가 자신의 예술 작품이 가지는 모든 가치 있는 특징들을 미리 결정해놓는 것은 아니다. 그럼에도 불구하고 일반적으로 예술 작품의 모든 특징들은 최소한 예술가가 완성된 작품에서 그러한 특징들이 존재하기를 승인했다는 의미에서는 의도적이다. 이것을 인식하는 것이 중요하다. 예술가는 해당 특징을 포함시킬 것을 미리 의도하지는 않았을 수 있지만, 작품을 창작하는 과정에서 그렇게 하는 것이 좋겠다고 여전히 의도적으로 결정했을 수 있다. 그리고 이는 예술가의 작품에 대한 의도주의적 접근을 정당화해준다.

그러나 해석 작업이 예술 작품의 창작자가 가지는 실제 의도를 가정하는 것과 관련되어 있음을 받아들이더라도 그중 어떤 해석을 선호해야 하는가는 의도주의자들 사이에서도 논쟁거리이다. 한쪽—이들을 '가설의도주의자들(hypothetical intentionalists)'이라고 부르자—에서는 예술 작품에 대해 선호되는 해석이란 완전한 정보, 즉 예술 작품을 둘러싼 공적으로 접근 가능한 모든 정보를 가진 이상적인 감상자가 추정한 해석이라고 주장한다. (공적으로 접근 가능한 모든 정보에는 창작자의 전체 작품들에 대한 지식, 작품이 속한 장르와 양식의 역사와 관행에 대한 지식, 작품의 사회적 맥락에 관한 지식, 그리고 심지어 무엇이 되었건 공적인 기록으로 남아 있는 예술가의 생애에 대한 정보까지 모두 포함된다.)[18] 논쟁의 다른 한쪽—이들을 '온건한 실제의도주의자들(modest actual intentionalists)'이라고 부르자—에서는 선호되는 해석이란 무엇이 되었건 창작자의 실제 의도라고 알려진 것, 혹은 그렇다고 합리적으로 추측될 수 있는 것에 의해 그 범위가 제약되는 것이다. 단, 그러한 의도는 작품 자체에 의해 뒷받침되어야 한다는 조건이 붙는다.

가설의도주의건 온건한 실제의도주의건 해석에 이르기 위해서는 대개 둘 다 거의 동일한 종류의 고려들—역사적 맥락, 예술사, 창작자의 전체 작품들 등—에 의존할 것이므로 실제에 있어서 두 입장은 보통 동일한 해석으로 수렴하기 쉽다. 그럼에도 불구하고 두 입장이 충돌하는 지점이 있다.

온건한 실제의도주의의 목표는 창작자의 실제 의도를 찾아내는 것이므로 창작자가 의도했다고 생각되는 것이 그의 최종 창작물과 일관적이기만 하면, 그가 실제로 의도한 바가 무엇인지를 알 수 있는 모든 정보—출처가 어디이든—를 사용할 준비가 되어 있을 것이다. 여기에는 작품에 대한 창작자의 사적인 일기, 편지, 노트로부터 나온 단서들뿐만 아니라 창작자의 친구나 친지들이 작품에 대해 창작자와 주고받은 사적인 대화라고 증언한 내용까지도 포함된다. 이와는 대조적으로, 가설의도주의자는 해석자는 단지 공적인 기록에서 발견될 수 있는 것에만 국한해서 가설을 세워야 한다고 믿는다.

가설의도주의자는 부분적으로나마 자신의 견해를 변호하기 위해 해석자가 제대로 된 권리를 가지는 증거의 종류를 이렇게 제한하는 것이 예술계의 실제 관행을 뒷받침하고 있는 원칙들 중 중요한 부분이라고 주장한다. 다른 말로 하자면, 선호되는 해석을 구성하기 위해 예술가의 사적인 기록을 사용하는 것은 게임의 규칙을 위반하는 것이 된다는 것이다.

그럼에도 불구하고 가설의도주의자가 주장하는 비평의 규칙이라는 것의 근거가 어디에 놓여 있는 것인지는 분명치 않다. 그런 규칙이 실제 해석의 관행에서 관찰되고 있지 않기 때문이다. 즉 실제로 많은 비평가들, 그리고 아마도 모든 비평적 전기작가들이 자신들의 해석을 위해 작가의 전기적 사실들 중 출간되지 않은 비밀들을 기꺼이 가져다 쓰는 것처럼 보이기 때문이다. 어쩌면 그들이 무언가 규칙을 위반하고 있는 것일 수도 있겠지만, 반의도주의의 보루인 신비평(New Criticism)이 퇴색한 이후로는 아무도 더 이상 그들에게 반칙을 선언하지는 않는 것처럼 보인다.

물론 가설의도주의자들이 예술가의 자서전에 대한 참조를 허용하지 않고 있다는 것은 아니다. 그들은 그러한 참조가 적법하다는 점을 인정하지만, 그것이 인정되는 것은 자서전이 일반 대중에게 접근 가능한 경우에만 해당된다. 그러나 이는 임의적인 제약처럼 보인다. 이 말은 어떤 예술가의 자서전이 예일 대학의 도서관 서가에 있을 때는 비평가가 그것을 참조할 수 있지만, 이것이 대학이 사적으로 소유한 그 작가에 대한 글들의 컬렉션에 속해 있을 때는 사용할 수 없다는 것인가? 만약 컬렉션에 있는 경우도 문제가 없는 것으로 보아야 한다면, 이 사적인 글들이 작가의 차고에 있을 경우에는 왜 또 안 되는가? 이런 경우 작위적이지 않은 경계를 설정하는 것은 힘들어 보인다. 특히나 그렇게 생각되는 이유는 일단 한 비평가가 그 차고에 있던 글을 (말하자면, 적법하지 않게) 참고하여 쓴 글을 출판하고 나면, 다른 비평가들은 규칙을 위반한 비평가가 공적인 기록으로 남긴 것을 (적법하게) 참조할 수 있게 된다는 점이다.

게다가 가설의도주의자가 가정하듯이, 그러한 규칙들이 예술계를 지배하고 있을 수도 있다는 생각은 개연성이 없어 보인다. 왜냐하면 우리가 예술가와 그의 작품에 관심을 가지게 된다면, 우리는 출처가 어디인지에는 개의치 않고 그 예술가에 대해 알 수 있는 모든 것을 알고 싶어 하고, 그 정보를 통합하여 우리의 이해가 증진되는 것을 고맙게 생각하고 있기 때문이다.

해석은 너무나 빈번하게 의미의 확정과 동일시되기 때문에 해석이 의도와 연결되어 있다고 가정하는 것은 매우 자연스럽다. 왜냐하면 "문이 닫혀 있다" 같은 발화의 의미는 발화자가 사실을 전달하려고 의도한 것인지 또는 질문을 하려고 의도한 것인지(아마도 문장 끝에서 억양을 바꿈으로써)에 의존하고 있기 때문이다. 온건한 실제

의도주의자들과 가설의도주의자들은 발화 의미와 의도 사이의 이러한 연관성에 동의하고 있으며, 이때의 의도는 창작자에게 기반을 두고 있다. 그런데 발화의 의미가 의도를 요구한다는 것에 동의하면서도 유관한 의도가 해당 작품의 저자 또는 창작자의 의도를 필요로 하는가에 대해서는 의문을 제기하는 다른 입장이 있을 수 있다. 의도는 작품의 소비자들—예를 들어, 시의 독자들—에 의해 제공되는 것일 수 있지 않은가?

우리는 이 견해를 수용 이론 또는 독자 반응 미학의 한 변형으로 간주할 수도 있을 것인데, 이 견해에 따르면 시의 저자는 자신의 독자들에게 하나의 텍스트를 제공한다. 텍스트란 단어들의 단순한 배열로서 그 의미는 감상자가 귀속시키는 것이다. 물론 대개는 단어의 가능한 사전적인 의미와 문법 규칙의 제한 내에서 그러하다. 이런 방식으로 개별 독자마다 자기 자신의 예술 작품을 구성하는 것으로 생각해볼 수 있다. 마치 아보에 대한 한 연주자의 해석이 그 자체로 하나의 공연 예술 작품으로 간주되는 것처럼. 다시 말해, (완전하게 결정된 의미 없이 기호들의 순수한 배열로 간주되는) 텍스트의 미결정인 부분들을 채워 넣는 불가피한 과정 속에서 독자—평범한 독자이건 비평가이건 마찬가지로—는 자기 자신의 예술 작품을 창작한다는 논쟁적인 입장이다.

해석에 대한 이러한 견해가 문학 같은 특정 예술 형식들에는 잘 맞는다고 할지라도 이를 모든 예술에 대해 일반화하는 것은 어려운 일이다. 그림의 텍스트란 정확히 무엇인가? 이러한 접근이 건축에는 어떻게 적용될 것인가? 개별 관람자마다 그 자신의 건물을 **짓는다**는 식으로 말한다면 이는 언어를 너무 과격하게 확장해 쓰는 것이다. 게다가 어찌 되었건 그러한 **건물들**이 대체 어디에 있을 것인가? 파리의 센 강둑에는 오직 하나의 노트르담 대성당을 위한 자리만 있는 것 같다. 아니면 이렇게 귀속된 대성당들은 비물질적인 것인가? 이런 생각을 따라가면 분명히 이상한 형태의 건축에 이르게 된다. 이런 식으로 생각한다면 소나타를 들을 때 청자에 의해 구성된 음악 작품은 매우 괴이하게 소리로서의 차원은 가지지 않는 것이 될 것이다.

감상자가 의미를 결정한다는 식의 견해가 가지는 또 다른 문제는 그것이 비평적 해석이라는 범주 자체를 통째로 지워버리는 것처럼 보인다는 것이다. 일상 언어에서 우리는 최소한 두 가지 개념의 해석들이 있다는 데 동의한다. 하나는 (이 절의 주된 관심사였던) 비평적 해석이라는 개념이고 다른 하나는 수행적 해석(performative interpretation)이라 부를 수 있는 것, 즉 음악가가 음악 작품에 또는 배우가 자신의 배역에 부여하는 종류의 해석이다. 이 두 가지 종류의 해석은 서로 관련이 있을 수 있다. 이를테면 배우는 희곡에 대한 비평적 해석을 참조하거나 스스로 그런 해석을 먼저 해본 후에 해석, 곧 연기를 통해 자신의 배역을 만들어낼 수도 있다. 하지만 이러한 두 가지 종류의 해석은 대개 구별되는 것으로 간주된다.

그러나 지금 살펴보고 있는 수용 미학의 변주에 따르면, 그러한 차이는 사라진다. 독자, 관람자, 청자에 의한 해석, 곧 수행적 해석이 바로 예술 작품이기 때문에 비평적으로 해석될 예술 작품은 존재하지 않게 된다. 비평적 해석이 발 디딜 수 있도록 남겨진 개념적 공간은 존재하지 않는다. 또는 달리 말해, 예술 작품과 그것에 대한 비평적 해석 사이의 구별이 사라진 것이다.

더 나아가 만약 수용 이론가들이 적절하다고 생각하는 의미의 해석에 따를 때, 개별 해석 하나하나가 하나의 예술 작품에 해당한다면, 우리가 어떻게 서로 다른 해석들을 비교할 수 있을 것인지가 분명치 않다. 무엇을 기준점으로 비교할 것인가? 하지만 우리는 분명히 해석들을 비교한다. 그러므로 만약 수용 이론이 해석들 간의 비교를 불가능한 것처럼 만든다면, 이는 수용 이론에 더욱 불리하게 작용한다.

게다가 만약 감상자와 비평가가 예술 작품을 창작하는 것이라면, 예술가들이 하고 있는 일은 대체 무엇인가? 단편소설 작가들은—아무런 의도된 의미 없는 기호들의 나열일 뿐인—텍스트를 만들어낸다는 것인가? 작가들은 분명히 자신들이 하는 일이 이런 것이라고는 생각하지 않을 것이다. 사실 작가가 아무런 결정된 발화 의미를 염두에 두지 않고서 소설 정도의 규모로 어떤 문서를 만들어낸다는 것은 인간에게 가능한 일이 아닌 것 같다.

또한 이런 식의 이해에 따른다면 예술가가 만들어낸 작품들에 대한 평가는 어떻게 될 것인가? 가장 많은(또는 가장 적은) 감상자 반응으로서의 작품들을 산출해낸 "텍스트"가 최선일 것인가? 왜 그러한가? 혹은 어떤 다른 기준들이 존재할 것인가? 그렇다면 가령 어떤 기준을 말하는가?

해석에 대한 수용 이론은 최소한 우리가 예술에 대해 이야기하고 생각하는 방식을 급진적으로 손볼 것을 요할 것이다. 이러한 접근은 우리가 알고 있는 관행을 모델로 하여 만든 것이 아니다. 기존의 예술계에 널리 퍼져 있다고 여겨지는 이론을 대신해서 해석에 대한 이러한 극적인 수정주의자의 견해를 받아들이고 싶다면, 그전에 우리는 지금까지 제안된 그 어떤 것보다 더 자세히 이러한 대안적인 개념 틀을 명료하게 할 필요가 있다.

다른 한편으로, 온건한 실제의도주의가 현재의 해석적 관행에 편안하게 잘 맞는다는 사실은 이 이론이 가진 또 하나의 추가적인 미덕일 수 있다.

4장

평가: 문제와 전망

1. 서론

이 책에서 개진된 비평에 대한 견해는 비평이란 본질적으로 이유에 의해 뒷받침되는 평가의 문제라는 것이다. 예술 작품에 대한 비평적 평가는 그 예술 작품에 대한 기술, 분류, 맥락화, 해명, 해석, 분석에 의해 뒷받침된다.

예를 들어, 마크 모리스의 「모차르트 댄스」*에 대한 조안 아코셀라(Joan Acocella)의 매우 긍정적인 리뷰에 따르면 그 작품은 현대 추상 무용으로 분류된다.[1] 아코셀라는 이러한 종류의 안무가 종종 감상자들을 당황스럽게 할 수 있다는 점을 인정하지만, 모리스의 다른 작품과 마찬가지로 「모차르트 댄스」가 상당한 즐거움을 주는 작품이라는 점을 강조한다. 아코셀라는 이 무용을 자신이 말한 그러한 범주에 넣음으로써 그것의 과제—즉, 추상적인 움직임을 접근 가능한 것으로 만드는 과제—가 무엇인지도 지적한다. 아코셀라는 모리스가 이러한 도전에 제대로 대응하고 있다고 주장하며, 이어서 그가 어떻게 그렇게 하는가를 기술하고 해석하며 분석하고 있다.

아코셀라는 모리스가 만들어낸 것은 추상적인 움직임들이지만,

* 「Mozart Dances」: 미국의 무용수이자 안무가인 모리스(Mark Morris)가 2006년 모차르트 탄생 250년을 기념하여 제작 초연한 무용 작품.

그럼에도 불구하고 이들이 모호하긴 하지만 식별 가능한 내러티브가 있음을 암시하는 움직임들이라는 점을 논증한다. 내러티브에 대한 이러한 힌트는 감상자에게 비록 자신도 모르는 사이에 주어지는 것일지라도 작품 감상 시에 의존할 만한 무언가를 제공한다. 물론 이런 추측이 사실이 되려면, 아코셀라는 우리가 그 내러티브를 볼 수 있도록 해주어야 한다. 따라서 그녀는 이런 거미줄 같이 섬세한 이야기를 끌고나가는 움직임들을 기술하고 해석함으로써 이 작업을 수행한다.

모차르트의 「피아노 협주곡 11번」에 맞춘 오프닝 섹션 "십일(Eleven)"에서 아코셀라는 소위 "위험 모티프(danger motif)"라는 것을 지적한다. 그녀는 여성 무용수들이 반복적으로 보여주는 날카로운 움직임들을 기술하는데, 이것이 무대 배경에 칠해진 굵고 대담한 붓질들과 조화를 이루는 듯 보인다고 한다. 또한 그녀는 마룻바닥에 누워 팔을 옆으로 찌르는 동작을 하고 있는 여인이 나타나고 그 모습이 반복되고 있다는 것도 기술한다. 아코셀라는 이러한 격렬한 움직임들을 난관의 전조로 해석한다.

그 난관은 모차르트의 「두 대의 피아노를 위한 소나타 D장조」에 맞춘 두 번째 춤인 "둘(Double)"에서 전개되고, 아코셀라는 그것을 지적한다. 거기에서 한 남성 무용수는 자신의 가슴에 주먹 쥔 손을 갖다 대고 위쪽을 쳐다본다. 아코셀라는 이것을 절망과 버려짐("신이시여, 왜 저입니까?")의 신호로 해석한다. 그 후 그 젊은이는 쓰러지며, 한 무리의 남성들이 시체처럼 뻣뻣한 그를 들고 나간다. 감상자에게 비극을 감정적으로 새겨 넣으려는 듯, 이 안무는 반복된다.

마지막 섹션인 "이십칠(Twenty-seven)"은 불편하게 애매한 느낌으로 마무리된다. 여기에서 몇몇 무용수는 자신의 심장 쪽 가슴 위에서 두 손을 마주잡고 있지만, 한편 다른 무용수들은 팔을 내밀면서 무언가 의문을 제기하는 동작을 취한다. 이렇게 충돌하는 신호들은 그 무리의 이야기가 결말에 이른 것이 아니라 오히려 계속 이어지는 미해결의 상태임을, 심지어 잠잠해질 수조차 없는 상태임을 암시한다.

「모차르트 댄스」에 대한 리뷰 내내 아코셀라는 안무가와의 개인적인 인터뷰를 언급하면서 자신의 설명을 맥락화하는데, 이는 기술 및 해석과 잘 엮어져 있다. 심지어 아코셀라는 결말을 분석하는 데 있어 자신이 최종적으로 승인하는 결론으로 갈 수밖에 없음을 보여주기 위해 그것의 대안이 될 수 있는 분석까지도 고려하고 있다. 아코셀라는 춤에서의 움직임들을 조심스럽게 선택하고, 기술하고, 해석함으로써 독자들에게 모리스가 미묘하지만 그래도 이야기라고 할 만한 것의 윤곽을 마련하고 있다는 자신의 주장이 어떤 근거에서 온 것인지를 이해할 수 있도록 해준다. 그녀는 내러티브가 있으면 일반적으로 작품에 대한 접근성이 향상된다는 전제를 받아들이고 있다. 그런 전제하에서 그녀는 자신의 설명이 어렵게 느껴지는 그런 종류의 춤에 다가가는 하나의 방법을 감상자들에게 제공한다고 주장한다. 그렇다면 모리스는 이런 방식으로 많은 현대 추상 무용이 마주친 과제 하나를 해결하는 데 성공한 것이 된다. 이 성공은 「모차르트 댄스」에 대한 아코셀라의 찬사에 근거를 제공한다.

물론 독자는 「모차르트 댄스」에 대한 아코셀라의 기술이나 해석에 동의하지 않을 수도 있을 것이다. 이러한 반대는 아코셀라가 내린 평가의 전제들에 도전하는 것이 될 것이다. 하지만 만약 우리가 이 춤에서의 움직임들에 대한 아코셀라의 기술과 해석에 동의한다면, 그리고 해석을 다른 방향으로 이끌 만한 중요한 것이 누락되지 않았다는 데도 동의한다면, 우리는 아코셀라가 내린 평가에도 동의해야만 할 설득력 있는 근거들을 가지게 된 것처럼 보인다. 왜냐하면 그 평가는 타당한 관찰과 추론에 근거하고 있는 것처럼 보이기 때문이다. 다시 말해, 만약 상황이 내가 앞서 제시한 대로라면, 아코셀라의 리뷰는 객관적 비평(objective criticism)의 전형적인 사례인 것처럼 보인다.

하지만 객관적 비평이라는 바로 이 개념은 자주 폄하된다. 비평이란 언제나 불가피하게 주관적이며, 취향의 문제라는 주장이 있을 수 있다. 게다가 평가의 과정에서 비평가가 의존하는 예술의 법칙이라는 것은 존재하지 않는다는 이유를 생각하면, 그래야만 할 것 같기도 하다. 무엇이 예술 작품을 성공적인 것으로 만드는가에 대한 어떠한 일반화도 없다는 것이다. 이러한 것들은 '객관적인 평가적 비평'이라는 개념에 대한 중요한 문제 제기들 중 일부이다. 나는 이제 이러한 반론들에 맞서서 객관적 비평의 전망을 밝혀보려는 시도를 해볼 것이다.

2. 하지만 다 주관적이 아닌가?

18세기에 비평 철학은 출발을 잘못했다. 내 생각에 여기에서 주범은 흄이다. 비록 그의 친구인 허치슨(Francis Hutcheson) 같은 사람들에게서도 흄의 전조가 나타났기는 했지만 말이다. 이후에 흄의 잘못된 발걸음은 칸트에 의해, 혹은 최소한 많은 사람들이 칸트를 읽는 방식에 의해 악화되었다.

이러한 잘못된 출발은 흄이 **취미**(취향, taste, 프랑스 전통에서 la goût)를 비평가의 판단에 대한 모델로 사용하였다는 사실과 관련되어 있다.[2] 흄이 이런 관련성을 제안한 최초의 사람이거나 유일한 사람은 아니지만, 그가 이런 제안자들 중 가장 영향력 있는 사람임은 분명하다. 흄이 보기에 비평가는 예술 작품을 **아름답다**고(혹은 추하다고) 선언하는 것이 그 전문영역인 사람이다. 흄은 자신과 마찬가지로 경험주의자였던 허치슨이 그랬던 것처럼 아름다움이란 어떤 감각의 이름이지 그 감각을 촉발하는 대상의 특성을 가리키는 이름이 아니라고 믿는다. 다시 말해, 고통이 나를 벤 유리 조각 속에 있는 것이 아니라 나의 손에 있는 것과 마찬가지로, 아름다움은 엄밀히 말해 쾌를 감각(sensation of pleasure)하는 것, 예컨대 베토벤의 「전원교향곡」의 시작 부분을 들을 때 내가 경험하는 즐거움의 느낌인 것이다. 즐거움을 촉발하는 대상에 대한 상찬은 그 대상에서 내가 경험하는 기쁨, 그 대상에 대한 나의 끌림, 내가 그 대상을 좋아한다는 것에 기반을 두고 있다.

물론 이러한 승인이나 선호는 주관적이다. 이것은 경험하는 **주관 속**에 있다. 비록 우리가 이것을 **아름다움**이라는 이름을 통해 대상에 투사하려는 경향을 가지고 있을 수도 있지만, 그럼에도 불구하고 쾌는 음악 작품에 있는 것이 아니다. 즉, 쾌는 객관적인(objective) 세계 — 대상들(objects)로 구성된 세계 — 에 있는 것이 아니다. 정의상 대상이란 감각을 느낄 수 있는 존재가 아니므로 어떻게 그럴 수 있겠는가? 쾌의 느낌은 차라리 아이스크림을 맛볼 때 달콤함이 혀 위에 확 번지면서 쾌적한 느낌이 밀려오는 것과 비슷하다. 누구도 그러한 쾌가 **아이스크림 속**에 있다고 말하지는 않을 것이다. 그 쾌는 내 안에 있다.

아름다움이란 우리가 예술 작품에서 끌어내는 쾌의 이름이다. 한 작품이 아름답다고 비평가가 말할 때 그 비평가는 그 작품이 최소한 그 자극을 수용하게끔 적절히 준비된 정상적인 감상자들에게 바로 그런 종류의 즐거움을 산출할 것이라고 말하고 있는 것이다.

혀의 특정한 미뢰가 달콤한 맛에 민감한 것과 마찬가지로, 비평가는 미에 대한 취미를 가진다. 유가공 공장의 품질관리사가 견본 아이스크림의 맛을 보고 달콤하다고 말하는 것처럼 비평가는 이 예술 작품을 접했을 때 자신은 아름다움이라고 불리는 즐거움을 경험한 적이 있었다는 사실을 확인해준다. 맛에 대한 외부 감각기관이 있는 것처럼 아름다움을 경험하는 내적 능력이 존재한다. 비평가가 특정한 예술 작품을 찬찬히 음미할 때, 그가 그 작품의 매력에 이끌리는 내재된 성향(현상적 측면에서 작품을 승인하는 태도에 해당하는 것)을 가지고 있다면, 이와 함께 쾌의 느낌을 경험하게 된다.

비평가의 취미와 미각과의 유비가 상당히 근사하며, 아름다움이 달콤함 같은 감각적 느낌과 연결되고 있기 때문에 비평적 판단의 모델로 바로 이런 취미를 이용하게 되면 다음과 같은 생각이 따라오게 된다. 우선 비평적 승인(이나 불승인)은 말 그대로 **주관 속에 있음**(being in the subject)이라는 의미에서 주관적이다. (사실 이런 의미에서라면 모든 경험이 다 주관에 속해 있다.) 그러나 이러한 의미뿐만 아니라 주관적이라는 말의 현대적인 의미, 즉 상당히 개인적이고 개별적이며 아주 다양하고 심지어 극도로 개성적이기까지 하다는 뜻으로도 비평적 판단은 주관적이라는 생각이 따라온다.

후자와 같은 추정은 비평가의 승인(대문자 T로 시작하는 취미(Taste))과 (소문자 t로 시작하는) 맛(taste) 사이의 유비로부터 자연스럽게 따라나온다. 왜냐하면 우리는 미각이 매우 다양하다는—상당히 개인적이고 심지어 극도로 개성적이기까지 하다는—것을 알고 있기 때문이다. 그러니까 취미도 마찬가지라고 가정하는 것이 합리적인 것 아닌가?

예를 들어, 많은 사람들은 아이스크림을 좋아하지만 어떤 사람들은 매콤한 것에 대한 확고한 선호를 가지고 있다. 이런 차이는 세부적인 경우들을 보면 더욱 확연하다. 어떤 사람은 바닐라 아이스크림을 좋아하지만 초콜릿 아이스크림은 좋아하지 않는데, 다른 사람은 그 반대의 경우일 수 있다. 어떤 사람은 맥주 취향이 아니라 샴페인 취향이며, 더 나아가 맥주를 싫어할 수도 있다. 만약 비평가의 취미가 보통의 맛과 같은 것이라면, 그 취미는 단지 주관에 내적이라는 의미로서만 주관적인 것이 아니다. 취미는 상당히 개인적인 것이 되고, 그런 측면에서 보면, 판단자 개개인에 상대적이라는 의미에서 주관적인 것이 되며 객관적이지는 않은 것이 된다.

미학에서 칸트의 기념비적인 저작인 『판단력 비판』은 예컨대 이제는 '미적 판단(aesthetic judgment)'이라고 부르게 된 것, 이를테면 "이 환상곡은 아름답다"는 판단에 대하여, 이것은 무관심적(disinterested) 임에도 불구하고 주관의 경험에 근거한 쾌의 느낌이라고 한다. 최소한 이 점에서 칸트는 흄(그리고 허치슨 같은 다른 경험주의자들)과 일치한다.[3] 그리하여 칸트를 추종하는 철학자들과 예술 이론가들은—아마도 관련된 구절에서 칸트가 자유미(free beauty)를 논의하고 있었다는 점을 망각한 채—예술에서의 아름다움이란 쾌의 주관적 경험이 자극(stimulus) 위에 단지 투사된 것으로 다루기 시작했다.

비록 그들이 아름다움을 주관 속에서 경험되는 어떤 것으로 다룬 것이 발단이 되어 아름다움에 대한 판단은 상당히 개인적이라는—주관들 간에도(inter-subjectively) 매우 다양하다는 의미에서 주관적이라는—생각으로 가는 문이 열리게 된 것은 맞지만, 흄과 칸트 그리고 그들 이전에 허치슨까지도 이 열린 문을 닫으려고 영웅적인 노력을 했다는 점을 말해두어야 공정할 것이다. 이 세 사람은 모두 (소문자 t의) 맛의 경우에도 그 반응을 지배하는 정상적인 지각자라면 선천적으로 가지고 있는 일정한 규칙성이 있다는 생각을 언급하고 있다. 예를 들어, 우리의 감각기관에 결함이 있지 않는 한 대부분의 사람들은 설탕이 달다고 느끼지 쓰다고 느끼지는 않는다.

마찬가지로, 흄은 인간이 가진 인식 틀의 통일성을, 칸트는 우리가 가진 공통감(common sense)—지각하고 인식하는, 우리에게 공통적인(상상력과 지성이라고 알려져 있는) 심리적 체계—을 언급하면서 두 학자는 모두 아름다움에 대한 판단이 간주관적으로 정당화될 수 있다는 사실을 수립하고자 희망하였다. 즉, 동일한 자극은 매우 유사하게 구성된 모든 인간들에게 동일한 쾌의 반응을 유발하는 것으로 추정되어야만 한다는 것이다.

하지만 현대에 들어와서 인간의 공통된 본성이라는 생각에 대한 회의적인 견해가 확산되고, 공통성 대신에 철저한 상대주의가 만연하게 되면서 오늘날 비평적 판단을 쾌의 느낌과 유비하게 되면, 이는 비평적 승인이나 좋아함이나 선호 같은 것은 개인적인 것이고 그것들을 표명하는 사람들 개개인에 상대적인 것이라는 생각을 자연스럽게 촉발시킨다.

애초부터 나는 흄과 칸트가 기대고 있는 인간의 본성이라는 생각에는 도전할 마음이 없다. 특히 우리가 매우 좁은 의미로서의 아름다움, 즉 시각과 청각의 즐거움과 관련된 것으로서의 아름다움에 대해 얘기한다면 말이다. 내가 이 철학의 거장들을(사실 가장 명시적으로는 흄을) 비판하고 싶은 부분은 달리 있다.* 구체적으로 말하자면, 나는 흄이 모든 비평적 판단을 아름다움의 판단으로 격하하려는 경향을 보여준 것이 중대한 오류라고 생각한다. 게다가 예술 작품과 관련된 가치(즉, 아름다움)의 발견이 맛을 그 모델로 해서 작동하고 있다는 제안은 비평이 (매우 다양한 개인적 선호에 불과하다는 의미에서) 주관적이라는 주장을 부추김으로써 비평에 대한 오해를 더 악화시킨다.°

분명하게도 예술 작품이 아름다운가의 여부를 결정하는 것은 비평의 한 부분일 수는 있겠지만, 비평의 전부는 될 수 없다. 이에 대한 당연한 이유 중 하나는 비평가가 매우 높이 평가하는 예술 작품 중에 일상적으로 받아들여지고 있는 아름다움이라는 말의 의미 중 어느 것을 적용하더라도 아름답지 않은 작품들이 많이 있다는 사실이다. 고야의 「제 아이를 잡아먹는 사투르누스」가 그러하며, 기독교

* 칸트는 동일한 오류에 대해 흄만큼 직접적으로 책임이 있는 것은 아니다. 왜냐하면 칸트는 순수한 미적 판단을 논하는 절에서 예술 작품의 비평에 대해 구체적으로 언급하지 않고 있기 때문이다. 하지만 역사적으로 볼 때 그 부분에서 칸트가 한 말은 비평에 대한 특정한 견해들을 강화시켜주었다고 주장할 수 있다. 이는 사람들이 제3 비판서의 내용을 오독하고 단지 추측으로만(아마도 이 과정에서 내용을 지나치게 일반화시켰을 수 있다) 그것이 어떻게 비평에 적용될 수 있는지를 파악한 결과이다.

° 다시 한 번 나는 이것이 흄의 공식적인 견해라고 주장하는 것이 아님을 강조하고 싶다. 그 대신 이것은 흄의 공식적인 견해가 불만족스럽다고 생각하는 많은 사람이 선호하는 견해이다. 나아가 나는 그들이 그렇게 생각하게 되는 이유가 바로 비평에 개입하는 취미를 미각에 유비시켰기 때문이라고 주장하는 것이다.

전통에서 그려진 십자가형을 받는 예수에 대한 셀 수 없이 많은 재현들도 증거로서 충분하다. 티치아노의 「아폴로에 의해 껍질이 벗겨지는 마르시아스」*도 마찬가지이다. 어떤 예술 작품을 칭찬할 때 비평가들은 단지 아름다움이나 아름다움의 부재를 지적하는 것보다는 넓은 칭찬의 레퍼토리를 동원한다.

만약 우리가 아름다움을 좁은 의미로, 즉 시각 및 청각의 즐거움에만 관련하여 이해한다면 아름다움이란 너무나 제한된 개념이어서 그것만으로 우리가 예술 작품의 가치를 가늠할 때 필요한 비평의 어휘들이 다 공급될 수 없다는 것은 분명하다. 이는 (이전 문단에서 언급된 것처럼) 아름다움 이외의 특성들로 인해 가치 있어지는 예술 작품들이 있기 때문만은 아니다. 문학 같은 예술 형식에서 비평가가 중요하게 간주하는 성질들은 운율을 제외하고는 모두 아름다움과 무관하다. 또한 코미디(예를 들어, 슬랩스틱 코미디) 같은 장르가 있는 것도 그 이유가 된다. 코미디에서 익살의 가치는 아름다움과는 관련이 없다. 따라서 비평을 위해서는 좁은 의미에서의 아름다움보다는 좀 더 다양한 무기가 필요하다.

아마도 이런 좁은 의미의 아름다움에 대해 말하는 경우라면 흄과 칸트가 내놓은 제안, 즉 아름다움은 인간이 가진 인식 틀에서 공통적인 어떤 것—타고난 어떤 것—에 맞닿아 있다는 취지의 제안은 많은 현대인이 생각하고 있는 것보다는 더 합리적일 수 있다. 왜냐하면 보고 듣는 것의 즐거움—혹은 보고 듣는 것의 즐거움 중 일부—과 관련된 아름다움은 그들의 주장처럼 인간의 지각에 이미 주어진 변경되기 어려운 것(perceptual hard-wiring)과 연결되어 있을 가능성이 높기 때문이다. 어떤 얼굴 표정을 선호하는가에 대한 서로 다른 문화 간의 비교 연구가 이러한 생각을 뒷받침해줄 수도 있다. 나

* 이탈리아 화가 티치아노의 1575년 작품.

는 이것이 참이라고 말하는 것은 아니다. 하지만 그럴듯하며, 최소한 이상한 추정은 아니라는 것이다. 그러나 만약 이것이 설득력을 가진다면, 이는 아름다움이 곧 비평의 모든 것이자 궁극적인 것이라는 생각을 거부하는 또 다른 근거가 된다. 왜냐하면 비평은 예술 작품이 가지는 많은 가치 있는 성질들과 관련되어 있는데, 이런 성질들이 생체 기계로서의 우리의 지각을 촉발하는 것으로 어떻든 모두 환원될 것이라고 생각하기 어렵기 때문이다.

예술 작품에서 비평가가 발견하는 가치의 많은 부분은 작품의 지적인 성취와 관련되어 있다. 이것은 우리 지각 체계의 기본적인 작동 방식을 모델로 한 이론으로는 파악하기 어려운 것이다. 단테의 『신곡』에서 그가 사용한 알레고리의 복잡성이나 조이스의 『피네간의 경야』°에서 혼성어(portmanteau word) 구성의 명민함을 비평적으로 상찬하는 것은 우리의 타고난 지각 체계를 해당 작품들에 그저 노출시킨다고 얻을 수 있는 것이 아니다. 그보다 훨씬 많은 것이 요구된다.

물론 흄은 이것을 인정할 것이다. 그의 견해에 따르면 비평은 좋은 감관(good sense)을 요구하며, 여기에는 해당 작품들을 이해하는 능력도 포함된다. 하지만 흄에 따르면, 좋은 감관은 비평적 취미의 한 부분이 아니다. 좋은 감관이 하는 일은 단지 취미를 준비시키는 것이다. 그래서 인간의 인식 틀이 자극을 향해 인지적인 의미로 적절히 놓이기만 하면 그 작동이 자동적으로 일어날 수 있도록 해주는 것이다. 준비된 주관이라면 이럴 때 흄이 아름다움이라고 부른 쾌를 경험하게 될 것이다. 그러나 나는 조이스의 말장난이 가지는 위트를 그러한 말장난의 인식적 요소들 및 그것에 대한 감상과 어떻게 작위

° 『Finnegan's Wake』: 조이스(James Joyce)가 17년에 걸쳐 집필한 소설. 일상어에서 잘 사용되지 않는 어휘들이나 수십 개의 다른 언어를 이용해 만들어진 새로운 낱말들을 사용한 실험적인 양식으로 유명하다.

적이지 않게 분리할 수 있을지 의심스럽다. 어찌되었건 "아름다움"을 느낌의 이름으로 간주한다고 하더라도 아름다움과 유머는 다른 것이 아닌가?

비평은 아름다움을 찾는 일 말고도 할 일이 많음을 기억하는 것은 매우 중요하다. 실제로 나는 지금까지의 예술 비평은 대부분 아름다움에 관심을 가지지 않았다고 생각한다. 셰익스피어를 심리적으로 명쾌하다고 칭찬할 때, 분명히 우리는 아름다움에 대해 이야기하고 있는 것이 아니다. 아름다움이 비평가에 부여된 소임 모두를 포괄하지 않는다는 입장을 취한다면, 우리는 비평가의 본질이 취미의 중개인이라는 시각도 동시에 부정하는 것이 된다. 왜냐하면 어떤 사실주의 소설가가 쓴 사회적 관찰을 감상하는 일과 같은 모델이 잘 익은 레몬을 혀에 대고 누를 때 나는 신맛을 상미하는 것이라고는 할 수 없겠기 때문이다.

아름다움이 쾌에 대한 주관의 경험이라는 생각은 자연스럽게 비평가는 취미를 가진 사람이라는 생각으로 넘어가게 되었다. 왜냐하면 예술 작품에 관련된 쾌의 느낌을 "외부" 감각기관으로부터 발생한 쾌적한 느낌에 유비하는 것이 불합리해 보이지 않았기 때문이다. 하지만 우리가 일단 아름다움을 찾는 일이 비평의 전부를 포괄할 수 없다는 사실을 인정하게 되면, 비평가에게는 취미 이상이 있다는 점 또한 인정되어야 한다.

아마도 비평의 일부는 흄이 생각하는 취미를 포함할 것이다. 하지만 비평의 전부가 아름다움을 찾는 문제인 것은 아니므로 비평이 아무런 남김없이 취미로 환원될 수는 없다. 또한 비평이 곧 취미라는 등식이 모든 비평이 주관적이라는 믿음을 부추기고 있지만, 비평이 취미에 달린 문제는 아니므로 그러한 이해를 거부하게 되면 그에 따라 주관적이지 않은 비평도 일부 있을 수 있다는 것을 허용하는 것이 된다.

다시 말해, 모든 비평이 주관적이라는 결론으로 이끄는 하나의 논증은 다음과 같다. 모든 비평은 취미 능력을 발휘하는 것이다. (왜냐하면 이는 쾌를 감각하는 것과 같은 것이라고 이해되는 아름다움을 얼마나 민감하게 찾아내느냐의 문제이기 때문이다.) 모든 취미는 주관적이다. 따라서 모든 비평은 주관적이다.

그러나 이에 대한 반대 논증은 다음과 같다. 모든 비평이 취미 능력의 발휘인 것은 아니다. (왜냐하면 모든 비평이 좁은 의미로 이해된 아름다움을 찾는 일에 관여하는 것은 아니기 때문이다. 사실 아름다움을 찾는 일에 관여하는 비평이 대부분이라고도 할 수 없다.) 그러므로 바로 위 논증의 첫 번째 전제에 도전함으로써 모든 비평이 주관적이라는 논증은 결론에 이르지 못하게 되고, 일부 비평은 객관적일 수도 있다는 가능성에 대한 개념적 공간이 확보되는 것이다.*

그렇지만 이러한 공간을 더 자세히 탐색하기 전에 객관적인 비평의 가능성에 반대하는 또 다른 논증을 살펴볼 필요가 있다.

* 앞의 논증에서 두 번째 전제 또한 논쟁의 여지가 있다는 점에 주목해야 한다. 예컨대 만약 우리가 특정한 지각적 쾌 같은 좁은 의미의 아름다움에 대해 이야기하는 것이라면, 그 아름다움이 주관 안에 존재한다는 의미에서 주관적인 것은 사실이겠지만, 그것이 현대적인 의미로, 즉 아름다움은 개인적이며, 수렴이 아니라 상충의 방향으로 폭넓게 흩어지고, 심지어 기이할 정도로 다양하다는 의미에서 주관적인 것은 아닐 수 있다. 왜냐하면 시각이나 청각의 쾌로 간주되는 아름다움은 개인적인 이해관계나 부정적인 연상에 의해 판단이 흐려진 경우가 아니라면, 정상적인 인간들 사이에서는 일관되게 인간의 공통적인 감각 기관의 어떤 상태를 촉발시킬 수도 있기 때문이다.

3. 비평의 원칙은 없다는 주장에 관하여

모든 비평이 주관적이라는 주장에 대한 근거 중 하나는 비평이 곧 취미 능력의 발휘라는 생각이다. 하지만 이 주장의 또 다른 근거가 있는데, 비평의 법칙이 없다면 비평적 의사표명이 나올 수 있는 유일한 다른 가능성은 비평가 자신의 주관적인 선호뿐이라는 논증이 그것이다. 다시 말해, 비평적 평가는 객관적인 비평의 원칙들에 근거하거나 비평가 자신의 주관적 선호에 근거하거나 둘 중 하나인데, 여기서 말하는 객관적 비평 원칙 같은 것들은 존재하지 않으므로 비평적 평가는 비평가의 주관적 선호의 결과여야만 한다는 것이다.

물론 이 논증은 비평의 원칙이 존재하지 않음을 보이는 또 다른 논증에 의해 뒷받침되어야 한다. 일반적인 비평의 원칙이란 존재하지 않는다는 취지의 중요한 논증이 하나 있는데, 이는 아널드 아이센버그(Arnold Isenberg)가 유행시키고, 나중에 메리 마더실(Mary Mothersill)에 의해 정교하게 다듬어진 것이다.[4]

이들의 논증은 다음과 같이 진행된다. 비평가는 작품의 어떤 특징을 기술하거나 해석하거나 분석함으로써 자신의 평가에 근거를 제공하려고 시도한다. 이 장의 서두에서 논의한 사례에서 조안 아코셀라는 마크 모리스의 「모차르트 댄스」가 모호하지만 암시적인, 감춰진 내러티브를 가졌다는 이유로 그 작품을 칭찬한다. 그러므로 논리적으로 보았을 때 아코셀라는 마치 암시적인 혹은 감춰진 내러티브가 존재한다는 사실로부터 모리스의 안무에 대한 긍정적인 평가를 추론하고 있는 것처럼 보인다. 이 추론은 다음과 같다.

1a) 「모차르트 댄스」는 암시적인 내러티브를 가지고 있다.
2) 그러므로 「모차르트 댄스」는 좋다(good).

하지만 여기에는 뭔가 빠진 것이 있는데, 그것은 말하자면 다음과 같은 대전제이다.

1b) 암시적인 내러티브를 가지고 있는 예술 작품은 좋다.

그러나 만약 이것이 비평가 아코셀라가 주장하고자 하는 것이라면, 이 논증의 건전성*에는 문제가 있다. 왜냐하면 전제 1b)는 거짓으로 보이기 때문이다. 명료하고 구체적으로 전개된 내러티브가 아니라 암시적인 내러티브를 가졌다면 이는 일부 예술 작품들의 경우에는 작품을 나쁘게 만드는 특징일 수 있음이 분명하다. 예컨대 할리우드 액션 영화에서라면 암시적인 혹은 감춰진 내러티브는 전형적으로 개탄할 만한 것이 될 것이다.

다음으로, 아이센버그와 마더실의 공격은 이러한 관찰을 일반화하자고 제안한다. 즉, 언제나 예술 작품의 가치에 긍정적으로만 기여하는 예술 작품의 특징 F란 없다고 주장한다. 엉덩방아를 찧는 희극적 동작은 해럴드 로이드°의 코미디에서는 좋은 것이지만, 베리만의

* 건전성(soundness)이란 완벽한 연역 논증을 가리키는 평가어로, 건전한 논증이란 논증의 논리적 구조에 하자가 없어서 타당성(validity) 조건이 만족될 뿐만 아니라 논증에 동원된 모든 전제들이 실제로 참인 경우를 가리킨다.

° Harold Lloyd(1893~1971): 찰리 채플린, 버스터 키튼과 함께 무성영화 시대

영화 「치욕」*에 등장한다면 작품을 망치는 일이 될 것이다. 그리고 아마도, 어떤 특징이건 다 그럴 것이다.

이제 비평적 논증이라고 부를 수 있는 것이 취하게 될 일반적인 구조는 다음과 같다.

1a) 이 예술 작품은 속성 F를 가진다.
1b) 속성 F를 가지는 예술 작품은 훌륭한 예술 작품이다.
2) 그러므로 이 예술 작품은 훌륭한 예술 작품이다.°

하지만 여기서도 전제 1b)는 항상 거짓이라고 주장될 수 있다. 왜냐하면 속성 F가 나타나기만 하면 그 어떤 예술 작품이건 좋음이 보장되는 그런 F는 존재하지 않기 때문이다. 통일성(unity)과 같이 매우 일반적인 속성조차 언제나 작품을 좋아지게만 하는 것은 아니다. 왜냐하면 작품이 지나치게 단조로워지는 방식으로도 통일성을 가질 수 있기 때문이다. 마찬가지로 다양성(variety)도 작품의 장점이기만 하다는 보장이 없다. 왜냐하면 지나친 다양성은 혼란스러움을 초래할 수도 있기 때문이다.

그러나 만약 비평적 추론으로부터 정직한(혹은 최소한 논리적으로 설득력 있는) 논증을 만들어낼 비평의 일반 원칙들이 존재하지 않는다면, 비평가는 주관적인 결론에 도달할 수밖에 없다. 개인적

에 가장 영향력 있었던 미국의 슬랩스틱 코미디언.

* 「Shame」: 스웨덴 출신 감독 베리만(Ingmar Bergman)이 만든 1968년 흑백영화. 정치에는 관심없이 시골에서 조용하게 살아가던 음악가 부부가 전쟁으로 인해 불행하게 변해가는 모습을 그렸다.

° 아이센버그가 개요를 제시한 비평적 논증의 구조가 뉴욕의 퀸즈 칼리지에 재직할 당시 동료였던 칼 헴펠(Carl Hempel)이 발전시킨 과학적 설명에 대한 가설-연역 이론(hypothetico-deductive model of scientific explanation)과 매우 유사하다는 점은 흥미롭다.

인 선호가 아니라면 다른 어디로부터 비평가들의 판정이 쏟아져 나오겠는가? 비평의 원칙들이 분명히 존재하지 않는다는 조건하에서라면, 이것은 비평가의 행위를 설명하기 위해 우리가 사용할 수 있는 최선의 추론인 것처럼 보인다.

물론, 비평가는 예술 작품을 기술하거나 분석하는 것과 같은 일을 할 수도 있다. 하지만 논리적으로 받아들일 수 있는 방식으로 자신의 평가에 근거를 제시하고 있는 것은 아니다. 오히려 비평가는 해당 예술 작품에 대해 자신의 편향을 드러내기 위해 언어를 사용하고 있다. 어쩌면 비평가는 비평의 독자인 우리에게 자신의 선호를 받아들이라는 설득을 시도하고 있는 것일 수도 있다.

비평가가 작품을 지목하고 온갖 칭찬이 담긴 제스처를 보이는 경우, 비평가는 자신이 그 작품에 대해 가지게 된 우호적인 상태와 똑같은 것을 우리도 가지도록 감정적인 작업을 시도하고 있는 것이다. 비평가는 객관적으로 확립된 전제들에 근거한 논리적인 논증을 하고 있는 것이 아니다.

오히려 비평가는 매력적인 언어를 사용하여 그 자신이 사랑하는 것을 우리도 사랑하게끔 하거나 자기 자신이 보는 방식으로 우리도 그 작품을 보도록 하고 있는 것이다. 비평가는 자신의 평가의 근거를 제시한 것이 아니라 자신의 독자들을 유혹하여 자신에게 동의하도록 한 것이다. 비평가는 자신의 주관적인 선호를 우리가 받아들이도록 만들기 위해 온갖 수사를 동원해 애쓰는 것이다. 최소한 이런 식으로 생각하는 것이, "속성 F를 가지는 예술 작품은 훌륭한 예술 작품이다"라는 정도의 일반적인 비평의 원칙이 없는 상황에서, 비평가는 대체 무엇을 하고 있는가에 대한 온당한 추정인 것 같이 보인다.

그럼에도 불구하고 아이센버그 같은 사람들이 비평의 일반 원칙이라는 개념을 처리하는 방식에는 무언가 문제점이 있다. 이 문제를 보려면 아이센버그와 그를 추종하는 사람들이 얼마나 극도로 일반적인 비평의 원칙을 요구하고 있는가에 주목하면 된다. 그들이 말하는 비평의 원칙은 모든 예술 작품에 절대적으로 적용되어야만 한다. 그런데 이 정도로 일반적인 원칙은 비평가가 자신의 관심을 끄는 작품에 대해 무언가를 주장하는 데 필요한 것보다 훨씬 더 지나치게 일반적인 것 아닌가?

해럴드 로이드의 코미디에서 엉덩방아를 찧는 장면은 작품을 좋게 만드는 특징이지만, 베리만의 「치욕」에서는 결점이 될 것임은 사실이다. 그러나 해럴드 로이드의 영화가 사례로 속하는 슬랩스틱 코미디 종류의 영화에서라면 엉덩방아를 찧는 장면은 작품을 좋게 만드는 특징이라는 점 또한 사실인 것처럼 보인다. 다시 말해, 이런 종류의 코미디가 가진 특징 혹은 목적 — 원한다면 코미디의 기능이라고 해도 무방하겠는데 — 하에서라면, 엉덩방아는 슬랩스틱 코미디를 좋게 만드는 데 기여한다. 마찬가지로, 엉덩방아를 찧는 장면이 없다면 다른 모든 것이 동일할 경우, 그 요소의 부재가 다른 유형의 익살을 통해 보상되지 않는 한 이는 해가 될 것이다.

내가 제기하는 문제의 요점을 보기 위해 다음과 같은 비평적 의사소통의 사례가 아무 문제없는 것 같다는 점에 주목하라.

1a) 해럴드 로이드의 「안전은 뒷전」*은 성공적인 엉덩방아 장면을 많이 포함하고 있다(고 동의해보자).

1b) 「안전은 뒷전」은 슬랩스틱 코미디이다.

1c) 목적 혹은 기능에서 성공적인 엉덩방아 장면을 많이 포함하고 있는 슬랩스틱 코미디는 다른 모든 것들이 동일할 경우, 좋다. (이때 '좋다'는 것은 프로 탄토(*pro tanto*, 그것이 영

* 「Safety Last」: 1923년에 제작된 무성영화. 슬랩스틱 코미디이자 로맨틱 코미디 영화로, 로이드의 대표작이다. 국내에는 「안전불감증」으로 소개된 바 있다.

향을 미치는 일정한 정도까지만) 좋다는 것이다.)°

2) 그러므로 「안전은 뒷전」은 (프로 탄토) 좋다.

베리만의 「치욕」이나 수많은 다른 예술 작품들에 엉덩방아가 포함된다고 해서 그 작품들이 더 좋아지지 않는다는 사실—어쩌면 더 나빠질 수도 있다는 사실—은 위의 논증을 비판하는 데 아무런 역할도 하지 않는다. 왜냐하면 「치욕」을 비롯해 애초에 설득력 있는 반례로 간주된 다른 작품들은 슬랩스틱 코미디가 아니며, 슬랩스틱 코미디 범주의 영화에 해당되는 목적을 가지고 있지도 않기 때문이다.[5]

위의 논증에서 슬랩스틱 코미디 범주에 속하는 것들의 목적으로부터 도출해서 사용한 대전제 1c)는 해당 결론을 논리적으로 정당화할 만큼 **충분히** 일반적이다. 1c)는 아이센버그의 추종자들이 반례를 이용해 저격하려 한 원칙들만큼 일반적이지는 않다. 하지만 내가 보기에는 그들의 요구에 맞는 원칙들은 그런 원칙이 없다 해도 그 사실이 아무런 효력도 가지지 못할 정도로 너무나 일반적이라고 생각한다. 일반적으로 작품에 좋음을 더해주는 특징 중에서 어떤 종류의 예술 작품인가와 관계없이 아무 작품에든 더해지면 좋음을 증진시킬 만큼 그렇게 포괄적인 것이 있으리라고 기대하는 자체가 무리인 것 같다. 그리고 어찌되었든 비평가는 특히 예술의 범주와 목적에 호소함으로써 관련 예술 형식이나 장르 등에서 무엇이 성공적이라고 간주되는가에 관한 일반 원칙에 접근한다. 이 원칙은 비평적 평가에 근거를 제시하기에 충분하다.

아이센버그의 주장을 옹호하는 사람들은 내가 제시한 해럴드 로이드의 작품 사례에 대해 어떤 특유한 조건하에서라면 엉덩방아가 있어도 그것이 슬랩스틱 코미디의 좋음에 기여하지 않을 수도 있다고 하면서 불만을 제기할 수 있을 것이다. 하지만 바로 이러한 이

° 이 단서조항의 의미에 대해서는 다음 절에서 논의할 것이다.

유로 **다른 모든 것이 동일할 경우**(*ceteris paribus*)라는 구절이 포함된 것이다. 게다가 만약 그들이 이에 반대한다면, 과학적 일반화에서는 수용 가능한 이 구절이 비평적 일반화에는 왜 그렇지 않은지 이유를 알려달라고 요구하는 것이 합당해 보인다.[6] 이러한 도구를 과학자에게는 허용하면서 비평가에게는 불허한다는 것은 완전히 작위적으로 보인다.

일단 슬랩스틱 코미디의 목적 — 말하자면 몸을 사용하여, 특히 우연히 그렇게 된 것 같이 보이게끔 하는 방식으로 웃음을 유발하는 것 — 이 수립되면 우리는 **다른 모든 것이 동일할 경우**, 엉덩방아는 슬랩스틱 코미디 작품을 훌륭하게 만드는 성질이라는 원칙에 근거를 제공할 수 있게 된다. 슬랩스틱 코미디의 기능을 통해 우리는 왜 그 장르에는 엉덩방아가 포함되는 것이 좋은가를 알게 된다. 이는 마치 스테이크 나이프의 기능이 이런 종류의 도구에는 왜 날카로움이라는 성질이 장점인지를 알려주는 것과 같다. 왜냐하면 어떤 종류가 가진 목적과 그 종류에서 탁월함으로 간주되는 것 사이에는 목적론적인 관계가 있기 때문이다.*

조안 아코셀라가 마크 모리스의 「모차르트 댄스」를 그 작품의 암시적 내러티브 때문에 칭찬할 때, 그녀는 암시적 내러티브가 모든 예술 작품을 훌륭한 것으로 만드는 성질이라고 가정하고 있는 것이 아니다. 그녀는 자신의 주장을 현대 추상 무용에 한정시키고 있고, 모든 것이 동일할 경우 암시적인 내러티브를 가지고 있다는 사실은 그러한 작품을 좋게 만드는 성질이라고 말하고 있는 것이다. 이는 어

* 나의 전략은 비평의 원칙이 존재하지 않는다는 주장에 근거를 둔 주관주의를 차단하는 것이지만, 이것이 주관주의에 도전하기 위해 활용할 수 있는 유일한 방법은 아니다. 주관주의를 좌절시키는 한 방법으로 윤리적 개별주의에 근거한 미적 개별주의(aesthetic particularism)의 한 버전을 시도해볼 수도 있을 것이다.

떤 경우에는 상황이 같지 않을 수도 있음을 인정하는 것이다. 어떤 현대 추상 무용 작품에서는 암시적인 내러티브가 작품의 긍정적인 성질이 아닐 수 있다. (이런 경우 비평가는 이렇게 달라진 상황에서는 암시적인 내러티브가 왜 결함인지를 말할 수 있어야 한다.) 마찬가지로, 어떤 현대 추상 무용 작품은 암시된 내러티브를 가지지 않지만 그럼에도 불구하고 암시적인 내러티브가 담당했을 기능이나 문제의식을 다른 방식으로 해결한 덕에 성공적일 수 있다.

우리는 「모차르트 댄스」에 대한 조안 아코셀라의 리뷰를 검토하면서 그 리뷰가 논리적으로 잘못되어 있다고 의심할 것 같지는 않다. 혹자는 이 작품에 내러티브를 귀속시키는 아코셀라의 기술과 해석을 문제 삼으며, 이 작품에 숨겨진 내러티브 같은 것은 없다고 주장함으로써 아코셀라의 첫 번째 전제에 도전할 수 있다. 하지만 이것이 아이센버그가 불평하는 것처럼 아코셀라의 논리가 약하다는 것을 보여주는 것은 아니다.

요컨대 비평적 평가에 근거를 제시하기에 충분한 일반화가 있지만, 그것은 아이센버그 식의 주장이 요구하는 일반화만큼 거창한 것은 아니다. 이것이 사실이라면, 비평에는 일반 원칙이 없다는 주장으로부터 추론하여 비평이 주관적일 수밖에 없다는 주장에 이르는 것을 막을 수 있다.° 왜냐하면 비평적 평가를 뒷받침할 정도로 **충분히 일반적인** 몇몇 원칙은 있을 수 있기 때문이다.

예술 작품이 속한 다양한 범주에는 이와 연계된 목적과 기대가

° 비록 비평의 원칙이 없다고 하더라도 그러한 사실로 인해 비평적 평가가 주관적임이 논리적으로 강제되는 것은 아니라는 점에 주목해야 한다. 예를 들어, 윤리적 개별주의에 따르면 윤리적 판단은 일반적인 규칙을 가지지 않지만 객관적이다. 이와 같은 식으로 미적 개별주의를 생각해볼 수 있다. 아마도 어떻게 독해하느냐에 따라 칸트를 미적 개별주의자로 볼 수도 있을 것이다.

있는데, 여기가 바로 필요한 비평적 추론을 가능하게 해줄 후보들을 쉽게 찾을 것으로 예상되는 지점이다. 왜냐하면 예술 작품을 품고 있는 하나의(혹은 몇몇의) 범주에는 특정한 목적과 기대가 가득 들어 있는데, 바로 그러한 목적과 기대를 만족시키는 일이 그런 종류의 예술이 가지고 있는, 작품에 가치를 부여하는 성질들과 연결되어 있기 때문이다.*

그러므로 만약 어떤 비평가가 한 예술 작품이 어떤 특정 범주에 속한다는 것을 객관적으로 — 다른 말로 하자면, 간주관적으로 검증 가능한 방식으로 — 확립할 수 있다면, 나아가 그 범주가 특정한 성질들을 통해 가장 잘 수행될 수 있는 특정한 목적들을 가지고 있다는 것을 확립할 수 있다면, 그 비평가는 객관적 판단을 내릴 논리적이고 개념적인 수단을 가지고 있는 것이다.[7]

그러나 객관적인 평가의 가능성을 실질적으로 뒷받침하기 위해서는 한 예술 작품이 속한 범주와 그 범주에 속한 예술 작품들의 목적을 결정하는 일이 어떻게 주관적인 것이 아니라 객관적일 수 있는가를 설명할 필요가 있다.

* 비평에서 하나의 범주에 상대적으로 한 작품을 평가할 때, 우리가 작품을 칭찬하거나 비난하는 이유는 작품이 그 범주에 속하기 위해 필요한 기준들을 만족하고 있기 때문이 아니라, 그런 범주에서 기대되는 기능을 수행하고 있기 때문(혹은 수행하지 못하고 있기 때문)임을 분명히 해야 한다.

4. 분류에 관하여 다시 한 번

비평적 평가의 완전한 주관성을 받아들이는 사람이라면 즉시 앞선 논의의 논증에 대한 반격을 시도할 것이다. 비록 비평적 판정들이 범주에 상대적으로 어떤 객관성을 확보할 수도 있다는 점을 수긍할 수밖에 없다 해도 비평가가 예술 작품을 분류하기 위해 범주를 **선택**한다는 것 자체가 주관적인 과정이라는 비판을 할 수 있을 것이기 때문이다. 주관주의자들은 로브그리예의 소설 『질투』°를 신빙성 있는 심리소설로 분류하느냐 모더니스트의 자기 성찰로 분류하느냐에 따라 비평가가 기술하고 해석하고 평가하는 내용의 방향이 판이하게 달라질 것이며, 이에 따라 비평가가 자신의 견해를 만들기 위해 이 각각의 작업들 간의 관계에 대해 제시하는 설명도 달라질 것이라는 데 동의하고 있다. 그러나 여기에 더하여 주관주의자들은 어느 범주를 비평가가 택할 것인가는 주관적이라는 점, 그것도 이 경우만 그런 것이 아니라 항상 그렇다는 점을 덧붙인다. 비평은 속속들이 의지가 개입된 작업이다. 따라서 이제 논쟁은 비평적 평가가 주관적이라는 주

° 『La Jalousie』: 프랑스 소설가 로브그리예(Alain Robbe-Grillet)의 1957년 소설. 제3자로서의 화자도, 배경이나 인물에 대한 묘사도 없이 아내를 의심하는 남편의 시선만으로 줄거리가 진행된다.

장에서 비평가들이 자신들의 평가를 위해 의존하고 있는 분류가 주관적인 것이라는 비판으로 확장되었다.

그러나 이와 같은 제안—특히 가장 일반적인 형태로 이해되었을 때—은 분명히 심각하게 반직관적인 것으로 들린다. 다빈치의 「최후의 만찬」이 정물화가 아닌 종교화라는 것, 그래서 이 회화를 정물화로 다루려고 하는 비평가는 객관적으로 문제를 잘못 보고 있다는 것은 누구에게나 명백한 사실이 아닌가?

주관주의자는 이것이 우리가 관습적으로 「최후의 만찬」을 분류하는 방식이라는 점에는 동의할 것이다. 하지만 이어서 관습적으로 그렇다는 것만으로는 무엇이 어떤 장르의 구성원이 되는 것이 맞는다고 할 객관적 사실이 있음을 보여주지는 못한 것이라고 덧붙인다. 주관주의자들은 또한 이에 반대한다는 것은 객관주의자의 편에 서서 몸짓만 요란하게 하는 것일 뿐 제대로 된 설명을 하는 것은 아니라고 덧붙인다.

이는 주관주의자들이 다빈치의 「최후의 만찬」을 정물화가 아닌 종교화로 분류할 수 있는 객관적인 이유가 없다고 주장하기 때문이다. 비록 널리 공유된 습관일지언정 이는 단순히 습관의 문제라는 것이다. 많은 사람들이 그렇다고 말하는 것일 수는 있겠지만, 그렇다고 그러한 선택이 객관적인 것은 아니다. 수많은 남성들이 결혼식에서 입고자 선택하는 것이 버뮤다 반바지가 아니라 턱시도이겠지만, 이것이 객관적인 것은 아닌 것과 마찬가지라는 것이다.

여기서 주관주의자는 입증의 책임을 비평적 평가의 객관성을 옹호하는 쪽에 넘기고자 한다. 더 이상의 논증이 없다면 주관주의자는 앞서 제시한 예, 즉 「최후의 만찬」이 객관적으로 정물화가 아니라 종교화에 속한다는 것을 받아들이지 않을 것이다. 주관주의자들은 단순히 그렇다고 단언하는 것은 선결문제 요구의 오류일 뿐이라고 주장한다. 게다가 주관주의자는 분류가 가지고 있는 것처럼 보이는 객관성이란 단순히 시대적인 유행일 뿐임을 설명을 통해 제시할 수 있다고 주장한다.

결국 주관주의자의 반박은 만약 비평적 평가를 지지하는 분류에 대해 근거로 제시할 객관적인 이유가 있다면 그것을 보여달라는 것이고, 단순히 객관적인 분류가 있다고 단언하지만 말고 어떻게 그것이 가능한지를 설명해 보이라는 것이다. 말할 필요도 없이 주관주의자는 이것이 설명될 수 없다고 여길 것이다. 이제 주관주의자의 이러한 논증 방식에 오류가 있음을 살펴보도록 하자.

비평적 평가와 관련된 분류 유형을 뒷받침해주는 최소한 세 가지 근거—객관적인 근거—가 있다.[8] 구조적 이유, 역사-맥락적 이유, 의도주의적 이유가 그것이다. 주관주의자들의 반박에 대응하기 위해 이 시점에서 이것들을 검토해보는 것이 유용할 것이다.

예술 작품을 하나의 범주 혹은 그 이상의 범주들에 속하는 것으로 분류하는 데 대한 첫 번째 이유는 구조에 기인하는 유형이라 부를 수 있겠다. 즉, 이미 특정 범주에 속하는 것으로 판단된 기존 예술 작품이 가진 전형적인 특징들을 어떤 작품이 풍부하게 갖고 있다면, 비평가는 그 작품이 그 범주에 속한다고 할 강력한 이유를 가지게 된다. 게다가 그러한 이유는 해당 특징들의 양이 증가할수록, 그리고 그러한 특징들이 현저할수록 더욱 강력해진다.

반대로 작품이 해당 범주의 작품들과 공통적으로 소유하는 특징이 거의 없거나 차이점이 많을수록 그 작품이 그 범주에 속하게 될 여지는 줄어들 것이다. 예를 들면, 다빈치의 「최후의 만찬」은 비록 그림 속에 저녁 만찬 테이블이 있다고는 하지만, 정물화보다는 종교화와 더 많은 특징을 공유하고 있다. 더욱이 이 회화 속에는 정물화에서는 볼 수 없는 매우 현저한 특징이 반복해서 등장하고 있다. 즉, 사람이 등장하고 있는 것이다.

「최후의 만찬」과 다른 종교화 간의 유사성(예수를 재현하고 있는 것 같은), 그리고 「최후의 만찬」과 적절한 의미에서 정물화 간의 차이점(사람들이 등장하고 있는 것 같은)은 이 회화가 정물화가 아니라 종교화로 분류될 수 있는 이유, 그것도 객관적인 이유를 제공한다. 다시 말해, 이러한 고려하에서라면 「최후의 만찬」을 정물화로 분류하는 것보다는 종교화로 분류하는 것이 훨씬 더 합리적이다.* 게다가 이 분류는 주관적(선택의 문제라는 현대적인 의미에서 결국은 개인적인, 따라서 매우 가변적인)이라는 비난을 받을 만큼 작위적인 것이 아니다.

물론 분류에 동원되는 구조적 유사점과 차이점의 양, 그것이 얼마나 두드러지는지 등을 고려한다고 해서 항상 비평가에게 하나의 범주를 택하는 결정적인 이유가 제공되는 것은 아니라는 것을 인정하지만, 그래도 이런 종류의 통계가 대개는 어느 하나의 분류 방향을 택하는 증거는 제공한다. 게다가 이러한 이유들은 간주관적으로 논쟁과 검증이 가능하다는 점에서 분명히 객관적이다.

「최후의 만찬」이 종교화의 특징적인 이미지들—예를 들어 예수와 제자들의 모습—을 현저하게 드러내고 있는지의 여부는 주관적 선택의 문제가 아니다. 그것은 그림 안에 제시되는 것으로 준비된 관객이라면 누구든 보고 확인할 수 있는 것들이다. 그러한 이미지들이 종교화에는 전형적이지만 정물화에는 아니라는 생각도 주관적으로 결정될 일은 아니다. 이것들은 관련 장르 연구로 확인될 수 있는 역사적 사실들이지 나의 주관적인 공상이 아니다. 실제로, 누구라도 이와 관련해 논쟁을 원한다면 해당 장르에 관한 다른 역사적 사실들을 지적해야 할 것이다.

어떤 예술 작품 후보를 올바른 범주(혹은 다수의 범주들)에 위치시키려 할 때 고려하게 되는 두 번째는 작품을 역사적 맥락—제도적 혹은 보다 넓게는 문화적 맥락—에 놓는 것이다. 만약 작품이 어

* 「최후의 만찬」을 좀 더 세밀하게 나눠진 종교 예술의 범주에 속하게 할 수 있음을 부정하지 않는다. 그러나 위에서 언급된 절차에 따른 것이라면 이 또한 객관적일 수 있다.

떤 예술사적 맥락 안에서 출현하였고, 그 속에 그러한 예술 제작 관행(practice)이 여전히 널리 존속되고 있는 경우라면, 다른 조건이 같다면, 이는 해당 작품이 그러한 관행의 한 사례가 된다고 분류하는 것을 어느 정도는 합리적으로 보장해준다. 특히 달리 분류할 경우 그 작품의 생산 맥락에서 증거를 찾을 수 없는 관행을 끌어들여야 한다면 더욱 그렇다.

예술 작품의 올바른 역사적 분류에 관한 질문은 주관주의자들의 생각과는 달리 개인적 성향의 문제가 아니라는 점에 주목하라. 그것은 주로 사실에 대한 질문이며, 이때의 사실은 역사적 혹은 사회적 사실이다. 푀이야드의 영화 「팡토마」°에 꽉 끼는 검은 의상을 입은 사람들이 등장한다고 해도 그 영화를 닌자 영화로 분류하는 것은 객관적으로 오류—특히, 시대착오—일 것이다. 그 작품이 생산된 시기—작품의 생산 장소는 말할 것도 없이—를 볼 때, 닌자 영화는 아직 존재하지 않았다. 그리고 이는 바로 역사적 사실이지 나의 개인적 판단이 아니다.

이와 비슷하게, 원시 부족 예술가들의 디자인을 모더니즘의 원형으로 분류하는 것—이는 뉴욕 현대미술관이 개최한 "20세기 예술의 '원시주의(primitivism)'" 전시회에서 일어난 일이다. 벨(Clive Bell)은 이런 일을 예견했을 것이고 아마도 축복했을 것이다—도 역사적 범주 오류를 범하는 것이다.[9] 물론 주관주의자들은 다음과 같이 대답할 것이다. "그래서 어떻단 말인가? 범주가 역사적으로 올바르다는 것이 뭐가 중요한가?" 하지만 만일 주관주의자들이 이렇게 말한다면 이는 최소한으로만 말해도 주제를 바꿔치는 것이다. 왜냐하면 다른 증거가 대두되지 않는 한 초견적으로는(*prima facie*) 올바른 범

° 「Fantômas」: 프랑스 감독 푀이야드(Louis Feuillade)의 범죄영화 시리즈. 피에르 수베스트르가 쓴 동명의 소설을 영화화한 것으로, 1913년에서 1914년에 걸쳐 총 5편이 개봉되었다.

주란 곧 **역사적**으로 혹은 **맥락적**으로 올바른 범주이기 때문이다.

그러나 주관주의자들은 이에 대해 다음과 같이 되물을 것이다. "왜 반드시 역사적으로 올바른 범주여야 하는가? 지각자에게 최대한의 미적 쾌를 유발하는 것(이는 의심의 여지없이 주관적 성향의 문제일 것이다)이 올바른 범주라고 말하지 못할 이유가 있는가?" 하지만 이쯤 되면 우리는 비평이란 예술가가 작품을 통해 성취한 것으로 향해지는 작업이라는 생각으로부터는 영 멀리 벗어나고 있는 것이다. 오히려 어떤 분류가 독자나 청취자나 관객을 즐겁게 하는지의 영역에 있다.*

게다가 자유분방하게 주관적으로 범주를 선택해서 산출된 경험이 실제로 미적 경험인지도 명확하지 않다. 왜냐하면 대개의 경우 미적 경험은 작품을 그것의 진정한 모습 그대로 겪을 때, 또 주관적으로 부여된 범주가 아닌 올바른 역사적 범주에 따라 겪어볼 때 비로소 따라 나오는 것이기 때문이다.

분류를 위한 구조적 이유의 경우와 마찬가지로 범주화를 위한 역사적 혹은 맥락적 근거들은 완전히 결정적인 것이 아니다. 그것은 '이 범주보다는 저 범주' 정도의 선택을 하기 위한 합리적인 동기를 부여하게 되는데, 특히나 대안이 될 만한 범주화가 역사적으로 혹은 맥락적으로 엉뚱하거나 억지스러운 것일 경우 그렇다. 더욱이 맥락적 정보와 구조적 정보가 합쳐지면 우리의 분류가 객관적이 될 소지는 비례하여 증가한다.

올바른 범주화라는 사안에 적절한 객관적 이유의 세 번째 유형은 예술가의 의도와 관련이 있다. 아마도 역사적으로 대다수의 경우, 예술가가 그들의 작품이 어떻게 범주화되기를 의도했는지는 간주관적으로 결정할 수 있는 사실이다. 이에 해당되지 않는 경우라 하더라

* 독자는 앞서 2장에서 다룬 성공 가치와 수용 가치에 관한 논의를 다시 살펴보아도 좋을 것이다.

도 그중 상당수에 대해서는 그 작품에 의도되었던 분류가 무엇이었는지에 대한 매우 그럴듯한 추측을 쉽게 얻을 수 있다. 나비드의 「호라티우스 형제의 맹세」가 역사화를, 뒤러의 「자화상」이 초상화를, 그리고 앙리 팡탱라투르(Henri Fantin-Latour)의 「정물」이 정물화를 의도한 것임을 의심할 만한 근거들을 생각할 수 있겠는가?

죽은 이들의 의도에 관한 정보는 얻을 수 없다고 주장한다면, 고고학자들은 다비드, 뒤러, 팡탱라투르 같은 이들에 비해 우리와 시간상으로 훨씬 더 많이 떨어져 있는 선사시대 사람들의 의도를 추정하지만 그것이 문제라고 생각하는 사람은 거의 없다는 점을 떠올려보아야 할 것이다.

예술가가 자신의 작품을 어떤 범주에 속하도록 의도했는지가 우리에게 직접적으로건 간접적으로건 알려지지 않은 경우에도 그 의도를 쉽게 파악할 수 있는 경우가 자주 있다. 예를 들어 화랑의 전시대 위에 놓인 보통의 일상적인 사물을 본다면, 우리는 예술가가 그것을 발견된 오브제(found object)로서 살펴봐주고 해석해달라는 의도를 가졌다는 것을 알게 되고, 따라서 비평가(그리고 관객)는 작품에 반응할 때, 발견된 오브제라는 장르에 적합한 프로토콜을 발동해야 한다는 것을 안다.

이전 장에서 살펴봤듯이 많은 비평가들, 특히 학계에 몸담고 있는 비평가들은 예술 작품을 논의하면서 예술가의 의도에 대해 언급하는 것을 조심스러워한다. 흔히 이와 같은 우려는 인식론적인 근거에서 제기된다. 비평가는 앞서 언급한 의도라는 것은 궁극적으로 우리가 알 수 없는 것임을 우려한다. 그러나 이러한 우려들은 확실히 지나친 것이며, 특히나 예술가의 범주적 의도(즉, 예술가가 자신의 작품을 어떤 범주의 사례가 되게 하려 했는지와 관련된 의도)에 대해 논의하게 될 경우 더욱 그러하다. 『젊은 퇴를레스』°와 관련하여 로

° 이 제목으로 불리기도 하지만(이는 무질의 원작을 각색하여 제작한 1966년 독

베르트 무질에게 심리 소설을 쓰려 했다는 의도를 부여하는 데 특별한 어려움은 없다. 이를 위해 불가해한 독심술이 필요하다고 할 수는 없다. 이는 수업 중에 어떤 학생이 손을 들면 말을 하고 싶은 의도가 있는 것임을 거의 언제나 올바르게 추론하는 것 정도의 수준인 것이다.

자신의 작품이 "보다 나은 성적"을 받기를 바라는 마음에서 작가는 자신의 기대를 극도로 낮추어서 말하기 때문에 작가가 자신의 작품이 이러저러한 범주에 속한다고 할 때도 작가의 말은 믿을 것이 못 된다고 생각하기도 한다. 그러나 그렇게 생각해서는 안 된다. 자신이 성취하려는 수준을 평가절하하는 것도, 또한 미미한 찬사를 얻기 위해 가치 없는 어떤 것을 제작하는 것도 모두 예술가가 가진 자아의 특성은 아니다.

말할 필요도 없이, 예술가의 의도가 언제나 범주화에 충분한 근거를 제공해주는 것은 아닐 수도 있다. 경우에 따라 예술가가 부정직한 것은 아닌지 혹은 혼동하고 있는 것은 아닌지 의심스러울 때도 있다. 물론 증거들이 지나치게 애매할 수도 있다. 하지만 실로 믿기 어려운 정도로 많은 경우, 우리가 가진 정보가 이 범주보다는 저 범주라는 가정을 지지할 만큼은 된다.

예를 들면, 헨리 제임스는 자신의 소설 『나사의 회전』*에 대해 그것이 유령 이야기임을 서문에서 밝히고 있다. 그리고 물론 이와 관련된 소설들은 미스터리 소설로 분류된다. 또한 어떤 그림이 "풍경"

일 영화의 제목이기도 하다), 원제는 『생도 퇴를레스의 혼란(Die Verwirrungen des Zöglings Törleß)』으로, 1906년 발표된 무질의 첫 소설이다.

* 『The Turn of the Screw』: 미국의 소설가 헨리 제임스(Henry James)의 1898년 소설. 전통적인 유령 이야기와 달리 일상 속에서 겪는 기괴함과 환상을 묘사한 현대적 고딕 소설이자 심리 소설이다. 수많은 복선과 불명확한 결말로 인해 다양한 해석을 낳았다.

이라거나 "무엇무엇이 있는 정물화" 등으로 이름 붙여지는 경우처럼 회화의 제목이 범주를 표시해주기도 한다. 게다가 아마도 두말할 나위도 없이 예술 작품의 내용 역시 일반적으로 작가가 의도한 범주에 대한 훌륭한 지표가 될 수 있을 것이다.

이런 식의 구조적·맥락적·의도적 고려들은 이것보다는 저것이라는 식으로 예술 작품을 분류할 때, 그럴 수 있는 객관적인 근거들을 제공해준다. 이 세 가지 이유가 모두 제시되는 경우 이것들이 결합되어 갖는 힘은 매우 결정적이다. 최소한 우리가 합리적으로 기대할 수 있는 범위 내에서는 결정적인 것이 될 수 있다.

게다가 이 이유들은 종종 여러 방식으로 서로 긴밀하게 작용한다. 역사적 맥락에 관한 지식이 예술가가 작품으로 의미할 수 있었던 혹은 없었던 것들의 지평을 결정해주면 우리는 그 한도 내에서 맥락적 이유들을 동원하여 우리가 귀속시킨 작가의 의도를 입증할 수도 있을 것이다.

이와 비슷하게, 구조적 고려는 예술가의 의도에 관해 우리가 세운 가설을 강화해준다. 왜냐하면 역사적으로 볼 때, 자신이 의도한 범주를 관객이 혼동하도록 하는 데 재미를 느낀 예술가들이 아주 소수 있었던 것은 사실이지만, 그런 혼동은 결국 작품을 받아들일 수 없게 만들 것이기 때문이다. 따라서 만일 주어진 작품이 이미 확립된 범주에 속한 작품들과 충분하고 현저한 관련을 맺고 있다면 그 작품에는 해당 범주에 속하는 것으로 간주되고자 한 의도가 있는 것이라고 추정하는 데 일반적으로 무리가 없다.

이렇게 구조적·맥락적·의도적 이유들이 서로 협력하여 비평적 분류 작업에 기반을 제공할 수 있는 방식들을 몇 가지 강조하기는 하였지만, 성공적인 분류 작업이 언제나 이 근거들 모두로부터 뒷받침을 받아야 할 필요는 없다. 때로는 구조적이거나 맥락적 혹은 의도적 고려 하나만으로도 충분할 것이다. 특히 대안적 범주로 고려할 만한 것이 없는 경우에 더욱 그러하다.

한 작품이 속하는 범주를 확인함으로써 비평가는 작품이 어떤 취지 혹은 목적을 가지는지를 어느 정도 이해하게 된다. 그리고 작품의 목적 혹은 목적의 범위를 안다면 이는 작품이 나름대로 성공을 거두었는지를 판단하는 시금석이 된다. 게다가 해당 작품의 취지나 목적을 알면 비평가는 작품 평가의 근거를 제공하기 위해 작품의 어떤 특징들을 기술하고 분석할 필요가 있는지를 깨닫게 된다. 스테이크 나이프의 목적을 알아야 그러한 유형의 도구에는 날카로움이 장점이라는 사실이 연관되듯이, 종교화의 목적이 경외감에 빠지게 하는 것임을 안다면 비평가는 관객의 숨을 멎게 하는 작품의 특징들—예를 들어, 그 규모나 높이—을 미덕으로 기술하고 분석할 수 있게 된다.*

평가에 대한 이러한 접근과 해결방식은 평가에 있어 일반 원칙을 요구하는 아이센버그 식의 입장과는 대조적으로 분명히 범주 상대적이다. 그것이 의존하고 있는 원칙들은 모든 예술 작품에 대해서라기보다는 오직 특정 종류의 예술 작품에만 관련된 것들이다. 이 원칙이 아이센버그 식의 원리와 매우 대조적인 것은 아이센버그 식의 원리는 모든 종류의 예술 작품에 걸쳐 적용되어야 하기 때문이다. 하지만 내가 보기에 그와 같은 기대는 매우 비현실적인 것이다. 어째서 사실주의 소설과 페르시아 카펫에 동등하게 적용되는 원리가 있다는 것을 가정하는가?

더욱이 아이센버그 식 비평적 삼단논법은 작품 전체를 좋게 하

* 어떤 사람들은 이와 같이 평가를 설명하는 것은 지나치게 지성 위주이고 냉혈적이라고 우려할 수도 있다. 그러나 이는 잘못된 것이다. 적절한 범주를 식별할 때 감정도 자주 개입된다. 우리가 어떤 소설이 서스펜스 소설임을 알게 되는 이유는 부분적으로 그것이 서스펜스를 유발하기 때문이다. 또한 작품의 범주를 아는 것은 비평가에게 그 작품에서 어떤 감정에 주목해야 하는지를 알려주기도 한다. 예를 들면 스릴러는 스릴이 있어야 한다.

는 특징들과 관련하여 그 윤곽이 구성되어 있는 반면, 나의 접근법—(예술의 범주는 그 수가 많고도 많으므로) 다범주적 접근(plural-category approach)이라 부를 수 있다—인 범주 상대적 평가는 프로 탄토(*pro tanto*) 평가이다. 내 접근법에서 작품을 칭찬한다는 것은 작품이 그 작품 유형의 취지나 목적을 실현하고 있는 한 그 종류 안에서 좋다고 하는 것이기 때문이다. 이 책의 전반부에서 나는 비평의 주된 역할은 예술 작품에서 어떤 것이 가치 있는 것인지를 뽑아내는 것이라는 취지로 나의 생각을 표현했는데, 이 결과는 그것과 일치한다.

비평에 대한 다범주적 접근에 대해 우선 이것이 태생적으로 형식주의적이라는 비판이 제기될 수 있다. 왜냐하면 범주—장르, 사조, 한 작가의 전체 작품, 양식(시대적 양식이든 또 다른 양식이든)—를 이용하여 예술 작품을 평가한다는 것은 작품이 그 목적을 실행하는 방식—가령, 범주 상대적인 작품의 취지와 목적이 작품의 형식 속에 어떻게 담겨지고 있는지—에만 관심을 갖는 것처럼 보이기 때문이다. 이렇게 되면 작품은 형식적이지 않은 측면에서의 작품에 대한 평가, 예를 들면 도덕적·정치적·인지적 측면에서의 평가로부터 격리되는 것처럼 보이는데, 이것이 문제를 초래한다는 주장이다.

그러나 두 가지를 고려해본다면 이와 같은 반대는 반박될 수 있다. 우선, 많은 예술 작품들이 다양한 도덕적·정치적·인지적 기획에 직접 관여하고 있다. 따라서 도덕적 영감을 불러일으키는 데 관여된 작품이 스스로 가진 도덕적으로 문제가 있는 메시지 탓에 도덕적 메시지로 감상자를 진정으로 고무시키지 못한다면 그 작품은 다범주적 접근에서도 실패작으로 여겨질 것이다. 마찬가지로 정치적으로 분개하기에 적절한 이슈를 제기하는 데 실패한 사회 저항적 작품은 다범주적 접근에서도 부정적인 평을 받을 수 있다. 그리고 부정확한 관찰을 담고 있는 사실주의 소설은 사실주의라는 범주에 적절한 기대들에 비추어볼 때, 인지적으로 실패한 작품이라 할 수 있다.

게다가 해당 작품이 어떤 도덕적·정치적·인지적인 것에 헌신하거나, 그 외의 어떤 식으로건 미적인 것 이외의 차원의 실현과 직접적으로 연관되어 있지 않은 경우에조차 작품이 가지고 있는 이러한 차원들에 대한 고려는 작품 그 자체의 성공에 필수적일 때가 흔히 있다. 종종 서사적인 예술 작품은 특정 등장인물들에 대한 찬탄을 불러일으키는 것을 목표로 한다. 그러나 작가가 도덕적으로 문제 있는 성품을 가진 인물을 그려낸 탓에 목표 달성에 실패한다면, 비평가는 작품이 목적하는 바를 실현하는 데 실패했다는 이유로 작가의 결정을 비난할 것이고, 그뿐만 아니라 악덕을 미덕으로 오인하고 있는 작가의 윤리적 결함을 이유로 작가도 비난할 수 있다.

다범주적 접근법에 대한 다른 측면에서의 불만은 그것이 존재론적으로 세련되지 못했다는 것이다. 지금까지 나는 각각의 작품이 남겨지는 것 없이 단 하나의 범주에 정확히 들어간다는 가정을 하고 있는 사람처럼 말했다. 그러나 이는 전혀 그럴듯하지 않다. 온갖 종류의 혼합과 혼종은 단지 생각해볼 수 있는 정도가 아니라 실제로도 있다. 영화 「블랙 북」*은 필름 누아르인 동시에 시대극이며, 노먼 메일러의 『사형집행인의 노래』°는 논픽션 소설이다. 세르반테스의 『돈키호테』는 중세 무훈시(chanson de geste)임과 동시에 풍자 소설이다. 산문시(prose poem)라는 혼종도 있다.

피란델로의 「작가를 찾는 6인의 등장인물」◆은 코미디와 드라마

* 「The Black Book」: 「로보캅」, 「원초적 본능」 등을 감독한 폴 버호벤 감독의 2006년 작품.

° 『The Executioner's Song』: 미국의 소설가 노먼 메일러의 1979년 소설로, 1980년 퓰리처상 수상작. 아무 이유 없이 두 사람을 살해하고, 자신을 사형시켜 달라고 호소한 범죄자 게리 길모어의 실화를 바탕으로, 그의 삶과 재판과정을 추적했다.

◆ 노벨 문학상 수상자인 이탈리아의 극작가 피란델로(Luigi Pirandello)가 1921년에 발표한 희곡으로, 그의 대표작. 연극의 리허설을 준비하는 극단 앞에 작가

를 혼합한 "드라메디(dramedy)"라 부르며, 「소프라노」•는 범죄 드라마인 동시에 가족 멜로드라마이다. 소로의 『월든: 숲속에서의 생활』✣은 부분적으로는 자연에 대한 책이며, 스스로 하기(do-it-yourself) 지침서이고, 사회 비평이고 순수 문학이며 또한 정신 수양서이다.

무용에서는 제롬 로빈스**의 「팬시 프리」(브로드웨이식 발레), 발란쉰의 「성조기(Stars and Stripes)」(미식축구의 하프타임 쇼와 혼합된 발레)와 「유니언 잭」(에딘버러 백파이프 군악 연주에 맞춘 발레가 영국 뮤직홀과 혼합됨), 마크 모리스의 「스트립티스」(스트립쇼가 더해진 현대 무용)와 「챔피언십 레슬링」(TV 프로레슬링이 더해진 현대 무용) 등이 있다.

문학에는 '연작 단편소설(novel-in-stories)'°°이라는 혼성 형태의

를 잃어버린 미완성 희곡 속 등장인물 여섯 명이 나타나는 것으로 극이 시작된다. 극이 전개됨에 따라 극단과 등장인물, 현실과 희곡이 점차 뒤섞이게 되는 기묘한 메타드라마적 부조리극이다.

• 「The Sopranos」: 1999년부터 2007년까지 방영된 미국의 범죄 드라마. 뉴저지 지역의 마피아 보스 토니 소프라노와 그의 가족 및 주변 인물들의 이야기를 그렸다. 마피아이면서도 한편으로는 평범한 일상을 살아가는 주인공들의 삶을 완성도 높게 다루었다.

✣ 『Walden; or, Life in the Woods』: 미국의 시인이자 수필가인 소로(Henry David Thoreau)의 1854년 수필집. 1845년부터 1847년까지 월든 호숫가에서 홀로 지낸 체험을 바탕으로, 단순하고 자족적인 삶에 대한 성찰과 사회에 대한 비평 등을 담고 있다.

** Jerome Robbins(1918~1998): 미국의 무용수 겸 안무가. 고전 발레뿐 아니라 「웨스트사이드 스토리」, 「왕과 나」 등의 현대 브로드웨이 뮤지컬도 연출한 바 있다. 1944년 작곡가 번스타인과 함께 발레와 뮤지컬의 극적 구성을 접목시킨 「팬시 프리(Fancy Free)」를 발표하였다.

°° 'novel-in-stories'이란 여러 개의 연결된 이야기들로 이루어진 소설의 형식을 뜻한다. 이 연결된 이야기들은 배경과 인물 혹은 주제를 공유하며, 각각의 짧은 이야기들이 모여서 모자이크처럼 전체 소설의 세계관과 주제를 완성한다. 단편들이 서로 긴밀하게 연결되어 있으므로 단편소설이나 장편소설 어느 한쪽으

소설이 있는데, 다음과 같은 것들이 거기에 속한다. 셔우드 앤더슨의 『와인즈버그, 오하이오』, 이사크 바벨의 『기병대』, 헤밍웨이의 『우리들의 시대에』, 더스 패서스의 『맨해튼 트랜스퍼』, 치버의 『셰이디 힐의 절도범』, 셀비의 『브루클린으로 가는 마지막 출구』, 어드릭의 『사랑의 묘약』, 조이스의 『더블린 사람들』, 포크너의 『모세여, 내려가라』, 팀 오브라이언의 『그들이 가지고 다닌 것들』, 데이비드 실즈의

로 분류하기 어려우며, 픽션과 논픽션, 산문과 운문 사이의 경계를 흐리는 실험적 기법이 사용되기도 한다. 여기서 언급된 소설들의 간단한 내용은 다음과 같다. Sherwood Anderson, 「Winesburg, Ohio」(1919): 가상의 시골 마을 와인즈버그를 배경으로, 서로 간의 소통에 실패한 채 쓸쓸하게 살아가는 마을 사람들의 이야기를 담은 20여 편의 연작 단편들./Isaac Babel, 「Red Cavalry」(1926): 폴란드와 소련 간의 전쟁을 배경으로 벌어지는 참상을 사실적으로 담아낸 단편들./Ernest Hemingway, 「In Our Time」(1924): 자전적 인물이 화자로 등장하는 단편을 포함하여 헤밍웨이가 25세에 발표한 15편의 단편소설들./John Dos Passos, 「Manhattan Transfer」(1925): 뉴욕에서 살아가는 다양한 등장인물들의 삶을 실험적 기법으로 포착하여 나열한 단편집./John Cheever, 「Housebreaker of Shady Hill」(1959): 뉴욕의 한 실직자가 경제적 어려움으로 도둑이 되는 과정을 통해 현대 도시의 모습을 풍자한 단편소설./Hubert Selby Jr., 「Last Exit to Brooklyn」(1964): 아메리칸 드림의 이면을 파헤친 단편소설집./Louise Erdrich, 「Love Medicine」(1984): 노스다코타 주 인디언 보호구역에 사는 인디언 부족들의 이야기를 각각 다른 화자를 통해 그려내고 있음./James Joyce, 「The Dubliners」(1914): 조이스의 자전적 경험에 근거하여 더블린 사람들의 삶을 사실적으로 표현한 단편소설집./William Faulkner, 「Go Down Moses」(1942): 가상의 나라인 요크나파토파를 배경으로, 어느 농장의 흑인 노예 가족의 이야기를 담아낸 7편의 단편들./Tim O'Brien, 「The Thing They Carried」(1990): 저자의 경험을 바탕으로 베트남전쟁의 모습을 적나라하게 그린 22편의 단편소설들./David Shields, 「Handbook for Drowning」(1992): 사회적 정의와 이상에 집착하는 가족들 사이에서 스스로의 도덕성에 대해 고민하는 주인공을 중심으로, 가족 구성원들 각각의 이야기로 구성된 단편집./Jean Toomer, 「Cane」(1923): 미국 남부에서 살아가는 흑인들의 모습을 서정시와 산문시, 대화, 희곡의 형식을 넘나들며 묘사한 실험적 작품.

『익사 지침서』. (그리고 당연히 진 투머의 혼성 장르 『사탕수수』도 포함된다.)[10]

그러나 비록 이 같은 많은 사례들이 충분히 보여주고 있는 것처럼 예술 작품은 하나 이상의 범주에 속할 수 있다는 것이 사실이지만, 이것이 다범주적 접근을 부인하는 것은 아니다. 이것이 상기시켜주는 것은 평가는 때로 지금까지 예로 든 사례들보다 복잡할 수 있다는 것이다. 한 예술 작품이 두 가지 이상이 혼합된 범주에 속하는 경우, 각각의 범주가 종합적인 최종 결과에 어느 정도의 비례로 영향을 주었는지에 따라 서로 다른 범주의 취지와 목표들이 실현되고 있는지를 계산해야 할 것이다.

예를 들면 영화 「비틀주스」*는 호러와 코미디를 혼합한 장르 접합(genre-splicing)의 한 사례로 볼 수 있다. 전반적으로는 코믹하지만, 때로는 공포도 유발한다. 「비틀주스」에 대한 비평적 평가는 이 영화가 얼마나 웃음을 잘 유발하는지뿐 아니라, 으스스한 무언가가 등장할 것 같다는 느낌을 주기 위해 분위기를 얼마나 빠르게 잘 바꾸는지도 고려해야 한다. (나는 「비틀주스」가 이 두 가지 면에서 모두 뛰어나다는 것도 기꺼이 알린다.)

물론 하나의 예술 작품이 하나 이상의 범주에 속한 경우에는 (가능성으로만 말하자면) 작품이 한 범주에는 아주 훌륭히 부응하고 있지만, 다른 범주에서는 별로 그렇지 않은 경우가 있을 수도 있다. 많은 공포 코미디 작품들은 「비틀주스」보다 못하다. 코미디는 대부분 효과적이지만 공포가 변변치 못하다. 이와 같은 경우에 비평적 평가는 뒤섞인 결과를 보여주게 될 것이다.

그러나 다범주적 접근이 종종 엇갈린 평가들로 이끈다는 사실

* 「Beetlejuice」: 미국의 영화감독 팀 버튼의 1988년 작품. 죽은 지 얼마 안 된 유령 신혼부부의 이야기로 코미디와 판타지, 호러를 절묘하게 결합하여 흥행에 성공했을 뿐만 아니라 팀 버튼만의 스타일이 확립된 영화로 평가된다.

은 아무런 문제도 되지 않는다. 왜냐하면 예술 작품의 평가에 있어 엇갈린 결과는 그리 놀라운 일이 아니기 때문이다. 이와 같은 일은 항상 있기 마련이다.

실제로 심지어 하나의 범주에 속하는 작품을 고려할 경우에도 엇갈린 결과가 있을 수 있다. 하나의 범주가 하나 이상의 취지 혹은 목적을 가질 수 있기 때문이다. 모험 이야기는 어떤 종류가 되었건 모두 로맨스 플롯과 문제 해결 플롯을 가지고 있다. 예를 들어 두 명의 비밀 요원은 국제적인 테러리스트들의 음모를 좌절시키는 동시에 서로 간의 교제를 빠르게 진행시켜야 한다. 대개는 처음에 가졌던 적대감이 서로 간의 흠모의 마음으로 변하는 식이다. 하지만 이 두 가지를 질적으로 분리된 것으로 제시하려는 시도에는 전혀 이상할 것이 없다. 즉, 문제 해결의 부분은 충분히 긴장감 있게 다루어지고 있지만 연애 부분은 억지스럽고 따분하다고 할 수 있다. 다시 말해 어떤 비평적 접근이 엇갈린 결과를 가능하게 하거나 심지어 그런 결과가 자주 나오도록 만든다고 해서 이례적이거나 당혹스러울 것이 전혀 없다.

사실 생각해보면, 아마도 예술 작품에 대한 대부분의 비평적 평가는 이와 같은 엇갈린 결과를 포함하고 있거나 포함해야 한다. 왜냐하면 아마도 비할 데 없는 몇몇 걸작을 제외하고는 대부분의 예술 작품에서 엇갈린 평가가 나오는 것이 당연하기 때문이다. 심지어 걸작에조차 결점은 있다. 예를 들면 도스토옙스키의 최고의 소설들 중 어떤 것은 강렬함을 얻기 위하여 통일성을 희생하고 있다.

그러므로 엇갈린 결과는 사실 정상이다. 즉, 다범주적 접근이 엇갈린 결과를 초래한다는 사실은 결함이 아니다. 이는 이러한 접근 방식이 실상에 부합한다는 것을 보여준다. 게다가 다범주적 접근은 우리가 어째서 어떤 경우에는 엇갈린 결과를 초래하는지를 설명해줄 수 있으므로 이는 이 접근 방식의 또 하나의 장점으로 간주되어야 한다.

이전 장에서 언급한 바 있지만, 다범주적 접근이 지나치게 보수적이라는 우려도 있다. 이와 같은 의혹의 근저에는 범주에 관해 말할 때 우리는 한정된 수의 고정된 범주를 떠올릴 수밖에 없지만, 사실 예술사를 제대로 들여다보면 범주는 무한하게 많고 이것들 중 많은 수가 끊임없는 변이의 과정을 거치고 있다는 가정이 놓여 있다.

하지만 다범주적 접근의 옹호자는 이를 수용할 수 있으며, 또 그래야만 한다. 새로운 범주는 항상 출현하고 있으며, 기존의 수많은 범주조차 끊임없이 진화하고 있다. 그러나 이러한 새로운 범주들 및 기존 범주들의 발전이 아무것도 없는 상태에서 생겨나는 것은 아니다. 그것들은 이미 잘 알려져 있는 발전의 과정들이 작동하여 출현하게 된다. 이종교배(hybridization)나 범주 접합(category-splicing), 예술들 간의 교류의 활성화(미니멀리즘 회화가 미니멀리즘 무용에 영향을 준 경우와 같이 한 예술 형식에서의 관심이 다른 예술 형식의 새로운 범주를 형성하게 되는 움직임), 증폭(기존의 문제점에 대한 새로운 해결책의 발견), 부인(repudiation, 예술의 가치이기는 하나 등한시되어온 것을 내세워 지배적인 양식을 거부하는 것. 마치 뒤샹이 마음에 호소하는 예술을 내세우면서 눈에 호소하는 예술을 거부했던 것처럼) 등이 그것이다. 그러므로 새로운 예술 범주가 생겨나 주목을 받게 되고 오래된 범주가 진화하는 과정이 이해되기만 한다면 다범주적 관점의 비평가가 이러한 범주들과 그것들이 갖는 목적들, 그리고 이들 간에 연결된 가치의 규준을 곧바로 추적해나가는 것이 가능하다.

이는 아방가르드라는 현상에 정면으로 위배되는 것처럼 보일 수 있다. 하지만 아방가르드 내에서의 발전과 새로운 범주로의 확산도 앞서 말한 예술적 혁신이 일어나는 반복적 패턴을 따른다. 그뿐만 아니라 아방가르드 예술이 작동되고 있는 예술계라는 제도 안에는 새롭게 출현하는—경우에 따라서는 심지어 우리 눈앞에서 바로 구태를 벗어던지며 출현하기까지 하는—새로운 예술 범주에 관한 정보가 가득하다. 인터뷰가 있고 선언문이 있으며 예술가의 진술, 큐레이터의 진술, 보조금 신청서에 기재된 것들, 강연과 시연 등이 모두 정보를 제공한다. 예술가와 예술가 간의, 예술가와 비평가와 큐레이터 간의, 비평가와 비평가 간의, 큐레이터와 큐레이터 간의, 그리고 그 외의 모든 가능한 조합 간의 대화의 순환(혹은 멈추지 않는 가십)은 당연히 말할 필요도 없다.

비록 겉보기에 새로운 종류로 보이는 예술의 출현은 부르주아지들을 당혹케 할지라도(이는 바로 애초에 의도했던 바이지만, 어쩌면 당혹감 주기의 성공 빈도는 점점 줄어들고 있는 것 같다) 실험적인 영역을 다루고 있는 비평가는 우리 앞에서 아방가르드 형식들이 전개될 때, 대개 그것들의 윤곽과 그에 해당하는 목표들을 어느 정도는 파악하고 있다. 두말할 필요도 없겠지만, 이와 같은 비평가의 주된 역할 중 하나가 관심을 가지고 있는 감상자에게 새로운 예술 형식, 장르, 양식, 사조의 출현을 알려주고, 그것들의 취지와 목적을 일반 사람들이 이해하도록 설명하는 것이다.

새로운 것이 갑작스레 등장했을 때, 비평가가 이를 다룰 수 있는지 의문이 들 수도 있을 것이다. 어떤 예술 철학자들—인식론적 유연성이 부족한 사람들이 그러한데—은 비평이 이러한 업적을 이루어낸다면 이는 패러독스이거나, 아니면 최소한 의심스러운 것이라 할 것이다.* 그러나 이와 같은 일은 언제나 있는 것이며, 그러한 일을 가능하도록 하는 요소는 다음과 같다. 1) 위의 부인(repudiation) 같은 과정처럼 전통으로부터 새로운 예술 형식이 진화해 나오는 과정은 빈번하게 있어왔기에 적절한 배경지식을 갖춘 비평가는 과거에 관한 지식을 활용하여 새로이 출현한 범주들의 방향을 설정해볼 수 있을 정도가 된다. 2) 예술계의 수다(chatter)라는 막대한 정보가 있어서 적절한 배경지식을 갖춘 비평가는 최근에 도래한 아방가르드 혁

* 특히나 반의도주의자들이 그렇다고 생각한다.

신의 취지와 목적에 대해 심지어 그것이 지금 막 일어나고 있는 것이라 해도 꽤 잘 알 수 있다.

예를 들면, 마이클 프리드(Michael Fried)는 자신의 유명한 논문 "예술과 대상성(Art and Objecthood)"에서 바로 당시에 만들어지고 있던 미니멀리즘 예술이라는 범주—그는 이것을 '축자주의자의 예술(literalist art)'이라 불렀다—를 그대로 추적하여 매우 정확하게 그것이 달성하려는 바를 파악할 수 있었다.[11] (비록 프리드는 궁극적으로는 이러한 목표를 승인하지 않았지만.) 그가 이렇게 할 수 있었던 것은 도널드 저드(Donald Judd), 로버트 모리스(Robert Morris), 토니 스미스(Tony Smith) 같은 예술가들이 진술한 의도를 세심히 살펴보고, 또 한편으로는 그들의 작품들이 구조적으로 수렴되는 지점을 찾아냄으로써였다.

다범주적 접근에 대한 마지막 반론으로는 이 접근법을 통해서는 서로 다른 범주에 속한 작품 간의 평가적 비교가 불가능하다는 지적을 들 수 있겠다. 이는 확실히 과장된 우려이다. 우리가 보았듯이, 예술 작품은 때로 하나 이상의 범주에 속하며, 두 예술 작품의 범주가 겹치는 지점에서 바로 그 범주들을 이용해 비교할 수 있게 된다. 같은 맥락에서 많은 예술 범주들은 취지나 목적을 공유한다. 가령 이야기의 진행(narration) 같은 목적이 그럴 수 있다. 다른 범주에 속한 작품들이라도 그것들이 공유하고 있는 취지나 목적을 통해 비교가 가능하다는 것은 분명한 사실이다.

한편, 비평이란 주로 예술 작품에서 가치 있는 것을 발견하는 일이라는 것이 나의 관점이기는 하지만, 나는 또한 사람들이 받아들이고 있는 비평가의 역할 중에서 어떤 작품이 가장 훌륭하고 어떤 것이 더 나으며 어떤 것이 더 나쁜지 표명하는 부분을 너무 지나치게 강조되고 있다고 생각한다. 비평가들은 예술계의 호객꾼들이 아니다. 즉, 그들의 주 임무는 우리에게 어떤 작품들이 어떤 순서로 상을 타거나 등수에 들거나 전시될 것인지에 관한 정보를 제공하는 것이 아니다.

그보다 우리가 비평가에게 기대하는 것은 우리 앞에 놓인 작품에 어떤 가치가 있는지를 이해하는 데 필요한 도움이다. 따라서 다범주적 접근이 비교—특히 범주를 넘나들며 내리는 평가적 비교—에 집착하지 않는다고 해서 이것이 이 접근법이 책임지고 해결해야 할 일은 아니다.

작품의 가치를 보다 정확히 밝혀내기 위해 비평가는 예술 작품을 비교할 수도 있다. 그러나 일반적으로 그러한 비교가 수행되는 경우는 작가가 선택한 하나의 전략을 다른 전략과 비교함으로써 작가가 그 선택을 통해 다른 대안보다 신속하게 자신의 목적을 달성하였다는 것을 보여주기 위해서다. 이와 같은 비교가 예술 작품의 분석에서 맡은 역할이 있다는 것은 의심의 여지가 없다. 다시 말해, 하나의 예술 작품은 다른 예술 작품의 구조를 파악하기 위해 활용된다. 하지만 작품에서 무엇이 가치 있는 것인지를 (최소한 일부라도) 보여주고 난 후라면, 비평이 계속해서 다른 예술 작품과의 비교를 통해 그 작품이 좋은지 혹은 나쁜지를 말하지 않는다거나 심지어 같은 범주에 속하는 다른 예술 작품과도 비교하지 않는다고 해서 한 편의 비평이 불완전한 것으로 생각되는 것은 아니다.

「수전노」나 「귀족 수업」*의 훌륭한 점을 보여주기 위해 이 두 작품의 장점이 「피그말리온」°의 장점과 어떻게 비교되는지를 반드시 더 언급할 필요가 있는 것은 아니다. 그리고 『걸리버 여행기』의 장점

* 프랑스의 고전주의 극작가 몰리에르의 작품들. 1668년 초연된 「수전노」는 고대 희극에 바탕을 두고 창조된 인물인 구두쇠를 통해 당시의 물질만능주의를 풍자한 작품이고, 1670년 작인 「귀족 수업」은 평민에서 벼락부자가 된 주인공을 내세워 부르주아들의 속물근성을 풍자했다.

° 「Pygmalion」: 영국의 극작가 조지 버나드 쇼가 1913년 초연한 희곡 작품. 그리스의 피그말리온 신화에서 모티프를 가져왔다. 주인공인 음성학자가 거칠고 예의 없는 처녀를 고상하고 세련된 여성으로 변모시키는 과정을 그린다. 영화 및 뮤지컬 「마이 페어 레이디」로 번안되기도 했다.

에 대한 설명에 재스퍼 존스의 과녁 그림이나 무소르크스키의 「전람회의 그림」이 성취한 것과의 비교가 필요한 것은 더더욱 아니다. 비평은 논의하고 있는 작품에서 무엇이 가치 있는지를 파악하도록 독자를 돕기만 하면 된다. 그것으로 충분하다.

결국 내 입장에서 본다면, 작품들 간의 비평적 비교, 특히 비평가를 기본적으로 마치 미의 회계사인 것처럼 생각해서 작품들 간의 순위를 매길 목적으로 진행되는 비교에 강조점을 두는 것은 잘못된 것 같다. 대부분의 경우 해당 예술 작품의 등급을 매기는 일은 핵심에서 벗어난 일이다. 우리는 비평가가 특정 작품에서 무엇을 세심하게 살펴보아야 할 것인가를 말해주길 원한다. 가령 바로 이 음악 작품에서 우리가 발견할 수 있는 가치는 무엇인가라는 것 말이다. 그것은 마치 이 작품과 다른 작품들 간의 레슬링 시합을 보듯 작품에 주목하는 것이 아니다. 비유를 바꿔보자. 결국 누가 월드시리즈 우승을 하게 될 것인가라는 관심 하나만을 가지고 시즌 초반부터 경기의 내용 대신 승패의 결과만을 따지면서 야구를 볼 수도 있을 것이다. 하지만 예술 작품의 감상이 이런 식인 것은 아니다.

앞서 살펴보았듯이 한 범주 내에서 평가적인 비교를 하는 일은—비록 나는 이것이 비평에 있어 가장 중요하고 긴급한 일이라는 확신은 들지 않지만—가능하기는 하다. 그러나 범주 간의 비평적 비교는 불가능하며 보류해두는 것이 최선이다. (그러나 특정 종류의 범주 간 비교를 위한 근거들은 다음 절에서 다루도록 하겠다.) 그리고 마지막으로, 완전히 어이없는 짓이거나 비평을 산만하게 만들 뿐인 비평적 비교들도 많다.

예를 들면, '『뜻대로 하세요』와 파르테논 신전과 「평균율 클라비어」 중 어떤 것이 더 나은가?' 같은 질문에는 마음을 쓰는 것조차 거의 불가능한 것 같다. 이런 질문은 쓸데없다. 또한 여기에 답을 할 수 있다고 해도 누가 신경이나 쓰겠는가? 그래서 무얼 하겠다는 것인가? 특히나 걸작들을 논하게 될 경우, 어떤 것이 승자인지를 말해야 한다는 압박 같은 것은 없다. 그런 일들은 감정가와 팬들이 취미삼아 즐길 만한 것들이지 비평가가 할 일은 아니다. 우리는 비평가가 이들 작품 각각에서 발견할 수 있는 탁월함에 대해 안내해주길 원한다. 어떤 것이 더 우수한 것인지 논쟁하는 일은 우리가 결론을 낼 수 있는 일이라 할지라도 각각의 걸작들이 그 자체로 가지고 있는 특별한 가치를 알아볼 수 있는 위치에 이르게 되는 것과는 아무런 관련이 없다.*

그러므로 다시 한 번 말하지만, 비평적 평가에 대한 다범주적 접근이 상상 가능한 모든 종류의 비교 평가를 허락할 만큼 비교에 최적화되어 있지 않다는 사실이 이 접근법의 단점인 것은 아니다. 오히려 이것은 이 접근법이 바른 길로 들어서고 있다는 표시이다.

요약하자면, 어떤 비평은 평가 과정의 핵심적인 요소로서 예술 범주를 동원한다는 이유 때문에 객관적인 비평이라고 할 수 있다. 또한 몇몇 비평적 논쟁은 객관적으로 해결될 수 있다. 왜냐하면 몇몇 의견 불일치는 해당 작품의 올바른 범주를 둘러싼 논쟁에서 발생하는 것인데, 이러한 종류의 논쟁은 객관적으로 해결될 수 있기 때문이다.

물론 예술 작품에 관한 비평가들의 의견 불일치가 모두 범주에 관한 것만은 아니다. 작품을 어떻게 기술하고 맥락화하고 해석하고

* 비평적 비교가 갖는 중요성에 대한 이러한 평가절하가 지나치게 성급한 판단이라는 비난이 있을 수도 있다. 아마도 비평가는 순위를 매겨야 한다고 주장할 수 있을지도 모른다. 왜냐하면 접할 수 있는 작품이 너무도 많기에 어떤 작품들을 소비할지를 결정하기 위해서라도 감상자들에게는 이 같은 순위 매김이 필요할지 모르기 때문이다. 그러나 이는 사실과 부합하지 않는다고 생각한다. 이것보다 저것을 감상하라는 식의 충고로 마무리되지 않는 비평이 대부분이다. 또한 모두 걸작에 해당하는 것들을 놓고 기어코 순위를 매긴다는 것도 말이 되지 않는다. 그런 작품들이라면 될 수 있는 한 많은 작품들을 감상하는 것이 바람직할 것이다.

분석할 것인지에 관한 의견의 불일치도 있을 수 있다. 하지만 이러한 논쟁 역시 객관적으로 다룰 수 있을 것이다. 어떤 그림이 대칭적이지 않은데 대칭적이라 주장한다면, 이는 주관성이 개입할 수 있는 어떤 것이 아니다. 물론 내가 여기서 주장하는 것이 범주에 호소하면 모든 비평가들의 의견 불일치가 사라질 것이라는 것은 아니다. 그러나 나는 의견의 불일치가 완전히 사라져버린 탐구 영역을 알지 못하기에 — 물리학조차 그렇지 않다 — 이것이 비평에만 적용되는 문제라거나 심각한 문제라고 생각하지 않는다.

객관적 비평의 가능성에 반대하는 주요 논증 중 하나는 일반적인 비평 원리가 없다는 것이다. 왜냐하면 이 논증은 비평의 일반 원리가 없다면 모든 비평적 평가는 단지 주관적일 뿐이라고 가정하고 있기 때문이다. 그러나 우리는 작품이 속한 범주와 그에 따른 작품의 취지와 목적을 고려한다면 필요한 일반성이 확보될 수 있는 경우도 있음을 보임으로써 이런 식의 추론을 봉쇄하였다.

여기서 "경우도 있음"이 하찮은 몇몇 경우를 이르는 것이라고는 생각하지 않는다. 왜냐하면 예술 작품과 관련하여 비평가들이 하고 있는 평가적 판단들은 — 비록 대부분이라고까지는 아니라고 해도 꽤 많은 수가 — 그들이 깨닫고 있든 아니든 간에 범주 상대적이기 때문이다. 그 이유는 바로 인간이라는 존재가 심리적으로 자신들이 하는 평가를 범주에 맞추는 자연적인 성향이 있기 때문이다. 그리고 만약 이것이 옳다면, 비평적 평가는 모두가 주관적일 수밖에 없다는 일반 통념에도 불구하고° 범주화는 많은 경우 객관적으로 올바른

° 이 절에서 강조하고 있는 것은 올바른 범주화를 고려함으로써 작품의 취지나 목적을 객관적으로 확인할 가능성이 있다는 것이지만, 맥락화 역시 예술 작품 평가에 근거를 제시할 수 있는 또 하나의 방법이라는 점은 분명하다. 즉, 어떠한 범주화도 거부하는 작품이 설혹 있다고 — 그럴 가능성은 거의 제로에 가깝다고 믿고 있지만 — 할지라도 작품의 맥락(제도적, 예술사적 혹은 더 넓게는 사회적 맥락)에 대한 설명을 통해서도 그 작

것이라 할 수 있기 때문에 상당수의 비평적 평가도 객관적일 수 있음을 보여준다.

품의 주요 취지나 목적은 객관적으로 설정될 수 없다고 가정하는 것은 전혀 근거가 없는 일이다. 더욱이 그러한 맥락에 대한 설명을 통해 작품 나름대로 그에 적절한 성취의 기준이 무엇인지도 알 수 있을 것이다. 다른 인공물들과 마찬가지로 예술 작품이 만들어진 데에도 이유가 있다. 우리는 그 작품이 창조된 맥락을 조사함으로써 그러한 이유들을 발견할 수 있으며, 그러한 이유들을 이용해서 작품 나름대로의 성공 정도를 평가할 수 있다.

5. 비평 그리고 문화 속에서의 삶

나는 지금까지 대부분의 비평적 평가는 범주 상대적이라는 점, 그리고 서로 다른 범주의 작품들이 있는 경우 등급을 매기기 위해 그들을 비교한다는 것은 자주 터무니없는 일이 된다는 것을 주장하였다. 레이먼드 챈들러(Raymond Chandler)의 하드보일드 탐정소설과 파베르제의 달걀*을 비교하려 드는 것은 괜한 일을 하는 것이거나 순전히 어리석은 짓이다. 하지만 범주 간 비교가 어리석은 일이 아닌 경우가 있는 것도 사실이다. 따라서 만약 이 책의 목적이 현재 우리의 비평 관행을 있는 그대로 설명하는 데 있는 것이라면, 범주 간 비평적 평가가 합당하거나 최소한 관행에서 크게 벗어나지 않은 것이라 말할 수 있는 경우, 그 근거는 무엇인지에 대해 설명할 필요가 있다.

이 글 전체에서 나는 작품 나름의 비평적 평가에 중점을 두었는데, 그것은 대부분의 경우 작품이 속한 예술의 범주 혹은 범주들을 수단으로 한 것이었다. 그러나 서로 다른 범주에 속한 예술 작품에 대해 평가적인 판단을 한다면, 이는 범주 상대적 평가가 될 수 없다.

* 보석세공 명장 파베르제(Peter Carl Faberge) 공방에서 만든 달걀 형태의 러시아 귀금속 공예품들을 통칭한다.

그렇다면 그러한 평가는 어떻게 가능할까?

범주 간 평가를 자신 있게 할 수 있는 두 가지 두드러진 경우가 있다고 생각한다. 첫 번째 경우는 비교적 논란의 여지가 적다. 한 범주에 속하는 그 가치가 미심쩍은 하나의 작품을 다른 범주에 속한 걸작과 비교하는 경우가 그것인데, 이때는 후자의 것이 전자보다 우월하다고 말하는 데 별 무리가 없을 것 같다. 「마태 수난곡」이 「지구 궤도에 오른 세 광대」*보다 훌륭하다는 말에 누구도 놀라지 않을 것이다. 왜냐하면 한 작품이 해당 범주에서 최고에 가까운 반면 다른 작품은 자신이 속한 범주에서 거의 바닥을 치고 있는 경우라면, 꽤 의욕적으로 순위를 비교할 수 있을 듯하기 때문이다. 상황이 까다로워지는 것은 아주 상이한 종류에 속하는 걸작들이 서로에 견주어 평가되는 경우인 것 같다.

그러나 여기서도 많은 사람들이 범주 간 비교를 편안하게 받아들이는 경우가 있다. 잘 짜여진 P. G. 우드하우스의 '지브스와 우스터 이야기'만큼 정교한 것도 없다.° 하지만 많은 사람들이 — 나와 같은 우드하우스의 팬들조차 — 이 이야기가 미켈란젤로의 부정할 수 없이 놀라운 성공작인 시스틴 예배당의 서사적 그림들과 어깨를 나란히 할 정도는 아니라는 점에 의견을 같이하지 않을까 하는 생각이 든다.

이 경우는 낮게 평가된 작품이 자신의 범주에서 졸작인 경우가 아니다. 그와는 정반대로 우드하우스의 작품은 뛰어나다. 그렇다면

* 「The Three Stooges in Orbit」: 1930년대 보더빌 쇼에서 유래하여 영화와 TV 쇼로 진화하게 된 슬랩스틱 코미디 '세 광대(Three Stooges)' 시리즈의 하나로, 1962년에 개봉되었다.

° 영국의 유머 작가 우드하우스(P. G. Wodehouse)가 런던을 배경으로 하여 1915년부터 만들어낸 우스개 이야기와 단편소설들로, 게으르고 어리석은 부자 주인 버티 우스터와 뛰어난 능력을 가진 그의 집사 레지날드 지브스가 등장한다.

우리는 어떤 근거로 우드하우스의 등급을 미켈란젤로보다 낮게 매기는가? 이에 대해서는 어쩔 수 없는 대답밖에는 없다고 생각한다. 미켈란젤로의 작품에 의해 대표되는 종류를 우드하우스의 작품이 탁월하다고 평가받을 수 있는 장르보다 더 중요하다고 생각하는 것이다. 무엇을 상대적인 기준으로 삼아 "더 중요하다"고 할 수 있을까? 바로 공동체의 삶이다. 미켈란젤로의 성취는 실로 그가 살던 시대의 문화적 백과사전쯤에 해당한다. 지브스와 우스터 이야기가 이루려 한 바—그리고 그 성취—는 문화적 중요성이라는 점에서 물론 다른 층위에 있다. 여기서 핵심은 코미디는 그 자체로 서사시보다 못한 장르라는 얘기가 아니다. 그보다는 우드하우스가 훌륭하다고 평가받을 수 있는 코미디의 종류—그 자체가 목적이 되는 까불어대기(이것도 좋은 것이긴 하다)—는 시스틴 예배당이 보여주고 있는 백과사전적 야망에 견주어볼 때, 동일한 문화적 무게를 갖지 않는다는 점이다. 아마도 우드하우스 본인도 이에 동의하지 않을까 생각한다.

시스틴 예배당과 마찬가지로 지브스와 우스터 이야기도 자신이 속한 범주에서는 훌륭하지만, 각 범주들 및 그들과 관련된 목적들에 대한 평가는 다르다. 미켈란젤로의 작품은 그가 태어난 가톨릭 문명의 가장 심오한 믿음과 느낌들 중 일부를 신화적으로 표현한 것이다. 지브스와 우스터 이야기는 사회적 가치를 거의 가지지 않지만(버티 우스터는 바로 이 점을 자랑스러워했을 것이 분명하다), 절대적으로 훌륭한 코미디이다. 전반적인 문화적 관심의 측면에서 볼 때 매우 상이한 견해를 가지고 있는 장르들의 걸작들과 마주한 경우, 보다 큰 문화적 중요성을 가진 장르의 걸작이 사회적 중요성이 덜한 장르의 걸작을 압도함을 인정한다 해도 그것이 어리석거나 핵심에서 벗어난 일은 아니라는 것이 내 생각이다.

이에 더하여, 다시 비평의 객관성 문제로 돌아가서, 나는 상이한 예술 범주들 중 어느 것이 상대적으로 더 문화적인 중요성을 갖는지에 대해 우리가 때로는 합리적으로 의견 일치를 볼 수 있으리라 생각한다. 인간 영혼의 잊힌 혹은 알려지지 않은 부분을 다루는 소설들 — 슈테판 츠바이크의 『연민』* 같은 — 은 지저분하고 뚱뚱하며, 무능력하고 게으른 중세시대 바이킹을 만화라는 것이 그러하듯 유쾌하고 재미있게 묘사하고 있는 「바이킹 해가」° 같은 연재만화보다 문화적으로 더 중요하다. 우리는 이를 인정할 수 있다. 비록 실제로 우리의 본심은 연재만화를 더 선호하지만 말이다. 작품의 성공 가치를 언급하는 것도 중요하지만, 경우에 따라 그러한 종류의 예술이 가진 목적의 의의에 대해 언급하는 것 역시 비평가에게는 중요할 수 있다.

물론 예술 범주가 문화 전반에 대해 갖는 상대적인 중요성에 관해 합리적인 불일치가 있는 경우 — 논쟁의 어느 쪽도 객관적인 근거를 제시할 수 없는 경우 — 가 있음을 인정한다. 이러한 경우임에도 불구하고 어떻게든 간범주적 순위를 매겨보려고 한다면 이는 어리석은 짓이거나 핵심에서 벗어난 일이 될 수 있다.

앞서 말했듯이 나는 주어진 예술 범주가 문화 전반에 대해 어느 정도의 상대적 중요성을 가지는지를 결정해야 하는 간범주적 순위 매김이 표준적인 것이라고는 생각하지 않는다. 추측건대 대부분의 비평은 범주라는 경계 내에서 행해진다. 게다가 비평가가 자신이 선택한 전문 분야의 범주 안에 있는 작품을 다루는 경우 그 비평이

* 『Ungeduld des Herzens』: 오스트리아의 작가 츠바이크(Stefan Zweig)의 1939년 소설. 젊은 장교가 하반신 불구의 처녀에게 품은 이기적인 연민이 파국을 불러오게 되는 과정을 그렸으며, 등장인물들의 내면을 섬세하게 표현해낸 심리소설이다.

° 「Hägar the Horrible」: 중세 노르웨이의 해변 마을을 배경으로 바이킹 해가와 그의 가족, 동료들의 이야기를 그린 딕 브라운의 만화. 1973년부터 1988년까지 연재되어 인기를 얻었고, 아들 크리스 브라운에 의해 지금까지 연재가 계속되고 있다.

야말로 좁은 의미로 이해된 예술 비평이다. 다시 말해 그 예술 형식의 전통, 역사, 이론, 양식, 장르, 한 작가의 전체 작품, 범주—혹은 비평가의 전문분야가 발휘될 수 있는 예술 형식—에 대한 비평가의 지식에 기초한 비평인 것이다. 이는 특화된 지식으로 예술 수업—역사적·비평적·실천적 예술 수업—에 참여하거나 문제시되고 있는 예술 범주에 관련된 서적을 읽거나 이에 관해 다양한 경험을 쌓음으로써 획득할 수 있다.

그러나 서로 다른 예술 범주의 문화적 중요성을 가늠하는 일은 좁은 의미의 예술 비평이 아니다. 아마도 그것은 문화 비평이라 불러야 마땅할 것이다. 이는 비평가가 단순히 전문가로서가 아닌 보다 공공적인 지성의 성격을 지닌 어떤 사람으로 기능할 것을 요구한다. 이를 위해 비평가는 자신이 속한 문화 안에서 이루어지는 담론에 관해 잘 알고 있어야 하며 거기에 참여해야 한다. 여기에는 특별한 배경지식과 더불어 보편적인 이해가 요청된다.

하지만 이렇게 되면 우리의 논의가 예술 비평의 범위를 벗어나 사회적 견해의 영역으로 옮겨간 것이라는 비판이 있을 수 있다. 그러나 과연 그런지 모르겠다. 이 책에서의 나의 욕심은 우리의 비평 관행을 합리적으로 재구성하려는 것이었다. 그렇게 하려면, 앞서 말한 문화적 비평이 어떤 역할을 하고 있다는 추정은 해볼 만한 것이다. 특히나 비평가들도 편안하게 생각하는 간범주적 순위 매김에 대해서는 더욱 그렇다. 그것이 제대로 된 의미에서의 예술 비평이 아니기 때문에 그렇게 되어서는 안 된다고 말한다면 이는 비평의 실제 관행을 말하는 것이 아니라 단지 그렇게 되어야 한다고 규정하는 것처럼 보인다. 좁은 의미의 예술 비평과 문화 비평이라고 부를 만한 것 사이의 경계는 완전히 막혀 있는 것이 아니다. 이는 비평을 꾸준히 읽어온 사람이라면 누구나 쉽게 알 수 있는 사실이다.

비평가가 자신이 살고 있는 문화 전반에 대해 잘 알고 있어야 한다는 점은 서로 다른 범주들 간의 비교가 문제시될 경우에만 요구되는 되는 것은 아니다. 두 작품이 모두 그 장르 안에서 훌륭한 작품이지만 그중 하나가 해당 범주에서 우리가 기대하는 것 이상으로 더 중요한 사회적 의의를 지니고 있는 경우라면, 동일한 장르 안에서의 작품들을 비교할 때도 이와 같은 비평가의 자질은 중요하게 작용한다.

예를 들면, 「악당과 미녀」*와 「선셋 대로」는 모두 할리우드의 현실을 폭로하는 장르에 속한다. 그러나 영화산업에 대한 비판적인 관점과 더불어 「선셋 대로」는 그 이상의 어떤 것을 제공하는데, 말하자면 늙어가는 것을 거부하고, 따라서 아마도 하이데거의 말처럼 죽을 운명에 처해 있음을 거부하는 인간의 성향에 대한 비록 대중적이지만 어느 만큼은 철학적(그렇게 부르고자 한다면)인 해설을 제공한다.

노마 데즈먼드는 분명히 인생의 황혼기에 접어들었음에도 자신이 맥스와 세실 B. 드밀°이 그녀의 영화를 감독했을 때의 젊은 신인 여배우가 아니라는 사실을 받아들이지 못한다. 이 사실을 받아들이지 못하는 것이 그녀를 비극적인 결말로 이끌게 된다. 죽기 전에는 누구도 행복하지 않음을 관객에게 상기시켜주는 『오이디푸스 왕』과 마찬가지로, 「선셋 대로」는 우리가 모두 알고 있지만 삶을 살아가는 우리의 모습에서는 부정되고 있는 인간 존재에 관한 하이데거적인 사실—즉, 우리는 죽음을 향해 가고 있다는 사실—을 떠올려볼 수

* 「The Bad and the Beautiful」: 미넬리(Vincente Minnelli) 감독의 1952년 영화. 할리우드의 악덕 제작자인 조너선 쉴즈의 야심 때문에 불행을 겪은 세 사람이 쉴즈의 영화 제작 제의를 거부하고 각자 그에 대해 회상하는 형식으로 이루어져 있다. 제작자인 주인공을 내세워 직설적으로 할리우드의 이면을 그려내고 있다.

° 에리히 폰 스트로하임이 연기한 노마의 집사 맥스는 극중에서 전직 영화감독이다. 「십계」 등을 감독한 실제 영화감독 세실 B. 드밀(Cecil B. De Mille)은 극중에서 영화감독 세실 B. 드밀 자신으로 출연하고 있다.

있도록 해준다.

매우 잘 구성되고 잘 정제된 할리우드의 현실 폭로물이라는 점에 더하여 대중적 철학 하기의 기능 — 잊히거나 부정되거나 억압되어온 인간 조건에 관한 진실을 떠올려보도록 하는 기능 — 을 수행한다는 점이 「선셋 대로」가 「악당과 미녀」보다 더 중요한 사회적 의의를 갖도록 한다. 역량 있는 영화 비평가라면 「선셋 대로」를 평가하면서 이들을 반드시 설명해야 하고, 관객이 이를 감상할 수 있도록 도와주어야 한다.

훌륭한 비평가는 자신의 전문 영역으로 수립하고자 하는 예술 형식의 범주와 역사에 대해 정통해야 한다. 비평가는 좁은 의미의 예술 비평가가 되어야 한다. 하지만 그것만으로는 충분하지 않다. 비평가는 또한 문화 비평가가 되어야 한다. 왜냐하면 예술이란 결코 은둔자처럼 봉인되어 있는 사업이 아니기 때문이다. 예술은 살아있는 문화의 씨줄과 날줄을 형성하는 생각과 믿음과 느낌이 전달되는 주된 통로 중 하나이다. 이는 예술의 기능인 동시에 개별적인 예술 관행을 괴롭히는 문제점들에 대한 해결책이기도 하다. 결론적으로 대부분의 일반적인 비평들이 좁은 의미의 예술 비평이기는 해도 완전한 예술 비평가라면 문화 비평의 책임과 그에 따르는 위험을 피할 수 없다.

주석

서론

1 Monroe Beardsley, *Aesthetics: Problems in the Philosophy of Criticism* (New York: Harcourt, Brace & World, 1958). 또 다른 저작으로는 Jerome Stolnitz, *Aesthetics and the Philosophy of Criticism* (New York: Houghton Mifflin, 1960) [제롬 스톨니츠, 오병남 역, 『미학과 비평철학』(이론과실천), 1990]이 있다.

1장 평가로서의 비평

1 이 관점은 Barbara Gardener, *The Business of Criticism* (Oxford: The Clarendon Press, 1959)에서(특히 1부에서) 개진된 입장이다. 나는 나의 책 전반에 걸쳐 가드너로부터 지대한 영향을 받았다.

2 컬럼비아 대학의 내셔널 아트 저널리즘 프로그램(National Arts Journalism Program)은 160명의 비평가들을 대상으로 이 설문을 실시하였다. 그 결과는 Raphael Rubinstein, "A Quiet Crisis," *Art in America, 91, No. 3* (March 2003)의 pp. 39-45에 나와 있다. 루빈스타인의 연구는 *The Visual Arts Critic: A Survey of Art Critics at General Interest Publications in America* (New York: National Arts Program-Columbia University, 2002)에 수록되어 있다. 평가를 배제하려는 시도에 관해서는 James Elkins, *What Happened to Criticism* (Chicago: Prickly Paradigm Press, 2003)도 자세히 논의하고 있다.

3 Arthur Danto, *Unnatural Wonders: Essays from the Gap between Art and Life* (New York: Farra, Straus, Giroux, 2005) pp. 355-68, "The Fly in the Fly Bottle:

The Evaluation and Critical Judgment of Works of Art."

4 John E. Booth, *The Critic, Power, and the Performing Arts* (New York: Columbia University Press, 1991) pp. 176-177.

5 이 논변은 Francis Sparshott, *The Concept of Criticism* (Oxford: Clarendon Press, 1967)에서 제안된 것이다. 내 책을 준비하면서 나는 스파샷이 이 훌륭한 책에서 던져준 통찰로부터 상당한 도움을 받았다.

6 위의 책.

7 D. B. Wyndham Lewis, Charles Lee, Billy Collins 편집, *The Suffered Owl: An Anthology of Bad Poetry* (New York: New York Review Books Classics, 2003) 참조. 나쁜 미술 박물관이라는 것도 존재한다. http://www.museumofbadart.org에 있는 게시물들을 확인해보라. 또한, 나치 정권이 '퇴폐 미술전(Decadent Art)'을 열었을 때의 의도는 선정된 작품들에 찬사를 보내려는 것이 아니었다.

8 이 사례는 Susan Louise Feagin, *General Criteria in Aesthetic Theories* (1975년 위스콘신 대학에 제출한 미출간 박사학위 논문) 62쪽에서 가져온 것이다.

9 David Denby, "Teen Dreams" (*The New Yorker*, 20 August 2007) pp. 76-77.

10 Arthur Danto, "Deep Interpretation." 이 글은 그의 *The Philosophical Disenfranchisement of Art* (New York: Columbia University Press, 1986), pp. 47-67에 실려 있다.

11 Gardner, *The Business of Criticism*의 서문에서 인용.

2장 비평의 대상

1 추가적인 논증으로는 Matthew Kieran, *Revealing Art*(London: Routledge, 20004)[『예술과 그 가치』, 이해완 역(북코리아) 2010], 특히 제1장을 보라.

2 Guy Sircello, "Expressive Properties of Art," in *Philosophy Looks at the Arts*, 3rd edition, ed. Joseph Margolis (Philadelphia: Temple University Press, 1987)와 Berys Gaut, *Art, Emotion and Ethics* (Oxford: Oxford University Press, 2007), pp. 72-6을 보라.

3 내 생각에는 이것이 Flint Schier, "Hume and the Aesthetics of Agency," *Proceeding of the Aristotelian Society* (1986-7), pp. 121-35에서 "aesthetics of agency"라는 말이 의미하고 있는 것 같다. 그의 "Van Gogh's Boots: the Claims of Representation," in *Virtue and Taste*, ed. Dudley Knowles and John

Skorupski (Oxford: Blackwell Publishers, 1993), pp. 176-99도 보라. Alfred Gell, *Art and Agency: An Anthropological Theory* (Oxford: Clarendon Press, 1998)도 예술 작품에 의해 행해진 바를 강조하는 이론을 변호한다. 하지만 겔은 비평이 아니라 인류학적 관점에서 이러한 입장을 옹호한다.

4 주 2의 서셀로와 거트를 보라.

5 '성공 가치(success value)'라는 말은 George Dickie, *Art and Value* (Oxford: Blackwell Publishers, 2001), p. 104에서 온 것이다.

6 주 1의 키이란을 보라.

7 J. Hoberman, "Bad Movies," *Film Comment*, July-August 1980과 "Vulgar Modernism," *Artforum*, February 1982를 보라.

8 평가와 예술가의 의도 사이의 관련성에 대한 아마도 가장 유명한 반대 주장은 Monroe C. Beardsley, William Kurtz Wimsatt, "The Intentional Fallacy," *The Swanee Review*, LIV (1946), pp. 466-88이다. 비어즐리는 자신의 책 *Aesthetics: Problems in the Philosophy of Criticism* (Indianapolis: Hackett Publishing Co., 1981; 초판은 1958에 출간)에서 이 논쟁을 이어갔다.

9 더 나아간 논의를 위해서는 나의 책, *Beyond Aesthetics: Philosophical Essays* (New York: Cambridge, 2001)에 수록된 나의 논문 "Anglo-American Aesthetics and Contemporary Criticism: Intentions and the Hermeneutics of Suspicion"을 보라.

10 이 방법을 통해 나의 입장은 Gregory Currie, *Ontology of Art* (New York: St. Martin's Press, 1989)의 입장이나 David Davies, *Art as Performance* (Oxford: Blackwell Publishers, 2004)의 입장으로 환원되지 않는다.

3장 비평의 부분들

1 Colin McGinn, *Shakespeare's Philosophy: Discovering the Meaning behind the Plays* (New York: Harper Collins Publishers, 2006), pp. 17-34를 보라.

2 Jacques Ranciere, *The Future of the Image*, Gregory Elliott의 영어 번역본(London: Verso, 2007), p. 34.

3 Marjorie Perloff, "Read the Poem," *The Times Literacy Supplement*, No. 5449 (7 Sept. 2007), p, 22.

4 Hans-Georg Gadamer, *Truth and Method* (New York: Sheed and Ward, 1975), pp. 333-5.

5 Erwin Panofsky, *Studies in Iconology* (New York: Harper Colophon, 1972)

6 Giovanni Pietro Bellori, "The image of the Ancient *Gymnasium of Athens*, Or, *Philosophy*," 이 글은 Marcia Hall이 편집한 *Raphael's "Schools of Athens"* (Cambridge: Cambridge University Press, 1977)에 실려 있다.

7 Flint Schier, *Deeper into Pictures* (Cambridge: Cambridge University Press, 1986)

8 John R. Searle, "Literal Meaning," 이 글은 그의 책 *Expression and Meaning* (Cambridge: Cambridge University Press, 1979)에 실려 있다.

9 Annette Barnes, *On Interpretation* (Oxford: Blackwell Publisher, 1988)

10 Alexander Nehamas, *Only a Promise of Happiness: The Place of Beauty in a World of Art* (Princeton, NJ: Princeton University Press, 2007), p. 27.

11 이것은 마골리스(Joseph Margolis)가 자신의 저서 *Art and Philosophy* (Atlantic Highlands, NJ: Humanities Press, 1980)를 비롯한 수많은 저작에서 '강건하게(robustly)' 변호해온 견해이다.

12 이 사례는 번스의 책 *On Interpretation*에서 가져온 것이다.

13 Arlene Croce, *Afterimages* (New York: Alfred Knopf Publishers, 1978), pp. 189-90에 실린 "Momentous"를 보라.

14 예컨대 Monroe Beardsley, *Aesthetics* (Indianapolis, IN: Hackett Publishers, 1981)를 보라.

15 예를 들어 Steven Knapp, Walter Benn Michaels, "Against Theory," *Critical Inquiry*, 8 (1982), pp. 723-42는 이러한 견해를 지지한다.

16 E. D. Hirsch, *Validity and Interpretation* (New Haven, CT: Yale University Press, 1967), Gary Iseminger "Actual Intentionalism versus Hypothetical Intentionalism," *Journal of Aesthetics and Art Criticism* (1996), pp. 319-26, Noël Carroll, "Interpretation and Intention: The Debate between Actual and Hypothetical Intentionalism," in *The Philosophy of Interpretation*, ed. Joseph Margolis and Tom Rockmore (Oxford: Blackwell Publishers, 1999)를 보라.

17 Robert Stecker, *Interpretation and Construction* (Oxford: Blackwell Publishers, 2003)

18 현재 가설의도주의를 이끄는 학자는 레빈슨(Jerrold Levinson)이다. 그의 저서 *The Pleasures of Aesthetics* (Ithaca, NY: Cornell University Press, 1996)에서 "Intention and Interpretation in Literature"를 보라.

4장 평가: 문제와 전망

1 Joan Acocella가 *The New Yorker*에 기고한 글 "Mozart Moves," 2007년 8월 20일자, pp. 84-5.

2 David Hume, "Of the Standard of Taste," in *David Hume: Selected Essays*, ed. Stephen Copley and Andrew Edgar (Oxford: Oxford University Press, 1993).

3 Immanuel Kant, *Critique of Judgment*, Werner Pluhar의 영역본(Indianapolis, IN: Hackett Publishers, 1987)[백종현 역, 『판단력 비판』(아카넷) 2009]

4 Arnold Isenberg, "Critical Communication," *The Philosophical Review*, 58 (1949), pp. 330-44. Mary Mothersill, "Critical Reasons," *Contemporary Studies in Aesthetics*, ed. Francis Coleman (New York: McGrow Hill, 1968). Mary Mothersill, *Beauty Restored* (Oxford: Clarendon Press, 1984). 아이센버그와 마더실의 입장에 대한 탁월한 비판적 논의를 보려면, Daniel Kaufman, "Normative Criticism and the Objective Value of Artworks," *Journal of Aesthetics and Art Criticism*, 60 (Spring 2002), pp. 151-66. Daniel Kaufman, "Critical Justification and Critical Laws," *The British Journal of Aesthetics*, 43 (October, 2003), pp. 393-400.

5 아이센버그와 마더실의 주장에 대한 유사한 반론은 다음에서도 찾을 수 있다. Susan Feagin, *General Criteria in Aesthetic Theories*(1975년 위스콘신 대학에 제출한 미출간 박사학위 논문)

6 이 점은 Daniel Kaufman, "Normative Criticism and the Objective Value of Artworks"에서 강조된 바 있다.

7 수전 피긴도 아이센버그의 주장에 도전하기 위해 예술 작품의 기능에 주목한다. 하지만 모든 예술 작품의 기능을 어떤 특정한 경험을 제공하는 것으로 보고 있다는 점에서 이 문제에 대한 그녀의 해결책은 나의 해결책과 다르다. Susan Feagin, *General Criteria in Aesthetic Theories*를 보라.

8 이 장은 월턴(Kendall Walton)의 다음 논문에서 영향을 받았다. Kendall Walton, "Categorical of Art," in *Art and Phiosophy: Reading in Aesthetics*, ed. William e. Kennick (New York: St. Martin's Press, 1979). 하지만 월턴이 분류가 객관적으로 옳을 수 있음을 지지하며 네 가지 근거를 들고 있음에 반해 나는 이 중 세 가지에만 동의한다.

9 이 사례에 대한 논의는 Mary Bittner Wiseman, *The Ecstasies of Roland Barthes* (New York: Routledge, 1989), pp. 166-73을 보라.

10 David Shields의 *Handbook for Drowning* (Medical Lake, WA: String Town Press, 1993)에 Stuart Dybek이 쓴 "서문(Foreword)"에서.

11 Michael Fried, "Art and Objecthood," in *Minimal Art: Critical Anthology*, ed. Gregory Battcock (New York: E. P. Dutton, 1968). 프리드는 미니멀리즘적 혹은 축자주의적 예술을 받아들이지 않았다. 그는 미니멀리즘이 관객을 대하는 태도가 연극적(theatrical)이기 때문에 하나의 예술 형식은 다른 예술 형식이 갖는 효과를 밀거래해서는 안 된다고 하는, 가령 회화는 연극의 영역을 침범해서는 안 된다는 레싱(Lessing) 식의 금지사항을 위반하고 있다고 주장한다.
레싱은 1766년 출판한 「라오콘: 회화와 시의 한계에 관해서(Laocoon; or, On the Limits of Painting and Poetry)」에서 미술 개념의 형성 과정을 설명하면서 문학과 미술 혹은 조각은 각각 다른 범주에 속하는 활동으로서 서로 구분되어야 하며, 각 예술 장르는 다른 장르를 모방해서는 안 된다고 주장한다.

역자 후기

이 책은 노엘 캐럴 교수의 『On Criticism』을 번역한 것입니다. 이 책은 루트리지 출판사의 「Thinking in Action」 시리즈의 하나로 2009년에 출간되었는데, 이 시리즈는 오늘날의 우리를 구성하는 다양한 문제들에 대한 현대 철학자들이 심도 있는 성찰 결과를 대중적 접근이 가능한 방식으로 저술하여 제공하겠다는 취지에서 기획된 것이라고 합니다. 현대사회에서 예술 및 그에 대한 비평 활동이 차지하는 역할이 지대하다는 점, 그럼에도 불구하고 특수한 개별 비평 이론이 아닌 비평의 본질에 대해 다루는 철학적 접근은 흔하지 않았다는 점, 그리고 캐럴 교수의 설명과 논증 방식이 일견 평이함에도 불구하고 관련 논의의 핵심과 쟁점을 놓치지 않고 있다는 점 등을 고려해볼 때, 이 시리즈의 취지에 참으로 잘 부응하고 있는 책 중 하나라고 생각합니다. 바로 그렇기에 역자는 이 책이 예술 철학자, 예술 비평가는 물론 예술에 대한 일반적인 관심을 가진 독자들에게도 모두 도움이 될 것이라는 믿음에서 번역을 시작하였습니다. 캐럴 교수가 보내준 한국어 판 서문을 통해 저자 역시 이러한 믿음을 가지고 있음을 확인할 수 있을 것입니다.

번역본의 제목으로 영문 제목 『On Criticism』과는 약간 차이가 나는 『비평 철학』을 선택한 것은 우선 비평이라는 소재를 다루되 그 방법이 철학적이라는 이 책의 성격을 강조하기 위한 것이기도 하지만, 캐럴 교수 스스로가 자신의 저술이 '비평 철학'이라는 미학의 한 스타일에서 유래한 전통을 되살려 계승하고 있는 것이라고 규정하고 있기 때문이기도 합니다. 하지만 '비평 철학'은 역사성을 가진 용어로서, '비평에 관한 철학'과는 미묘하게 구분되어 읽힐 수 있습니다. 책의 서론에도 언급되고 있지만 비평 철학(philosophy of criticism, meta-criticism)은 1950~60년대 영미 미학의 방법론적 기획이었습니다. 예술 자체를 문제 삼으며 예술의 본질을 상정했던 기존 예술 철학적 논의들의 한계를 지적하고, 언어 분석이라는 방법론으로 '예술'이 아니라 '예술에 대한 진술'을 분석하고자 한 기획이 비평 철학이었습니다. 따라서 비평 철학의 연구 대상인 '비평'은 이 책에서 언급되고 있는 일상어적 의미의 전문적이고 문예적인 예술 비평에 한정되는 것이 아니라, 이들을 포함하여 보다 넓게 예술에 관한 메타적 진술 전체를 가리키는 것이 됩니다. 따라서 당시 비평 철학을 표방했던 스톨니츠나 비어즐리의 저술 내용에서도 볼 수 있듯이, 비평 철학은 예술에 관한 진술들 속에서 철학적으로 분석되고 해명되어야 할 개념들, 예를 들어 미적 경험이나 미적 태도를 포함하여 재현, 표현, 해석, 평가, 의도 같은 개념들을 메타적(반성적, 개념 분석적)으로 폭넓게 다룹니다. 따라서 비평 철학을 이렇게 시대적인 기획으로 이해한다면, 자신의 현재 작업을 비평 철학이라 불러도 좋다는 캐럴 교수의 진술이나 그것을 이 번역서의 제목으로 삼은 번역자 모두 약간은 오해의 소지를 열어두고 있는 것이 될 것입니다.

하지만 '비평에 관한 철학'이건 '비평 철학'이건 이들이 미학에서 채택한 철학적 방법론은 분석 철학입니다. 이 방법론을 미와 예술의 문제에 적용하여 얻어진 현대 미학의 성과인 것입니다. 그리고 그것을 가능하게 했던 분석적이고 논증적이고 비판적인 정신은 비평 철학은 물론, 역사적으로 그것을 대체하였다고 볼 수 있는 단토나 딕키 이후의 '분석적 예술 철학'을 포함하여 오늘날의 소위 '분석 미학'이라고 부를 수 있는 모든 논의 속에 공통적으로 흐르고 있는 것이 분명합니다. 즉 비평 철학은 오늘날 분석 미학의 원조가 되며, 그들이 추구했던 방법론, 공유했던 세계관, 철학적 태도와 정신은 현대적 분석 미학의 논의 속에 공유되고 있다는 것입니다. 이 책의 내용과 방법론도 예외가 아닙니다. 바로 그런 의미에서라면 이 책에서 진행되고 있는 비평의 본질과 요소에 대한 메타적 논의들을 분석 미학의 역사적이고 정신적인 '원조'의 이름을 따라 '비평 철학'으로 부르는 것도 양해될 수 있을 것으로 생각합니다.

예술에 대한 철학적 사유는 철학적 입장과 방법론의 차이에 따라 다양한 종류의 미학으로 귀결됩니다. 비평 철학이니 분석적 예술 철학이니 하는 것도 그중 일부입니다. 그러나 우리나라의 경우, 분석 미학으로 불리는 현대 영미 철학계의 논의에 대한 소개가 비교적 활발하지는 않았다고 생각됩니다. 절대적으로는 아니지만, 최소한 역자가 20대였던 30년 전과 비교할 때 미학이라는 학문의 인지도는 학계와 문화예술계에서 꾸준히 확장되어왔습니다. 하지만 그 흐름 속에서도 분석 미학은 여전히 친숙한 이름이 아닙니다. 절판된 제롬 스톨니츠의 저서, 고전에 가까운 넬슨 굿맨의 저서, 그리고 30년 전에 소개되어 읽히고 있는 조지 딕키의 예술 철학 관련 저서들을 제외하면 실제로 최근 2~3년 전까지도 분석 미학의 현대적 논의를 주도하는 영미권 이론가들의 저술은 개설서이건 전문서이건 국내에서 제대로 번역 소개된 것을 찾기 어려웠습니다. (『프라그마티즘 미학』으로 소개된 리처드 슈스터만의 미학은 영미 전통에서 나온 이론이지만 분석 철학이 아닌, 제목 그대로 프라그마티즘을 방법론으로 표방하는 미학이며, 현대 미술에 대한 통찰로 인해 비교적 최근 예술계의 관심을 모은 아서 단토의 예술 철학 이론들은 분석 미학적 함의보다는 미술비평적 성격이 짙은 저술이 국내에 소개되었습니다.) 이는 물론 국내에 분석 미학의 전문 연구자가 극소수였던 것이 가장 큰 이유였을 것이고, 어쩌면 단행본의 저술보다는 일련의 논문들로 자신의 입장을 표명하고 논의를 진전시켜온 영미권의 학술적 풍토와 관련된 것일 수도 있겠습니다. 이유야 어찌되었건 그 소수의 전공자 중 한 사람으로서 저는 독일과 프랑스가 대표하는 대륙적 전통과는 조금은 다른 종류의 통찰과 설득을 제시할 수 있는 분석 미학이 현재 우리의 지성적 논의의 세계에 기여할 수 있는 바가 충분하다는 믿음을 가지고 있습니다. 그 믿음에 근거하여 이 상황의 개선에 기여할 수 있는 노력을 차분히 진행하고자 합니다. 그런 입장에서 현재 현역으로 활발히 활동하고 있는 영미미학자 중 대표 급에 속하는 캐럴 교수의 저서를 처음으로 한국어로 번역한 것에 의의를 부여해봅니다.

캐럴 교수는 현재 미국 뉴욕시립대학(City University of New York) 대학원의 석좌교수인데, 그곳으로 옮겨오기 전에는 미국 내에서 미학교육의 전통이 특별히 강한 템플 대학교에 재직하였고, 그 이전에는 위스콘신 대학 철학과에서 학생들을 가르쳤습니다. 미학자이면서 또한 영화 이론가이며 평론가이기도 합니다. 그는 수많은 논문과 저서들을 통해 현대 영미 미학의 주요 이슈들에 대해 본인의 독창적 입장을 표명해왔습니다. 특히 그는 예술이 인지적 가치를 가진다는 주장, 즉 예술로부터 지식을 얻는 것이 가능할 뿐 아니라 적절하다는 주장을 옹호하는 인지주의자이며, 해석에 있어서 작가의 실제 의도를 중시해야 한다는 방향으로 나아가는 (온건한) 실제의도주의자이고, 작품에 대한 미적 평가와 도덕적 평가의 연관을 인정하는 방향으로 나아가는 (온건한) 도덕주의자라는 점을 기억해둘 필요가 있겠습니다. 의도주의와 관련된 그의 입장은 이 책의 논변을 통해 명시적으로 드러나고 있습니다. 그 외에도 캐럴 교수는 예술의 정의, 미적 경험의 성격 같은 고전적 주제들로부터 대중예술, 공포영화, 유머 등 최근의 주제에 이르기까지 섭렵하면서 자신만의 논변을 펼쳐왔습니다.

다소 단순해 보일 수 있는 그의 논의 방식은 비록 명료함을 위한 것이라 하더라도 예술에 관한 논의가 보다 심오한 것이 되기를 기대하는 사람들에게 상식적이거나 세련되지 못한 것으로 보일 지도 모르겠습니다. 그러나 형이상학적으로건 이데올로기적으로건 과도하게 부풀려져 신비화된 이론들, 체계를 위해 지나치게 견강부회하여 독단적이 되어가는 이론들에 대하여 개념 분석을 무기로 그 구조의 건전성을 점검하는 일이 바로 전통적인 분석 철학이 내세웠던 기치였다고 할 때, 상식과 관행, 직관에 근거한 캐럴의 논변들은 그 자체로 충분한 가치를 가질 수 있다고 생각합니다.

혹자는 캐럴 교수의 논의 방식이 가진 약점이 곧 분석 미학적 방법론의 약점이라고 생각할지 모릅니다. 분석 철학의 논의는 명료하고 대륙의 철학적 논의는 심오하다고 전형화하는 것을 들은 적이 있습니다. 이때의 명료함이란 통찰이나 사유 내용의 깊이가 부족한 것에 긍정적 옷을 입힌 표현이고, 반면 심오함은 수사적 현란함에 감춰진 받아들일 수 없는 전제들이 많음을 에둘러 표현한 것이라고 농담삼아 덧붙이기도 합니다. 하지만 분석, 비판적 태도, 논리적 논증, 명료함, 정치함, 통찰의 심오함 등이 어느 한 철학 스타일의 전유물일 수는 없을 것입니다. 마땅히 어떤 철학이건 이 모든 덕목들을 갖추려고 해야 합니다. 더욱이 미학은 예술, 가치, 감정 등을 다루기에 그 주제의 성격상 심심치 않게 우리의 합리적·이성적·과학적 세계관 자체를 재고하자는 제안에까지 이릅니다. 따라서 감당해야 할 사유의 폭과 깊이가 더 넓고 깊다고 할 것입니다. 저는 현대의 분석 미학이 이러한 목표에 둔감하지 않다고 생각합니다. 그러므로 만에 하나 캐럴 교수의 논의 방식이 지니고 있는 장점보다 약점이 거슬린다면, 이는 같은 주제를 다루는 다른 동료 분석 미학자들의 논의를 통해 보완될 수도 있을 것입니다. 나아가, 방법론에 따라 달라지는 미학이라는 것이 곧 배타적 구획, 영원히 평행선을 달리는 설전을 의미한다고는 결코 생각하지 않기에 어떤 미학이든 예술을 중심으로 개별성과 보편성, 가치와 사실, 합리성과 비합리성, 독단과 상대주의 같은 삶의 근본적 문제들을 사유하게 된다면 결국은 서로 다른 전통에서 이루어진 통찰들을 공유하게 될 것이라고 생각합니다. 이를 위해서라도 분석 미학의 전통에 대한 좀 더 많은 이해의 기회가 제공되는 것이 바람직하다고 생각합니다. 이 점에서 최근 북코리아가 제럴드 레빈슨이 편집한 대표적인 미학 가이드북을 완역하기로 한 것, 또한 이미 출간된 제니퍼 로빈슨이나 매튜 키이란의 저술에 이어 켄달 월턴 등 대표적인 현대 영미 미학자들의 저술들을 계속해서 번역 출간하기로 한 것은 고무적인 일입니다. 이런 작업이 지속되어 분석 미학이 예술에 관심이 있는 좀 더 많은 독자들에게 새로운 논의거리와 논의 방식을 제공하며 다가갈 수 있기를 희망합니다.

출판되기까지 많은 분의 도움이 있었습니다. 2010년 대학원 수업에서 이 책을 같이 읽었던 학생들, 특히 대학원의 성명훈과 최근홍에게 감사합니다. 두 사람의 노고가 없었더라면 이 일의 출발조차 어려웠을지 모릅니다. 이 두 사람은 초벌 번역에서 시작하여 나중에 최종적으로 번역된 원고를 검토하고 오류를 찾아주는 일까지 저와 함께했습니다. 그 둘 외에도 꼼꼼한 검토 의견으로 큰 도움을 준 양민정 박사와 윤주한, 역자주 작업을 도와준 이다민에게도 큰 고마움을 표합니다. 그러나 이분들의 많은 도움에도 불구하고 아직도 남아 있는 어색한 표현들과 남아 있을지 모르는 숨은 오류들은 독자들의 지적을 통해 계속해서 수정해나가겠습니다. 오래 기다려준 북코리아에 미안함과 고마움을 전합니다. 늘 헌신적으로 응원해주시는 부모님, 사랑하는 아내, 특히 큰 변화의 시기를 맞아 힘겹지만 서서히 나아가고 있는 두 딸 동주와 희주에게 아빠의 사랑을 전합니다.

2015년 가을

찾아보기

인명

작품

용어

비평철학 · On Criticism

초판1쇄 발행 2015년 12월 15일
초판2쇄 발행 2016년 9월 20일
초판3쇄 발행 2020년 2월 10일
초판4쇄 발행 2022년 7월 20일
초판5쇄 발행 2024년 8월 25일

지은이 노엘 캐럴
옮긴이 이해완
교정 · 교열 정난진
펴낸이 이찬규
펴낸곳 북코리아
등록번호 제03-01240호
주소 13209 경기도 성남시 중원구 사기막골로 45번길 14
우림2차 A동 1007호
전화 02-704-7840
팩스 02-704-7848
이메일 ibookorea@naver.com
홈페이지 www.북코리아.kr
ISBN 978-89-6324-464-8 (93110)

값 15,000원

* 이 도서의 국립중앙도서관 출판예정도서목록(CIP)은 서지정보유통지원시스템 홈페이지(http://seoji.nl.go.kr)와 국가자료공동목록시스템(http://www.nl.go.kr/kolisnet)에서 이용하실 수 있습니다. (CIP제어번호: CIP2016002226)